아산재단 연구총서 제449집

한국 청소년들의 공동체지향목표

아산재단 연구총서 第449집

한국 청소년들의 공동체지향목표

신종호 · 정명진 · 류장한

집문당

신종호(申宗昊) 서울대학교 교육학과 학사, 석사
미네소타대학교 교육심리학과 박사
(현) 서울대학교 교육학과 교수(교육심리학)

정명진(丁明眞) 이화여자대학교 심리학과 학사, 석사
서울대학교 교육학과 박사수료(교육심리학)
(현) 한국고용정보원 책임연구원

류장한(柳壯韓) UCLA대학교 역사학과 학사
하버드대학교 인간발달심리학과 석사
(현) 서울대학교 교육연구소 연구원

아산재단 연구총서 제449집

한국 청소년들의 공동체지향목표

2019년 12월 30일 1판 1쇄

저자 | 신종호, 정명진, 류장한
발행인 | 임동규
발행처 | **(주)집문당**
등록 | 1971. 3. 23. 제2012-000069호
주소 | 03134 서울시 종로구 돈화문로 82 집문당빌딩 5층
전화 | (02)743-3192~3 팩스(02)742-4657
이메일 | sale@jipmoon.co.kr
홈페이지 | www.jipmoon.co.kr

ISBN 978-89-303-1847-1 94330
978-89-303-1500-5(세트)

가격 15,500원

이 도서의 국립중앙도서관 출판시도서목록(CIP)은 e-CIP홈페이지(http://www.nl.go.kr/ecip)와 국가자료공동목록시스템(http://www.nl.go.kr/kolisnet)에서 이용하실 수 있습니다.
(CIP제어번호: CIP2019049193)

머리말

인간이 가지고 있는 기본적인 심리욕구 중 하나로 성장욕구를 들 수 있다. 성장욕구는 개인적 성취를 기반으로 한 개인성장 욕구와 더불어 자신이 속해 있는 공동체의 성장욕구를 포함하며, 개인과 공동체의 동반성장을 통해 인간의 성장욕구는 최적의 충족을 경험할 수 있다. 인간은 본질적으로 공동체 생활을 통해 지금까지 생존뿐만 아니라 발전의 원동력을 만든 존재이기 때문이다.

개인이 속해 있는 공동체는 좁게 가족, 학교, 직장이 포함될 수 있으며, 넓게는 지역사회, 국가, 국제사회가 포함될 수 있다. 자신이 속해 있는 공동체가 구성원의 성장을 지원하는 안정되고 발전적인 속성을 가지고 있을 때 개인의 성장은 더 촉진되며, 개인의 성장을 통해 다시 공동체는 이전보다 더 발전적인 시스템으로 성장해 나갈 수 있다.

따라서 개인 성장과 공동체 성장의 긍정적인 촉진 관계에 대해 우리 학생들이 어렸을 때부터 이를 경험하게 하는 것은 중요한 의미를 갖는다. 단순히 개인이 원하는 결과를 성취하는 것을 넘어서, 개인의 성장을 통해 타인이나 공동체 성장에 어떤 역할을 할 수 있는지를 같이 생각하게 해야 한다. 이를 통해 개인이 성취하고자 하는 목표를 더 열심히 추구하는 것도 가능하고, 개인의 성취에 대한 긍정적 자부심을 더 갖게 될 수도 있는 것이다. 따라서 자기정체성과 삶의 의미에 대해 고민이 시작되는 청소년들에게 자신의 개인적 성취와 더불어 이를 통해 어떻게 공동체에 공헌할 수 있는지를 생각하고 경험할 수 있는 기회를 가정과 학교, 그리고 사회에서 제공하는 것은 중요한 의미를 갖는다.

이 책에서는 우리나라 청소년들이 가지고 있는 공동체지향목표 인식에 대한 조사결과를 소개하고, 이를 바탕으로 어떻게 개인적 성취를 넘어서 공동체 성장을 위해 우리 청소년들이 자신의 역할을 찾도록 도울 수 있는지를 주 내용으로 담고자 하였다. 구체적으로 이 책에서는 공동체지향목표에 대한 그동안의 연구결과를 소개하고, 문헌조사와 인터뷰를 통해 공동체지향목표를 실천한 사례들에 대한 분석 결과를 제시하며, 두 차례 실시된 우리나라 청소년들의 공동체지향목표에 대한 인식조사를 통해 우리 청소년들의 생각과 고민들을 살펴보고자 하였다.

대체로 우리나라 청소년들의 경우 연령이 증가함에 따라 공동체지향목표에 대한 관심과 중요성에 대한 인식은 증가함을 확인할 수 있었다. 하지만 공동체지향목표를 실천하기 위한 구체적 고민이나 계획은 대다수의 청소년들에게는 나타나지 않음을 확인할 수 있었다. 이는 개인이 공동체지향목표에 대해 고민하고 이를 실천하기 위해서는 사회적 여건이 중요함을 간접적으로 보여주는 결과일 수 있다. 현재와 같이 '협력'보다는 '경쟁'이, '의미'보다는 '성취'의 가치가 중시되는 사회분위기에서는 우리 청소년들이 더 나은 공동체를 위한 실천에 심리적 거리감을 느낄 수밖에 없을 것이다.

마지막으로 우리나라 청소년들의 공동체목표지향에 대한 연구를 수행하고 그 결과를 책으로 출판할 수 있도록 지원해준 아산사회복지재단에게 감사의 마음을 전하고자 한다. 그리고 연구 진행과 책 출판에 큰 도움을 준 서울대학교 교육심리전공 대학원생들, 특히 정명진 선생과 류장한 선생에게 깊은 마음의 감사를 전한다. 이 책을 통해 공동체지향목표에 대한 학술적 논의와 실천적 노력이 확장되기를 기대해본다.

2019년 11월 관악 연구실에서
신종호

| 차 례 |

| 표 차례 |

I

들어가는 말

I. 들어가는 말

인간은 타인과 사회에 도움이 되는 존재임을 확인하려는 욕구(desires)를 가지고 있어, 개인의 성취만으로는 자신의 삶에 충분히 만족하지 못한다(Damon, Menon & Bronk, 2003). 그런 까닭으로 열정적으로 살았다고 생각하는 개인들임에도 불구하고 그것이 자신만을 향해 있는 것이었을 경우 중년기 이후에 삶에 허무함과 후회를 느끼는 경우가 발생하게 된다. 따라서 연속적인 생의 발달과정 속에서 청소년기 및 성인초기부터 타인과 사회의 발전을 향하는 목표를 설정하고 이를 지속적으로 실천해 가는 것이 필요하다.

이와 같이 내가 아닌 타인과 사회의 안녕을 향하는 삶의 목표를 일컬어 '목적(purpose)'이라 하며 이는 '나'를 넘어서서 다른 사람에게도 도움이 되는 것을 추구하는 안정적이고 일반적인 '의도(intention)'로 개인의 성공만을 목표로 하는 개인적 목표와 달리 자기 자신에게 의미 있을 뿐만 아니라, 자신이 속해 있는 공동체 및 세계(지역사회, 이웃, 국가, 다음세대, 인류 등)에 의미 있는 무언가를 성취하고자 하는 특성을 가진다(Damon, Menon, & Bronk, 2003). 여기서는 공동체지향의 실천적 의미를 보다 명확하게 드러낼 수 있도록 이를 '공동체지향목표'로 명명한다.

공동체지향목표에 대한 연구는 Seligman과 Csikszentmihalyi(2000) 등이 선도한 긍정심리학(positive psychology)의 발달과 궤를 같이하는

데, 긍정심리학은 학교심리학 분야에서 인간 동기의 중요성과 그 원천에 대한 연구들을 강조하며 인간의 목표(goal)나 가치(value)가 본능의 욕구나 방어기제 등에 의해 무의식적이고 자동적으로 선택되는 것이 아니라 개인의 의지에 의해 선택되고 '상위 단계의 목표(purpose)'로 진전된다는 것을 보여주고 있다(Damon, Menon, & Bronk, 2003).

공동체지향목표에 대한 기존의 선행연구들은 공동체지향목표를 가진 사람들이 개인적인 목표만을 가진 사람들에 비해 자신의 삶을 더 의미 있다고 생각하며 보다 건강한 삶을 살아간다는 점을 보여주고 있다(Baumeister, 1991; Daloz et al., 1996; Debats, 1998; Eignier, 2001; Frankl, 1963; Furrow, King, & White, 2004; Katz, 1988; Ryff, 1989). 특히, 청소년과 성인초기 젊은이들의 발달에 있어 공동체지향목표가 다양한 맥락에서 긍정적인 역할을 수행함을 보여주고 있다(Bronk, Holmes Finch, & Talib, 2010).

그러나 안타깝게도 많은 청소년과 성인들이 공동체지향목표를 수립하고 지속해 나가는 데 실패하게 되는데 실제로 Moran(2009)의 연구에서는 청소년 중 25%만이 공동체지향목표를 설정하고 있었고, 우리나라 청소년들의 경우 직업을 선택할 때 경제적 수입이나 개인의 적성을 주로 고려하는 반면, 사회적 기여도는 거의 고려하지 않고 있었다(이경상 외, 2007). 이와 같이 공동체지향목표의 중요성에도 불구하고 사람들이 이를 추구하지 않는 이유는 자신의 노력에 의해 사회문제가 해결되거나 세상이 변화하지 않을 것이라고 생각하며, 이러한 활동이 오히려 자신에게 스트레스가 될 것이라고 예상하기 때문이다(Eigner, 2001).

청소년기 목표의 설정과 실천의 문제는 전 생애적 발달의 관점에서 검토되어야 하며 이에 근거하여 관련 교육적 제안들이 이루어져야 한다고 볼 수 있다. 그런데 대부분의 연구들이 이들의 '현재 상태'만을 확인하고 있어서 전 생애적 발달관점이 고려된 현실적인 교육적 제안이 이루어지지 않고 있는 상황이다. 이러한 맥락에서 청소년기의 공동체지향목표(purpose)의 긍정적인 영향력이 성인기에 이르기까지 유지되어 나타난다(Crumbaugh & Maholick, 1967; Kish & Moody, 1989)는 발달론적 연구결과들은 건강한 청소년 목표발달의 지원을 위한 교육적 제안을 마련하는 데 있어, 공동체지향목표의 중요한 교육적 역할을 시사하고 있다.

또한 공동체지향목표가 사람들의 도덕적 발달(moral development)에 중요한 역할을 한다(Damon, 1983; Damon & Hart, 1992)는 점은, 이러한 공동체지향목표를 가진 구성원이 증가하게 될 경우 우리 사회의 건강한 발전을 예측할 수 있게 해 준다는 점에서도 의의를 가진다. 특히, 미래에 대한 불안으로 사회에 대해 부정적인 태도와 행동을 보이는 청소년 문제가 급증하는 현 상황에서 공동체지향목표는 이와 같은 문제들을 완화시키고 궁극적으로 학생 개인과 사회의 안녕을 이끌 수 있을 방안으로서 더욱 큰 역할을 수행할 것으로 기대된다.

이에 본 책에서는 공동체지향목표에 대한 기존 연구, 사례연구 및 조사연구를 토대로 공동체지향목표의 차별적인 개념구성 및 발달, 유형화를 포함하는 새로운 모형을 제안하고 이를 바탕으로 청소년의 공동체지향목표를 지원하기 위한 교육적 방안을 같이 고민하고 논의하고자 한다. 구체적으로 우리나라 청소년들이 가지고 있는 공동체지향목표에 대한 인식현황과 영향 요인들을 확인함으로써 개인적 측면에서 전인적 성장을 위한 자아정체감과 생애목표 설정을 돕고자 한다. 그리고 사회적 측면에서 사회공동체의 발전과 개인의 성장을 같은 맥락에서 이해함으로써 보다 건강한 미래사회를 만들어갈 수 있는 인재양성의 기초적 토대에 대한 학문적, 실천적 이해를 확장하고자 한다. 마지막으로 우리 사회에서 공동체지향목표를 적극적으로 실천하고 있는 청소년 사례연구를 통해 우리나라 청소년들의 공동체지향목표 교육에 대한 시사점을 도출하고자 한다.

II

공동체지향목표

II. 공동체지향목표

1. 공동체지향목표

가. 공동체지향목표의 개념

목적(Purpose)은 '내가 아닌 타인과 사회의 안녕을 향하는 삶의 목표'를 지칭하는 것으로 보다 구체적으로는 '나'를 넘어서서 다른 사람에게도 도움이 되는 것을 추구하는 안정적이고 일반적인 '의도(intention)'이다. 이는 개인의 성공만을 목표로 하는 개인적 목표와 달리 자기 자신에게 의미 있을 뿐만 아니라, 자신에 속해 있는 공동체 및 세계(지역사회, 이웃, 국가, 다음세대, 인류 등)에 의미 있는 무언가를 성취하고자 하는 특성을 가진다(Damon, Menon, & Bronk, 2003).

이러한 '목적(Purpose)'은 '사회적 목적(Social purpose)'이라는 개념으로 혼용하여 활용되고 있기도 한데, Moran(2009)은 연구에서 '사회적 목적'의 개념화에 있어 Damon 등(2003)의 '자신에게 큰 의미가 있으면서 자신을 넘어선 사회 차원에서도 개인으로 하여금 생산적인 헌신을 이끌어내도록 하는 안정적이고 전반적인 의도'라는 개념을 활용하고 있기도 하다. Shin 등(2014)은 보다 적극적이고 실천적인 측면을 부각하여 '사회적 목적(social purpose)'을 사회에 공헌하겠다는 사회적 책임과 기대, 그리고 사회의 발전을 위해 개인의 장점을 봉헌하고자 개인적 욕구를 희생할 수 있는 의지에 의해 영향받는, 사회적 가치에 대한 깊이 있는 도덕적 감각에 의해 동기화된 삶의 목표로 개념화하고 있다. 본 연구에서는 특히 실천적 측면을 강조하는 '사회적 목적'의 개념을 보다 직접적으로 드러낼 수 있도록 이를 '공동체지향목표'로 명명하고자 한다.

사회적 목적과 일맥상통하는 관점에서 공동체지향목표는 개념적으로 3가지 특성을 가지고 있다고 볼 수 있다. 우선 궁극적인 목표의 표상이 존재해야 하며, 다음으로 이는 자신에게 의미가 있는, 즉 자발적이고 자기 동기적(Self-motivated)으로 설정된 목표여야 하며, 마지막으로 타인에게도 의미가 있는 목적이어야 한다는 것이다(Damon et al., 2003; Moran, 2009). 즉, 공동체지향목표는 자신만을 위해 추구하는 무언가가 아니라 이를 넘어선 더 큰 무언가에 공헌하고자 하는 욕망을 포함한 목적이어야 한다는 것이다.

공동체지향목표는 사회적 목적 및 목적의 개념뿐만 아니라 다른 개념과도 연결될 여지를 가지고 있는데, Moran(2009)은 공동체지향목표에 대한 높은 수준의 인식이 Gardner(1993, 1999)의 자기성찰지능(intrapersonal intelligence)과 특히 관련 있는 '재능(giftedness)'이라 보기도 하였다. 즉, 공동체지향목표는 누구나 쉽고 자연스럽게, 단기적으로 세울 수 있는 특성을 가진 목표라기보다는 심층적인 개인의 삶의 의미 탐색과 자신이 속한 전체 사회에 대한 지속적인 관심을 바탕으로 수립될 수 있으며, 개인의 삶 속에서 지속적으로 발달시켜야 할 중요한 영역임을 확인할 수 있다.

또한 공동체지향목표는 관련된 개념들과의 관계를 통해서 그 개념적 차별성을 보다 분명히 확인해볼 수도 있을 것이다. 공동체지향목표의 개념적 이해에 있어서 관련 개념으로서의 사회적 동기(social motivation), 사회적 목표(social goal), 사회적 목적(social purpose), 사회적 가치(social value), 공동체의식(sense of community)의 개념적 의의를 검토한 결과는 다음과 같다.

• 사회적 동기(social motivation)

사회적 동기는 공동체지향목표와 관련된 연구의 초석이 되는 개념으로 인간이 사회적으로 타인으로부터 인정받고 소속되기 위한 Murray(1938)의 친화동기(affiliation motive)에서 비롯된 개념이라고 볼 수 있다. 이는 인간이 타인과 함께 생활하거나, 역으로 타인을 피하거나 대항하는 사회적 행동을 일으키는 에너지가 되는 동기를 말하는 것으로 목표의 내용이 '타인'과 관련되어 있다는 점은 공통적이나 그 방향이 '자기 자신'을 향하고 있다는 점에서 '타인'을 지향하고 있는 공동체지향목표와는 차이점을 가진다고 볼 수 있다. 즉 사회적 동기는 공동체지향목표와는 달리 '이타적인 의미'를 포함하고 있지 않다.

• 사회적 목표(social goal)

사회적 목표는 기대된 사회적 산출물에 대한 인지적인 표상을 의미하는 것으로 개인이 가진 여러 목표들 중에서 사회적, 사교적인 영역에서 성공하고 만족감을 얻고자 추구하는 목표를 의미한다. 이러한 사회적 목표는 사회적 책임과 관심, 사회적 매력에 대한 바람, 높은 지위에 오르고자 하는 욕구, 친밀감 및 대인 간 교류, 타인의 도움 및 충고에 대한 관심, 소속감, 베풀기 등의 다양한 하위 요인으로 구성된다(McCollum, 2009). 공동체지향목표의 개념화와 관련하여 사회적 목표도 사회적 동기와 마찬가지로 '이타적 특성'을 개념화에 있어서 필요조건으로 보고 있지는 않다는 점에서 차이를 가진다. 그러나 사회적 목표의 일부 하위요소의 행동적 특성이 이타성의 의미를 포함하는 것으로 보이며, 따라서 통합적인 사회관계적 목표의 추구를 공동체지향목표로 정의하기도 한다(Ford & Smith, 2007).

- **사회적 목적**(social purpose)

사회적 목적은 목적(purpose)의 의미를 사회공동체 영역과 관련된 것으로 더욱 구체적이고 실천적으로 정의한다(Shin et al., 2014). 그러나 기존의 다양한 연구에서 공통으로 수용하고 있듯이 이미 '목적(purpose)'의 개념의 범위가 자신을 초월하여 공동체 및 세계를 포괄하고 있기 때문에 사실상 '목적(purpose)'라는 개념 자체가 사회적 목적의 의미를 내포하고 있으며, 실제로도 두 개념을 구분하지 않고 혼용하여 활용되고 있다(Moran, 2009; Van Apeldoorn & Hager, 2010).

- **사회적 가치**(social value)

가치(value)는 '어떠한 방식으로 행동하는 것이 개인적 또는 사회적으로 좀 더 바람직한지에 대한 장기적으로 지속되는 믿음'(Nevil & Kruse, 1996)으로, 쉽게 측정되거나 양화될 수 없는 개념(Wood & Leighton, 2010)이다. 이 중 사회적 가치는 개인 및 공동체, 사회적 자본, 환경까지 포괄하는 다양한 대상들의 행복과 관련된 '가치'를 의미하는 것으로, 가치와 사회적 가치 간의 개념적 관련성은 앞서 살펴본 목표(goal)와 사회적 목표(social goal) 간의 관계와 유사하다. '바람직한 무엇인가'를 향하고 있다는 점에서는 '사회적 가치'와 공동체지향목표는 공통적인 특성을 공유하지만, '가치'가 '어떤 것이 바람직하다고 생각하는지에 대한 믿음' 그 자체만 포함하는 데 반해, 공동체지향목표는 이러한 믿음을 실천적으로 성취하고자 하는 실천적 측면이 강조되어 있다는 점에서 차별성을 가진다. 즉 공동체지향목표는 사회적 가치를 실현해내는 실천적인 행동 개념이라고 볼 수 있는 것이다.

• **공동체의식**(Sense of community)

마지막으로 '공동체의식'과 '공동체지향목표'의 개념적 차이점을 살펴보면, 공동체를 서로의 상호작용이 가능한 영역이라고 범주화할 때, 공동체의식은 '함께 살고 함께 일하면서 겪어 온 집단의식(Nisbet, 1969)'이라 할 수 있다. 이는 '어떤 집단이나 조직, 사회의 성원으로서 개인들이 소속감과 상호의존성, 상호헌신을 인식하는 것으로, 타고나는 것이 아니라 개인이 성장해 가는 공동체의 생활환경 속에서 서서히 획득되고 학습되는 것(박재숙, 2010)이라 정의할 수 있다. 이러한 개념적 특성에 근거할 때, 공동체를 위한 삶의 동인으로서 적극적으로 활성화되는 공동체지향목표와는 달리 공동체의식은 다소 정적인 개념으로, 공동체 구성원 사이에 공유하는 집단의식으로 이해할 수 있다.

이상에서 살펴본 주요 개념에 대한 검토를 종합하면, 공동체지향목표는 지향하는 내용이 사회적인 맥락에서 추구된다는 점에서는 사회적 목표와 동일한 특성을 가지나, 그 결과가 개인 자신만을 위한 것

〈표 II-1〉 공동체지향목표와 관련 개념 간의 관계

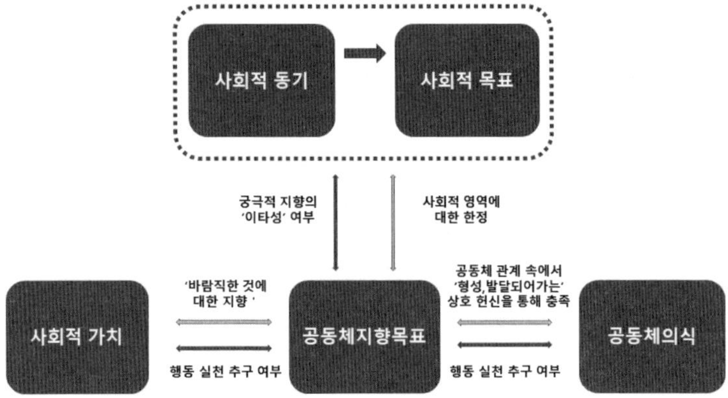

에서 그치지 않고 궁극적으로 타인, 사회를 위한 헌신을 하려는 점에서 사회적 목표와 차별된다. 또한, 공동체지향목표는 공동체 안에서 성장하고 발달하는 개념으로서 공동체에 대한 헌신을 포함한다는 점에서 공동체의식과 유사하나 공동체에 대한 헌신을 행동으로 실천하는 것을 지향한다는 점에서 차별성을 가지는 개념이다. 즉, 궁극적으로 사회적으로 바람직한 무엇인가를 추구한다는 점에서 사회적 가치와 유사하나 '믿음'을 실현하기 위한 행동적 실천성을 가진다는 데에서 개념적 차이를 찾을 수 있다(표 II-1).

공동체지향목표는 크게 두 가지 의미에서 중요하다. 우선 공동체지향목표는 우리 사회의 번영과 발전 가능성을 위한 긍정적 요인으로서 작용할 수 있다는 점에서 중요하다. 공동체지향목표는 나를 넘어서 타인 혹은 사회의 발전에 기여하고자 하는 목표이기에 목표를 추구하는 개인 스스로 뿐만 아니라 개인이 속한 사회에도 긍정적인 영향을 미친다. 또한, 공동체 내에서 공동체지향목표를 수립하고 이를 추구하는 사회구성원이 많다는 것은 우리 사회가 더욱 번영하고 발전할 가능성이 있음을 나타내는 간접적인 증거이기도 하다(Seligman, 2002). 더불어 공동체지향목표는 이를 추구하는 개인을 성공한 성인으로 자라나도록 이끌 뿐만 아니라, 사회에 기여할 수 있는 성숙한 시민으로서의 역할을 감당할 수 있도록 안내하는 역할도 담당한다(Moran, 2009). 보다 구체적으로는, 공동체를 향한 관심이 높은 사람들은 타인을 돕고 사회의 발전을 위해 노력하고 시민으로서의 책임을 다하는 사회적 책임감이 높기 마련이다(Newman & Rutter, 1983; Astin & Sax, 1998). 또한 자신이 일원인 집단에 대해 보다 긍정적인 인식을 가지며(Conrad & Hedin, 1991) 타인의 삶과 문제를 자신의 입장에서 이해하고자 하는 경향성을 강하게 나타내게 된다(Rhodes, 1998).

둘째, 공동체지향목표는 개인 삶의 만족과 행복, 안녕감의 중요한 요인이 된다는 점에서 중요하다. 공동체지향목표를 추구할수록 더 높은 신체적, 정신적 건강상태를 유지할 수 있으며, 더 높은 삶의 만족감과 행복감 및 심리적 안녕감을 느낄 수 있다(Sheck, 1993; Eigner, 2001; Keyes, Shmotkin, & Ryff, 2002). 또한 공동체지향목표는 자기존중감, 낮은 우울상태와도 정적 상관을 나타내는 것이 확인되었다(McAdams, 2001). 특히 공동체지향목표는 개인의 자아정체감의 형성에서 있어서도 매우 중요한 역할을 수행하는데, 일찍이 Erickson(1968)은 공동체지향목표와 자아정체감과의 관계와 관련하여 '공동체지향목표와 자아정체감은 다른 구인으로 구성되지만 자전거의 두 바퀴처럼 서로 연동되어 있다'고 언급하기도 하였다.

나. 공동체지향목표의 구성

공동체지향목표의 개념적 모호성으로 인해 공동체지향목표의 개념과 그 구성요소에 대한 검토는 기존의 관련된 유사 개념들의 검토를 바탕으로 진행되어 온바, 본 연구에서는 앞서 살펴본 주요 유사 개념들의 구성요소를 확인을 통해 공동체지향목표의 구성요인을 검토해 보고자 한다.

우선 '사회적 목적(social purpose)'의 한 종류로서 '통합적 사회관계성 목표'의 구성요소에는 소속감, 사회적 책임감, 공정성, 자원 제공이 제안되었다(Ford & Nichols, 1991). 통합적 사회관계성 목표의 구인들은 사회적 상황의 인식 및 책임에 큰 비중을 두고 핵심적인 요소로 설정되었다. 이후에 이 구성요인에는 사회적 책임과 관련된 요인 외에도 다른 사람들을 즐겁게 하기, 사회적으로 책임감 있게 행동하기 등의 친사회적인 요인들이 추가되었다(Wentzel, 1994; Miller & Prentice, 1996). Chulef와 동료들(2001)은 사회관계성 목표에 대해 제안된 여러 구인 중 공동체목표 관련 요소들로 검토될 수 있는 요인들로 소속감, 사회적 인정과 승인, 가치가 받아들여짐, 다른 이들에게 베풀기, 다른 사람들로부터 받기, 우정, 리더쉽, 사회적 의식, 그리고 윤리와 도덕을 제안하였다. Chulef(2001)의 제안은 앞서 사회관계성 목표 구인설정의 토대가 되었던 사회적 상황의 인식 및 책임과 친사회적 요소뿐만 아니라 우정과 리더쉽과 같은 대인관계 지향적인 요소와 윤리와 도덕처럼 특정 영역에 국한되지 않는 보편적인 요소까지 포괄한다.

이러한 흐름은 사회관계성 목표가 포괄하는 영역이 점차 확장되는 추세를 반영한다. 사회적 책임과 크게 구별되지 않는 개념에서 출발한 사회관계성 목표의 구인이 친사회적인 요소 및 영역보편적인 요소 등을 포괄하여 더욱 넓은 영역으로 확장되었고, 이때의 제안은 사회관계성 목표의 구인에 대한 제안이 공동체목표의 구인에 대한 제안으로 변화하는 흐름을 보여준다(Chulef et al., 2001).

사회적 목표에 대해서는 사회적 책임감, 관계성, 소속감, 지위 목표와 같은 요인을 토대로 사회적 목표를 측정하고 구성요인의 차원을 확장하려는 시도가 있었다(Anderman & Anderman, 1999). 사회적 목표는 사회적 소속 목표(Social affiliation goals), 사회적 승인 목표(Social approval goals), 사회적 책임감 목표(Social responsibility goals), 사회적 지위 목표(Social status goals), 사회적 관여 목표(Social concern goals)의 다섯 차원으로 분류되고, 각 차원의 목표들은 인지적, 정서적, 행동적 요소를 포함하는 동시에 동기적인 과정에 있어서 상호작용이 발생한다(Dowson & McInerney, 2003). 사회적 목표를 구성하는 다섯 차원의 목표 중에서 사회적 책임감 목표 및 사회적 관여 목표는 Chulef(2001)가 제안한 공동체 목표를 구성하는 구인 중 일부와 매우 유사한 모습을 보이며, 이로 미루어보아 종래 사회적 목표와 관련된 연구들이 공동체지향목표와 동떨어지지 않은 선상에서 서로 유사한 측면을 간직한 채로 진행되어왔음을 확인할 수 있다.

공동체 의식과 관련해서는 소속감, 상호의존성, 상호헌신이 제안되었으며(박재숙, 2010), 앞서 제시된 개념들의 구인들과 가지는 유사성으로 미루어볼 때에 사회관계성 목표, 사회적 목표, 공동체 의식 등과 같이 공동체지향목표와 유사한 개념들에 대한 연구가 통합적인 성격을 가지면서 본 연구에서 상정한 공동체지향목표와 많은 유사점을 가지는 방향으로 흘러가고 있음을 살펴볼 수 있다.

이상 살펴본 공동체지향목표 관련 개념들의 구인에 관한 논의들은 본 연구에서 설정한 공동체지향목표의 구인과 많은 유사점을 공유한다. Revised Youth Purpose Survey(Bundick et al., 2006)에서는 공동체지향목표에 대해 17개의 문항에 대한 7점의 리커트 문항을 제시하고 있으며 낱개의 검사문항의 내용이 공동체지향목표의 요소들로 고려될 수 있고, 그에 포함되는 요소에는 다음과 같이 '타인을 도움(Help others), 신에게 봉사(Serve God/ a Higher Power), 더 나은 세상 만들기(Make the world a better place), 사람들 사고방식의 변화(Change the way people think), 새로운 창조(Create something new), 더 아름다운 것으로의 변모(Make things more beautiful), 책임완수(Fulfill my obligations), 옳은 일 하기(Do the right thing), 충만한 삶 살아가기(Live life to the fullest), 돈벌기(Make money), 세상에 대한 새로운 것 발견하기(Discover new things about the world), 타의 모범 되기(Earn the respect of others), 가족과 친구들 지원(Support my family and friends), 나의 조국에 봉사(Serve my country), 즐겁게 살기(Have fun), 성공하기(Be successful), 좋은 직업 가지기(Have a good career)'의 17가지가 있다.

Melé(2009)가 제시하는 공공선은 '공동체지향목표' 관련 개념 구인들에 대한 논의를 지지하는데, 개별원칙(personalist principle)에서 공공선(common good)으로 넘어가는 과정은 개인이 사회적 측면을 인식하게 될 때 나타난다. 또한 공동체에 '소속'된 사람들은 공동선에 의해 단결하고 공동체에 속해 있다는 사실로 선을 나누며 살아간다. 이는 위에서 여러 번 제시되었던 공동체지향목표의 요인 중 하나인 '소속감'을 뒷받침하며, 이 외에도 인권에 대한 존중, 평화로운 삶, 사회적 유대, 공동체의 향상을 위한 헌신, 공공의 이익 추구, 화합 등이 공공선의 요인이다.

또한 '선비'의 특성을 통해 우리나라 고유의 교육적 이상향과 공동체의식과의 관련성을 검토하고 관련 요인을 살펴본 연구(손병욱, 2010)에서는 궁극적인 목표의 분명한 정립, 목표를 이루려는 강렬한 의지와 집념, 목표를 향해 나아갈 수 있는 힘, 시대성(사회적 특수상황을 염두에 두고 문제점을 해결을 위한 지향처 설정), 공공선(공공의 이익, 안녕, 공동체 번영에 기여), 전문성(목표 달성에 개인의 전문지식이 활용), 과제지향성, 과업 및 과정의 가치 중시와 같은 특성을 제안하였다.

지금까지의 논의를 종합하여 많은 연구를 통틀어 공통으로 제시되는 요인들은 다음과 같다.

- 소속감
- 공동체에 대한 책임감
- 실천의지, 실천행동
- 상호성장
- 사회헌신
- 이타성
- 자신의 공동체지향적 목표나 실천에 대한 만족감
- 자신의 공동체지향적 목표나 실천에 대한 기쁨

다. 공동체지향목표의 측정

공동체지향목표와 관련된 다양한 연구들은 공동체지향목표의 구성요소와 관련하여 공통적으로 Damon 등(2003)이 제시하는 의도(intention), 참여(engagement), 친사회적 추론(prosocial reasoning)을 지지

하고 있으며, Moran(2009)은 Damon 등(2003)이 제안하고 있는 공동체지향목표의 3요소인, 의도, 친사회적 추론, 참여를 조합하여 공동체지향목표의 하위유형을 세분화하고자 시도한 결과 4가지 하위유형이 경험적으로 유의미하게 나타났음을 제시하고 있다. 4가지 하위유형은 무목적(nonpurpose), 자기지향목표(self-oriented life goal), 공동체관심목표(beyond the self dream), 사회적 목적(purpose)이며, 이 유형은 '친사회적 추론(prosocial reasoning)'과 '참여(engagement)' 각각을 '고', '저'로 조합하여 구성한 것이다. '무목적(nonpurpose)'은 의도가 낮은 모든 집단이며, 동시에 참여와 친사회성이 모두 낮은 집단이다. 이 외의 하위유형의 경우에는 모두 의도는 있으나 참여와 친사회성의 정도에 따라서 다른 유형으로 분류되는데, '자기지향유형(self-oriented life goal)'은 참여는 높으나 친사회성이 낮은 집단이며 '공동체관심유형(beyond the self dream)'은 참여는 낮으나 친사회성은 높은 집단이고, '사회적 목적(purpose) 유형'은 참여와 친사회성이 모두 높은 집단을 의미한다. Moran(2009)의 연구에서는 '무목적' 집단이 전체의 40%, '자기지향형'은 25%, '공동체관심형'은 10%, '사회적 목적형'은 25%의 비율을 차지하는 것으로 나타났다.

앞서 살펴본 바와 같이 여러 연구에서 공동체지향목표의 중요성이 확인되었음에도 불구하고, 공동체지향목표의 실재와 관련된 연구들이 대부분 일기분석이나 인터뷰나 문헌분석과 같은 질적인 탐색방법을 중심으로 이루어져왔으며 객관적 측정도구에 대한 연구들은 부족하여 보다 일반화된 담론을 도출하기 곤란한 상황이다. 공동체지향목표의 측정을 위한 대표적인 도구에는 Crumbaugh와 Maholick(1967)이 '목적(purpose)과 의미(meaning)'를 측정하는 20문항으로 개발한 'Purpose In Life(PIL)'가 있다. 한편 Francis와 그의 동료들은 1개의 문항('나는 나의 삶이 목적을 가지고 있다고 느낀다(I feel my life has a sense of purpose)')으로 '목적(purpose)'을 측정하는 것에서 시작하여 'Purpose in Life Scale(PILS)'를 개발하였고 이를 활용한 다양한 연구를 수행하였다(Damon et al., 2003). 공동체지향목표의 측정은 '삶의 의미와 그 구조'의 측정을 통해서 이루어지기도 하였는데 대표적인 연구도구들에는 SOMP(Sources of Meaning Profile), PMP(Personal Meaning Profile), Meaning of Essay, MLQ(Meaning in life Questionnaire) 등이 있다.

또한 심리적인 안녕(psychological well-being)과 공동체지향목표와의 관계를 통해서 공동체지향목표를 측정하기도 하였다. 또한, 공동체지향목표 측정 방법으로 개인이 어떤 과정을 통해서 공동체지향목표를 추구하게 되었는지를 통해서 확인하는 14문항의 목적 경로(pathways to purpose) 검사가 있다(Hill et al., 2014). 그리고 목적 추구(purpose seeking)와 목적 발견(finding purpose)으로 이루어진 10문항의 목적 척도(purpose scale) 역시 공동체지향목표의 측정에 사용되고 있다(Bundick et al., 2006).

그러나 이러한 공동체지향목표의 객관적 측정을 위한 연구들 역시도 공통적으로 공동체지향목표의 개념적 모호성으로 인한 측정 개념 혼재의 문제, 외부 세계에 대한 지향성 결여의 문제, 그리고 측정연구들이 대부분 성인을 대상으로 이루어져 왔다는 한계점을 가지고 있다(Damon et al., 2003).

2. 목표의 발달과 청소년 공동체지향목표

개인은 저마다의 삶의 목표와 이를 추구하고자 하는 동기를 가지고 있으며 이를 생애 전 과정을 통해 추구하며 살아간다. 그리고 이러한 목표들은 개인이 처한 상황 혹은 삶의 국면에 따라 상이하게 존재하고 실천된다. 각 개인이 생애의 각 장면마다 가지고 있는 목표를 생애목표라고 부르는데 이는 전 생애에 걸쳐서 변하지 않고 지속적으로 존재하는 것이 아니라 연령에 따라 유동적으로 변화한다(Nurmi, 1992). 이러한 생애목표의 유동적인 특성을 고려했을 때 본 연구에서 초점을 두고자 하는 목표인 '공동체지향목표' 또한 다른 여러 종류의 생애목표와 마찬가지로 유동적인 특성을 가지고 연령에 따라 발달하는 특성을 가지는 구인일 것임을 추측해볼 수 있다.

Colby & Damon(1992)의 연구에서는 미성년에 비해 성인들이 보다 높은 수준의 도덕적 가치와 헌신을 나타냈는데 이는 성인이 됨에 따라 개인보다 공동체와 관련된 가치를 보다 더 인식하고 추구하게 되는 경향이 있음을 보여준다. 또한 공공선(Common good)을 추구하는 사람들을 선정하여 이들의 삶을 추적한 연구(Daloz et al., 1996)에서는 자기 스스로를 위한 가치와 목표를 넘어서 타인을 향한 목표를 추구하는 과정에서 사람들이 자기성장을 이루게 되는 과정이 확인되었다. 특히 Moran(2009)은 공동체지향목표의 속성 확인을 위한 연구에서 대상자를 학년에 따라 6학년과 9학년, 12학년 및 대학생으로 구분하여 인식수준을 비교해 보았는데, 연구결과 6학년 학생들에게서는 공동체지향목표가 뚜렷이 나타나지 않고 자기지향적인 삶의 목표가 강하게 나타난 데 반해 9학년과 12학년을 거쳐 연령이 증가함에 따라 공동체지향목표에 대한 인식수준이 점진적으로 증가하는 것이 확인되었다. 특히 대학생이 된 이후 이전과 달리 공동체지향목표가 가장 중요한 삶의 목표의 하나로 나타나는 것을 확인할 수 있었다.

청소년기는 개인이 처음으로 자신이 추구하는 목적에 대해서 주체적으로 인식하고 이를 실천하기 위한 노력을 시작하는 시기이며 자기 스스로의 믿음체계를 획득하고 수립하며, 이를 적극적으로 실천하고자 노력하는 시기이다(Erikson, 1968; Marcia, 1980). 그러므로 이 시기 건강한 목표를 설정하는 데에 실패하게 되면 바람직한 자아정체성을 형성하지 못하고 표류 상태에 빠지게 될 위험성이 존재한다(Marcia, 1980). 특히 성인기에 진입한 개인에게 삶의 목적과 방향성은 어느 정도 정해진 상태이며, 성인기의 삶은 직업과 관련된 생산성에 초점을 맞추어가게 되기 때문에 적극적인 실천 동기의 근원으로서 공동체지향목표가 영향을 미칠 여지가 감소하게 된다(Bronk & Finch, 2010).

청소년기는 자신이 무엇을 달성하기를 원하고 그것을 통해 다른 사람들에게 어떤 도움이 될지 생각해야 하는 중요한 시기(Bronk, 2008)라는 점을 감안할 때, 이 시기에 개인이 획득하고 수립하게 되는 공동체지향목표는 더욱 중요한 의미를 가지게 된다고 볼 수 있다. 따라서 개인 삶의 올바른 방향성 설정과 목적의식의 고취, 그리고 목표달성을 위한 구체적인 노력의 탐색과 실천을 지원하기 위한 교육의 제공은 청소년기에 이루어지는 것이 가장 효율적이고 바람직하다고 볼 수 있다.

III

공동체지향목표의 실천가 사례 연구

III. 공동체지향목표의 실천가 사례 연구

1. 실천가 문헌 사례 분석

공동체지향목표의 구성 및 발달과정에 대한 이해를 위해 문헌연구와 더불어 실제 자신의 삶의 과정을 통해서 목표를 실현해 오고 있는 사람들의 삶을 찾아보고자 하였다.

가. 연구 대상 선정

실천가 문헌 사례 연구 대상자의 일차적 선정기준은 문헌연구를 통해 살펴본 '공동체지향목표의 개념에 부합하는 목표를 삶을 통해 성취해 오고 있거나 성취한 자'로 하였다. 이때 다양한 분야의 사례를 검토할 수 있도록 〈표 III-1〉과 같은 기준을 적용하여 사례를 분류하고 해당 영역에 고르게 사례분석 대상이 분포할 수 있도록 하였다. 구체적으로 개인과 집단, 업적분야, 성별, 연령, 인종, 활동지역을 기준으로 다양한 사례가 포함될 수 있도록 하였다. 또한, 대상자 선정근거의 타당성을 보장하기 위해 관련한 공인분야 수상경력 등이 분명하거나 다수에 걸쳐서 활동의 공공성이 인정된 경우를 사례분석의 대상으로 삼을 수 있도록 하였다.

본 연구진이 선정한 사례의 최종 적합성 여부는 교육 및 심리학분야의 박사급 연구자 5인의 전문가 집단의 판정을 통해 확인하였다. 이때 전문가는 관련 분야 석사학위 취득 후 5년 이상의 연구경력을 가졌거나, 박사학위 수료 후 2년 이상의 연구경력을 가진 자로 하였고, 5인의 전문가가 모두 공통적으로 적합한 사례라고 인정한 사례만

〈표 III-1〉 사례분석 대상 기준

기준	구성
인원	1) 개인, 2) 집단(2명 이상)
업적분야	1) 인문사회 분야, 2) 자연과학 분야, 3) 의료, 4) 스포츠분야, 5) 예술분야
성별	1) 남, 2) 녀
연령	1) 20대 이하 청소년, 2) 20대~30대, 3) 40대 이상 성인
인종	1) 유럽 및 미주 지역 백인, 2) 아시아계, 3) 중남미계, 4) African American
활동지역	1) 유럽지역, 2) 미주지역, 오세아니아지역, 3) 아시아지역, 4) 중동지역 5) 아프리카지역

〈표 III-2〉 사례분석 대상

인물명	주요 특성
장기려 박사	개인, 의료, 남, 아시아(한국)
디디에 드로그바	개인, 스포츠, 남, 아프리카
밥 말리	개인, 예술, 남, 남아메리카
손양원 목사	개인, 인문사회, 남, 아시아(한국)
넬슨 만델라	개인, 인문사회, 남, 아프리카
왕가리마타이	개인, 자연과학, 여, 아프리카
맨발의 의사들	집단, 의료, 중남아메리카
독도라이더	집단, 인문사회, 아시아(한국)
라이너스 폴링	개인, 과학(인문), 남, 유럽
무함마드 우뉴스	개인, 인문사회, 남, 아시아(방글라데시)

을 분석 대상으로 최종 선정하였다. 이러한 과정을 거쳐 연구 과정 중 사례 연구에 포함된 인물은 〈표 III-2〉와 같다.

나. 분석 자료 및 방법

공동체지향목표로 선정된 사례의 분석을 위해 해당 인물에 대한 자서전, 평전, 인터뷰자료 등을 활용하였다. 이러한 자료들을 통해 사례들의 생애 발달과정과 사회문화적 환경을 검토하고 이러한 과정 속에서 개별 사례가 '공동체지향목표'의 성취와 관련하여 보여주는 행동·발달적 특성을 다음의 주요 내용을 기준으로 분석하고 이들의 공통점이나 시사점을 도출함으로써 공동체지향목표의 이론적 모형 구축을 뒷받침하고자 하였다.

- 사례별 공동체지향목표 내용과 특성
- 사례별 공동체지향목표의 발달과정 분석
- 사례별 공동체지향목표를 추구하게 된 개인적, 사회적 요인 분석

사례별 공동체지향목표를 통해 이룬 사회적 성과 및 의의 분석

다. 사례 분석 결과

1) 개별 사례 분석 결과

(1) 장기려 박사[1)]

의료분야, 아시아, 개인

장기려 박사는 '나는 인종, 종교, 국적, 정당정파, 또는 사회적 지위 여하를 초월하여 오직 환자에 대한 나의 의무를 지키겠노라'라는 히포크라테스 선서의 내용을 굳건히 지키고 환자의 생명과 안위를 지켜야 한다는 의사로서의 사명감에 충실한 것으로 널리 알려진 인물이다. 치료비를 받지 않고 환자를 보내준 일화는 유명하며, 그 외에도 환자의 안위를 최우선으로 했던 다양한 일화가 존재한다. 그리하여 그를 '바보 장기려'라고 부르기도 한다. 이 외에도 국내 최초로 의료보험조합을 설립하여 국가적인 의료보험 정책 시행에 앞서 의료보험의 기틀을 잡은 것으로도 유명하다.

주요경력
1951년 부산복음병원 초대원장 취임 및 무의촌 진료
1968년 부산복음 간호전문대학 학장
1968년 청십자 의료보험 조합 설립
1974년 한국 간 연구회 창립 및 초대회장
1975년 청십자 병원 설립, 원장
1991년 제1회 호암상, 사회봉사부문
1992년 자랑스런 서울대인상
1993년 한국청십자 사회복지회 명예대표이사
1995년 제4회 인도주의실천의사상
1995년 재미한국인의사회 봉사상
1996년 국민훈장 무궁화장

1) 장기려 박사 사례 연구 참고자료는 다음과 같다.
EBS 지식채널e: 의사 장기려 (2009, Dec. 14, 28)
KBS 한국의 유산: 장기려 박사 (2012)
김지홍(2005). 성산 장기려 박사 10주기 - 되돌아본 삶과 신앙. 기독교신문. Dec. 15.

■ 소심하고 허약했던 한 소년

장기려 박사는 1911년 평안북도 용천에서 셋째 아들로 태어났으며 집안은 독실한 기독교 집안이었다. 어린 시절의 장기려는 학급에서 그다지 눈에 띄는 학생이 아니었고 소심하고 허약하여 부모님에게 약간의 걱정을 끼치던 아이였다. 어느 날은 친구의 10전짜리 팽이를 훔치게 되었다. 소심했던 이 소년은 곧 자신의 잘못을 깨우치고 교회에 나가 눈물로 회개하며 다시는 거짓말을 하지 않기로 다짐했다고 한다.

아버지는 이러한 장기려에게 자주 성경책에 나오는 말씀들을 읽어주었으며, 그를 일반 공민학교 대신 기독교학교에 입학시켰다. 그의 성적은 그다지 뛰어나지 않아서 가고 싶은 고등학교에 낙방하고 이후에 희망하던 사범대학, 공업대학에도 모두 낙방하게 되었다. 그 대신에 경성의전에 진학하게 되어 의료인으로서의 길을 걸어가게 되었다.

■ 선택의 갈림길: 모두가 원하는 길, 나의 신념을 위한 길

장기려는 의전에 진학하고 외과를 전공하여 졸업을 하게 되고 스승인 백인제 박사의 조교로서 학업에 매진하였다. 그 결과 당시 조선인 중 10명도 채 되지 않던 의학박사학위를 취득하게 되었다. 이때 장기려는 큰 선택의 갈림길에 서게 되는데, 스승은 그에게 경성의전 교수직 혹은 대전도립병원장 자리를 추천해주었다. 이 자리는 당시의 모든 의대생들의 로망이었고 보장된 성공의 지름길이었다. 그러나 그는 자신의 의술을 진정으로 필요로 하는 곳이 어디인지 고민하게 되었고 치료비가 없어 평생 의사의 얼굴을 한번 보지도 못한 채 죽어가는 사람들을 위해 일하고 싶다는 이유로 스승의 제안을 정중히 거절한다. 대신에 그는 평양의 한 병원에서 가난한 사람들을 위해 무의촌

진료를 하였다.

■ 전쟁이라는 시련, 부산에서의 새 출발

장기려는 평양에서 생활하는 와중에 배우자를 만나 결혼하고 슬하에 다섯 남매를 두었다. 그러나 이때 한국전쟁이 발발하여 다섯 아이와 아내를 두고 월남할 수밖에 없게 되어 가족들과 생이별하고 혼자 살아가게 되었다. 이후에 남쪽에서 생활하면서 많은 유혹과 시련이 있었지만 "나의 반쪽은 북쪽에 있다"는 말로 모든 결혼 요청을 거부하고 평생 독신의 삶을 고집하였다. 훗날에 장기려 박사에게 북쪽에 있는 가족들과 상봉할 기회가 주어졌지만 자신에게만 주어지는 특권이라면 응하지 않겠다면서 모든 이들에게 동등한 기회가 주어질 때에 자신도 가족과 만나겠다고 하였다. 그러면서도 평생 자신의 아내와 자식들을 그리워하여 매일매일 아내와 자식에게 드리는 기도를 잊지 않았다고 한다.

한국 전쟁으로 인해 월남한 후에도 1951년부터 부산의 한 천막에서 무료병원을 세워 무상의료활동을 진행하였다. 매일 백 명 이상의 수많은 환자들이 몰려들었고 전기도 들어오지 않을 정도로 여건이 갖춰지지 않은 곳에서 촛불을 켜고 치료와 수술을 진행하였다. 후에는 병원운영이 어려워 사정상 약간의 병원비를 받았으나 월급보다 가불이 많을 정도로 청빈한 삶을 이어나갔다.

■ 모든 사람이 돈에 구애받지 않고 치료받을 수 있는 권리를 위해

장기려 박사는 경제적 형편으로 인해 제대로 치료를 받지 못하고 죽어나가는 환자들을 보면서 안타까운 마음을 가지고 있었다. 그리하여 1968년에 뜻있는 사람들과 함께 국내 최초의 민영의료보험인 청십자 의료보험조합을 설립하였다. 전 국민을 대상으로 하는 의료보험이 시행된 것은 1989년으로, 이보다 약 20년이나 앞선 시행으로 20만여 명의 영세민 조합원이 의료 수혜를 받을 수 있었다. 이는 장기려 박사 본인이 스스로 치료할 수 있는 환자에는 한계가 있음을 깨닫고 더 많은 사람들이 경제적 부담 없이 의료 서비스를 제공받을 권리를 찾게 해준 것으로, 수많은 환자들의 아픔에 공감하며 적극적으로 실천에 나서는 그의 사랑을 알 수 있게 한다.

■ 세상에 하나뿐인 그의 처방전

장기려 박사가 월남하여 부산에서 의료 활동을 하고 있을 때 많은 환자들이 찾아왔는데, 그중에서도 한국 전쟁 직후의 기아로 인하여 먹지 못해 병든 환자들이 많았다. 그들의 병은 따로 있는 것이 아니라 단지 영양가 있는 음식을 잘 먹기만 하면 상태가 호전될 만한 상태였다. 장기려 박사는 이들에게 특별한 처방을 내렸는데, 그 처방전에는 다음과 같이 쓰여 있었다. "이 환자에게 닭 두 마리 값을 내주시오." 때때로 병원이 이 돈을 지불해주지 않으면 자신이 받은 봉급으로 돈을 대신 내주기도 하였다. 장기려 박사의 처방전은 진정으로 환자에게 필요한 것이 무엇인지 깨닫고 써주는 사랑의 처방전이었다.

■ "뒷문을 열어둘 테니 거기로 나가시오"

장기려 박사가 운영하는 병원에 한 농부가 입원한 적이 있었다. 당시에 장기려 박사의 병원을 찾은 많은 환자가 그러했듯이 이 농부 환자 또한 매우 가난했기 때문에 경제적 문제로 치료를 끝내고도 입원비를 지불하지 못하여 퇴원을 하지 못하고 있었다. 그는 이 문제로 계속 고심하다가 결국 장기려 박사를 찾아가서 그에게 호소하였다.

"원장님, 모자라는 입원비는 돈을 벌어서 갚겠다고 해도 사람들이 도무지 믿지를 않습니다. 이제 곧 모내기를 해야 하는데, 제가 가지 않으면 농사를 지을 수가 없습니다."

이러한 환자의 하소연을 들은 장기려 박사는 고심한 끝에 농부에게 다음과 같이 말하였다.

"밤에 뒷문을 열어둘 테니 거기로 살짝 나가시오."

그날 밤에 장기려 박사는 실제로 간호사와 직원들이 모두 퇴근한 늦은 저녁에 병원 뒷문을 살짝 열어두었다. 잠시 후에 농부와 그의 아내가 머뭇거리며 나타났고 장기려 박사는 농부의 손을 잡고 약간의 차비까지 쥐어주었다.

다음 날 아침에 간호사와 직원들이 환자가 사라졌음을 알게 되었고, 이를 장기려 박사에게 다급히 보고하였다. 그러자 장기려 박사는 부끄럽게 웃으며 자신이 환자를 위해 뒷문을 열어주었음을 말하고 자초지종을 설명해주었다고 한다. 병원장의 자리에 있으면서도 병원보다 환자를 먼저 생각하는 장기려 박사의 됨됨이를 살펴볼 수 있는 일화이다.

■ "손자의 병을 고친 것은 제가 아닙니다."

장기려 박사는 종종 부산에서 벗어나 거제도의 병원을 방문하여 환자를 돌보곤 했다. 그가 오는 날이면 항상 병원이 마치 장날을 맞은 시장처럼 붐볐다고 한다. 먼 섬마을에서 오는 환자들은 행여나 장기려 박사를 놓칠까 염려해 전날에 미리 병원 가까운 여관에 들기까지 했다고 한다.

이러한 환자 중 한 명을 손자로 둔 한 할머니는 손자가 수술을 받고 퇴원하던 날에 손수건에 달걀 3개를 싸서 장기려 박사의 손에 쥐어주면서 자신의 손자를 살려주어서 정말 감사하다는 말을 덧붙였다. 장기려 박사는 이 할머니의 얼굴을 환하게 쳐다보다가 다음과 같이 말했다고 한다.

> "할머니, 손자의 병을 고친 것은 제가 아닙니다. 저는 그저 조금 도와주었을 뿐입니다. 우리의 몸에는 스스로 낫는 힘이 있어 손자분이 나으실 수 있었습니다. 손가락을 베였을 때에 피가 나지 않도록 싸매 두면 저절로 상처가 아무는 것과 비슷한 것입니다."

할머니는 이 이야기를 듣고 의아해하였지만 자신의 덕을 남에게 돌리는 그의 겸손한 마음은 충분히 전달됐으리라 생각한다.

■ 그가 건네준 '특별한' 종이 나부랭이

어느 날 장기려 박사가 외출을 위해 병원을 나서는 일이 있었다. 이때 갑자기 나이가 많아 보이는 거지 하나가 장기려 박사의 옷을 잡았다. 장기려 박사는 그의 의중을 파악하고 여기저기 옷을 뒤졌지만 마침 돈을 한 푼도 가지고 있지 않았다. 돈이 한 푼도 없다는 장기려 박사의 말에 그 거지는 실망한 듯한 표정을 지으며 뒤돌아섰다. 장기려 박사는 갑자기 그 거지 노인을 불러 세웠다. 그러고선 그 거지 노인에게 얼마전 봉급으로 받은 수표를 건네주었다. 수표의 정체가 뭔지 모르는 그 거지 노인은 다시 실망한 표정을 지으며 "이까짓 종이 나부랭이가 무엇이기에 나에게 주는 것이오?"라고 되물었다. 장기려 박사는 미소를 지으면서 "이것은 수표라는 것입니다. 이 종이를 가지고 은행에 가면 돈으로 바꿔줄 것입니다."

이 일이 있고 나서 며칠 후에 장기려 박사가 운영하는 병원에 은행으로부터 한 전화가 걸려왔다. 은행원은 장기려 박사에게 최근에 수표를 분실한 적이 있는지 물어보았다. 갑자기 웬 거지가 장기려 박사의 사인이 되어 있는 수표를 가지고 왔다는 것이다. 이를 듣고서 장기려 박사는 다음과 같이 말했다.

> "그 수표는 내가 준 것이니 그리 알고 돈을 지불해 주시오."

은행원은 적잖이 놀라면서도 장기려 박사의 말을 직접 확인하고 나서 전화를 끊었다. 장기려 박사가 그 거지 노인에게 준 특별한 종이 나부랭이 한 장, 그 수표가 얼마짜리였는지는 확인된 바가 없고, 단지 직접 수표를 전해준 장기려 박사와 그것을 받은 거지 노인, 돈을 지불한 은행원만이 알 것이다.

> "의사는 진실과 동정을 가지고 환자를 대하면 죽을 때까지 남에게 필요한 존재로 일할 수 있다."

위의 일화는 다음과 같은 자신의 말을 스스로 실천한 하나의 사례라고 생각해볼 수 있다.

■ 위대한 '바보' 장기려

장기려 박사가 생각하는 공동체란 무엇이었을까? 그는 한국전쟁 당시 월남하여 부산의 천막병원에서 의료 활동을 시작한 후에 평생에 걸쳐 의료 활동을 멈추지 않았으며, 후에 뇌경색으로 반신이 마비되기 전까지 불쌍한 환자들에 대한 사랑의 의료 활동을 계속했다고 한다. 그러면서도 죽는 날까지 개인적인 욕심을 추구하지 않고 오직 환자에 대한, 더 나아가 인간에 대한 사랑만을 추구하며 살아갔다. 그러면서도 자신의 안위는 돌보지 않고 평생 그리워하던 가족들과 재회할 기회마저 거절한 그에게 공동체는 자신을 초월하는 무언가일 것이다. 확실히 단언할 수는 없지만 그의 삶의 목표는 자신이 아닌 공동체를 위한 것이었고 이 목표를 추구함에 있어서 자신의 안위는 항상 그 뒤에 있었다.

그는 눈을 감기 전 마지막 겨울에 남몰래 무료로 돌봐주던 환자를 찾아가서 "올해 크리스마스에는 못 올 것 같아서 미리 왔네."라는 인사를 남기고 자신의 수중에 있던 얼마 되지 않는 돈까지 간호인에게 선물하였다. 그는 이렇게 마지막으로 눈을 감는 순간까지 가족을 만나지 못했다. 평생을 바쳐 수많은 사람들을 사랑하고 지극 정성으로 환자들을 돌본 수많은 일화를 남기며 자신의 한 몸을 헌신한 장기려 박사에 대해 사람들은 종종 '바보 장기려'라는 평가를 하곤 한다. 이에 대한 장기려 박사의 다음과 같은 말은 우리에게 많은 것을 깨닫게 한다.

> "바보라는 말을 들으면 그 인생은 성공한 것입니다. 그리고 인생의 승리는 사랑하는 자에게 있습니다."

그에게 있어서 삶의 목표는 공동체를 지향하고 있었으며, 이는 사랑 혹은 헌신과 같은 보편적이며 궁극적인 의미를 가진 가치로 표현되곤 한다. 이러한 삶의 바탕에는 사랑의 대상으로서 자신보다 공동체를 우선하며 자신을 공동체에 속하는 일원으로 치환시킨 공동체의식이 깔려 있음을 생각해볼 수 있다. 그가 남긴 다양한 일화들은 자신을 초월하는 공동체를 위해 자신을 희생하고 헌신하는 삶의 모습이 무엇인지를 보여주는 모범적인 사례라 할 수 있으며 진정으로 타인 및 공동체를 사랑하고 이를 최우선의 목표로 삼아 살아갔던 위대한 사람의 일생이 무엇인지 잘 보여준다.

장기려 박사 – 계별 사례분석 정리

주요 사항	주요 키워드	- 사랑, 열정, 겸손
	공동체지향목표 관련 대표적 실천 사례/내용	- 전쟁 기간 및 전후시기에 불우한 이웃을 대상으로 의료봉사 시행 - 1968년 청십자 의료보험조합을 설립
	개인에게 공동체 관련 목표가 가지는 의미	- 공동체에 기여하는 것은 종교적 믿음의 실천 - 가난한 사람도 사랑과 보살핌을 받아야 한다는 믿음의 실천 - 겸손과 봉사
초기 목표	초기 삶의 목표 및 계기	- 개인의 성공을 추구하며 평범한 어린 시절을 보냄
변화 및 내재화	목표 변화 및 내재화 계기	- 집안의 몰락 이후 경성의전에 합격하면서 종교적 신념이 강화되었고, 그의 삶에서 종교가 큰 역할을 담당하게 됨 - 요셉이나 다윗처럼 살라고 이야기하며 종교적 신념을 강화시킨 아버지, 할머니 - 전영창 선생, 전종휘 교수, 채규철, 함석헌 등 주변 인물들의 영향으로 보다 구체적인 의료봉사활동에 전념하게 됨
실천	공동체목표 실천 관련 주요 사건	- 복음병원 설립
	성공/어려움 (어려움의 경우 극복 포인트)	- 한국 전쟁 당시 피난 온 부산에서 가난한 사람들을 위한 천막병원을 설립하여 봉사
	실천 결과 및 영향	- 전쟁이 끝난 후에도 지속적으로 의료봉사활동을 실시하며 가난한 사람들에 대해 사랑을 베풂 - 각박한 사회에 사랑의 메시지를 전달
	공동체지향목표 유지와 실천관련 어려운 사건	- 여러 의료봉사 과정에서 재정적인 어려움을 겪음
	극복 방법	- 주위 사람들의 도움을 통해 극복
	어려움 이후 개인 가치, 행동의 변화	- 어려운 상황에도 불구하고 지속적으로 베푸는 의료활동 전개
영향	실천이 향후 사회에 미친 파급력	- 각박한 사회에 사랑의 메시지를 전달하고 의료보험체제를 사회에 정착시킴

(2) 디디에 드로그바(Didier Yves Drogba Tebily)[2]

스포츠 분야, 아프리카(현재 유럽 및 아프리카 거주), 개인

디디에 드로그바는 현재 피닉스 라이징에 소속되어 뛰어난 활약을 보여주고 있는 축구선수이다. 그는 그의 놀랍도록 뛰어난 축구실력뿐만 아니라 남몰래 행하고 있는 수많은 선행 및 자선 활동으로도 많은 명성을 얻고 있다. 그는 진심이 담긴 호소로 그의 조국인 코트디부아르에 평화를 가져오기도 하였고 디디에 드로그바 재단을 설립하여 아프리카의 질병 퇴치 및 교육 활성화를 위한 다양한 사업에 참여하기도 하였다.

주요경력
2004년 프랑스리그 올해의 선수
2004년 UEFA 컵 최고 선수
2006년-2007년시즌 잉글랜드 프리미어리그 득점왕
2006년 아프리카축구연맹상 올해의 선수
2007년 유엔 국제연합개발계획(UNDP) 굿윌대사
2008년 드로그바 자선협회 설립

■ 모두가 행복하지 못한 내전의 소용돌이 속에서 태어나다.

디디에 드로그바는 1978년 3월 11일에 코트디부아르의 최대 도시인 아비장에서 태어났다. 드로그바가 태어난 조국인 코트디부아르는 반군과 정부군의 끊임없는 대립 및 카카오 열매의 소유권을 두고 내전이 끊이지 않아 매우 혼란스러운 상태였고, 이러한 상태는 지속적으로 이어졌다. 이는 한 인터뷰에서 드로그바가 "다른 나라처럼 동등한 기회와 부를 갖지 못한 나라에서 자랐다"라고 언급한 부분에서 잘 나타난다.

---

2) 디디에 드로그바 사례 연구 참고자료는 다음과 같다.
McShane, J. (2008). Didier Drogba-Portrait of a Hero. Kings Road Publishing
http://www.thedidierdrogbafoundation.com/(드록바재단 홈페이지)
서형욱 (2009). 매거진S 1주년 특집 커버스토리 - 디디에 드로그바 독점 인터뷰. 매거진S. Dec. 25.

■ 머나먼 이방의 세계에서 조국과 민족의 소중함을 깨우치다.

그는 유년시절을 자신의 국가인 코트디부아르에서 지내지 못하고 홀로 프랑스에 보내져 그곳에서 살아가게 되었다. 드로그바의 부모는 아주 어린 시기부터 그의 재능을 알아보아 이렇게 혼란스럽고 어려운 상황에 처한 환경을 벗어나 적극적으로 재능을 키우기를 바라셨다. 그리하여 드로그바는 5살이라는 어린 나이에 프랑스로 떠나게 된다. 더군다나 경제적 형편이 문제가 되어 부모가 같이 떠나지 못하고 다섯 살배기 아프리카 아이가 홀로 비행기를 타고 프랑스로 떠나게 되었다. 그는 프랑스 2부 리그에서 축구 선수로 활동하고 있던 삼촌인 미셸 고바에게 맡겨졌고 그곳에서 생활하며 자신의 재능을 키워나갔다.

이러한 외국 생활은 어린 드로그바에게 매우 큰 스트레스와 슬픔을 가져다주었고 "한동안 매일매일 울며 지냈다"고 말할 정도로 향수병에 시달리기도 했다고 한다. 어린 시절에 이러한 시련과 고통스러운 경험은 그를 단단하게 담금질하고 그의 조국인 코트디부아르에 대한 사랑과 조국의 소중함을 느끼도록 하였다. 또한 자신이 이렇게 어려운 생활을 하는 계기가 되었던 전쟁과 혼란 및 그 속에서 고통 받는 수많은 사람들에 대해 심각하고 진지하게 생각해보는 계기가 되었다. 그러면서도 동등한 기회와 부를 가질 수 없는 조국의 상황에서 그나마 이렇게라도 생활할 수 있는 것은 매우 큰 행운이라 생각하며, 그렇기 때문에 조국을 위해 무언가 헌신을 해야 한다는 책임감을 느끼기도 하였다.

■ 신으로부터 부여받은 '드록신'의 재능

드로그바는 어려운 상황 속에서 자신의 재능을 끊임없이 연마하여 어린 시절부터 많은 활약을 보여주었다. 그리하여 르망, 갱강, 올랭피크 마르세유 등의 팀의 선수로서 활동하고, 특히 올랭피크 마르세유를 2003-04시즌 유럽컵 결승전에 올려놓으면서 서서히 사람들의 주목을 받기 시작한다. 이러한 과정에서 드로그바는 잉글랜드 프리미어리그의 명문 클럽인 첼시로 영입되어 뛰어난 활약을 이어나갔다.

■ 나의 재능은 나의 조국과 민족을 위하여

드로그바는 유럽 리그에서의 엄청난 활약에 힘입어서 프랑스로부터 국가대표 제의를 받기도 했지만 자신의 사랑하는 조국을 위해 뛰겠다는 그의 결심을 꺾지는 못했다. 그는 대신에 코트디부아르의 국가대표로 활약하여 자신의 조국을 사상 최초로 월드컵 본선에 진출하게 한다. 그는 2006년 독일 월드컵 및 2010년 남아공 월드컵에서 자신의 조국을 위하여 뛰었다. 비록 두 대회에서 모두 16강전 진출에는 실패했지만 월드컵에 진출하여 세계의 강호들과 어깨를 나란히 하여 팽팽한 접전을 펼치고 국민들에게 많은 희망과 기쁨을 전달하여 그들을 하나로 뭉치게 했다는 것만으로도 큰 의미가 있다.

■ "검은 예수? 예수가 하얀 드로그바다.": 축구로 전쟁을 멈춘 사나이

드로그바는 축구에 대한 뛰어난 재능을 통해서 많은 활약을 보여주면서도 사회에 공헌하는 여러 활동에 적극적으로 참여함으로써 전 세계 많은 사람들에게 깊은 감동을 주고 있으며 이를 두고 한국의 팬들은 그를 '드록신' 혹은 '검은 예수'라고 부르기도 한다.

그의 이러한 활동을 대표하는 가장 대표적인 일화로 코트디부아르 정부군과 반군 사이의 내전을 종식시킨 것이 유명하다. 지난 2005년 10월에 드로그바의 활약에 힘입어 코트디부아르 국가대표팀은 독일 월드컵 본선 진출을 확정짓고 서로 자축하며 즐거워하던 상황에서

TV 생중계가 시작되자 드로그바는 갑자기 생중계 카메라 앞에 무릎을 꿇고 마이크를 잡은 후에 이렇게 말했다. "여러분, 우리 적어도 1주일 동안만이라도 무기를 내려놓고 전쟁을 멈춥시다." 코트디부아르의 사상 최초 월드컵 본선 진출로 인해 코트디부아르는 축구에 대한 열기로 가득 찬 상태였고 당시 내전의 당사자인 두 집단의 대표는 모두 경기장을 찾아 월드컵 진출 장면을 목도하고 있었다. 드로그바의 호소는 실제로 코트디부아르에서 총성이 멈추도록 하였고, 이 내전은 2007년의 평화협정을 끝으로 결국 종결되었다. 그의 진정성 있는 호소가 조국에 평화를 가져온 것이다. 그는 이에 대하여 "그동안 수많은 트로피를 받았지만 전쟁을 멈추고 평화를 가져다 준 순간이야말로 가장 영광스러운 트로피다"라고 말하였다. 드로그바는 이때의 활약을 계기로 하여 유엔개발계획 홍보대사로 임명되어 전 세계 빈곤 퇴치를 위한 활동에 적극적으로 참여하였다.

■ 호소를 넘어서 적극적인 실천으로: 드로그바 재단 설립

드로그바는 조국의 내전을 종식시킨 평화의 호소 이후에 자신의 개인적인 자금을 기초 자산으로 하여 세계의 평화 및 행복을 위한 적극적인 실천을 하기로 마음먹었고, 2008년에 디디에 드로그바 자선협회를 설립하여 아프리카 지역에 의약품 및 식음료 등의 생필품을 지원하고 축구공과 유소년 시설을 지원하기도 하였다. 이를 위해 당시에 소속되어 있던 구단인 첼시의 선수들과 구단주를 설득하여 자기 재산을 포함한 첼시 선수단 및 운영진의 도움을 받았다. 이 협회에서는 위와 같은 활동 외에도 아프리카 아이들의 무상의료를 지원하고 말라리아 예방 활동을 벌이기도 한다.

디디에 드로그바 재단(The Didier Drogba Foundation)

1997년에 축구선수인 드로그바가 중심이 되어 창립한 재단으로 아프리카 사람들에게 경제적, 물질적 지원을 통하여 그들의 건강을 증진시키고 교육을 활성화시키자는 목적하에 설립된 재단이다. 이 재단은 드로그바가 개인적인 자금을 투자하여 설립한 재단이며, 그의 일생을 담은 책인 "Didier Drogba: The autobiography"와 DVD를 통해 벌어들이는 수익을 모두 이 재단에 기부하고 있다. 이 재단은 현재 아프리카인의 교육 증진 및 말라리아 퇴치를 위한 자선 활동에 앞장서고 있으며 여러 가지 불우한 상황으로 인해 고아가 되어버린 아이들을 구제하는 일에도 앞장서고 있다. 추후에 Ivory Coast와 같은 아프리카 곳곳의 지역에 학교를 설립하고, 더 나아가 아프리카 대륙을 넘어 전 세계를 대상으로 자선 활동을 펼치는 것을 목적으로 하고 있다.

■ 백혈병 소년과의 우연한 만남, 새로운 실천의 계기

많은 아프리카 출신 축구선수들이 뛰어난 활약을 통해 명성을 얻으면 유럽에서 거의 돌아오지 않는 것과는 달리 드로그바는 아프리카에 집을 두고 있으며, 여기에 자주 돌아오곤 한다. 그리고 돌아올 때마다 많은 현금을 지참하여 어려운 사람들과 아이들을 위해 이를 베푼다고 한다. 그리고 드로그바는 그의 고향인 아비장을 시작으로 하여 코트디부아르의 곳곳에 제대로 여건을 갖춘 병원을 짓는 사업을 진행하고 있다. 이는 그의 한 비극적인 경험에서 비롯되었는데, 2009년에 코트디부아르와 말라위가 월드컵 예선을 치르는 도중에 대표팀 경기장의 벽이 붕괴되어 다수가 사망하고 부상당하는 사건이 발생했다. 환자들은 아비장의 병원으로 후송되어 치료를 받았는데, 수요에 비해 턱없이 부족하고 열악한 여건의 아비장 병원은 환자들을 제대로 수용하지 못하여 환자 몇 명이 침대를 같이 쓰거나 복도에서 자는 등 의료시설의 부족으로 고통을 받았다.

드로그바는 이러한 상황을 지켜보다가 노벨이라고 불리는 어린 소년과 만나게 되었는데, 그 소년은 백혈병 말기 진단을 받은 환자였다. 드로그바는 그 소년을 구하기 위해 유럽으로 데려가서 치료를 받도록 적극적으로 지원하고 노력했지만 일 년 정도 후에 그 소년은 병을 이기지 못하고 세상을 떠나게 되었다. 그는 이러한 아픈 시련을 계기로 하여 조국에 적절한 의료서비스를 제공할 수 있는 시설의 필요성을 절실히 깨닫게 되었고, 그의 고향에 병원을 짓기 시작하여, 300만 파운드 이상의 돈을 투자한 상태이다(2012년 2월 16일, Jim White 기사). 이 외에도 아이보리 코스트라 불리는 지역에 아프리카 아이들을 위한 학교도 건립할 계획을 가지고 있다고 한다.

■ Lace up & Save lives!

이러한 활동과 더불어 드로그바는 유명한 스포츠 브랜드인 NIKE가 주축이 되어 진행하는 공익 캠페인인 'RED Lace up & Save lives'에 참여하여 아프리카 사람들에게 무상교육을 지원하고 에이즈 치료를 돕는 활동을 하고 있다. 이 캠페인은 '빨간색의 운동화 끈이 세상을 치유할 수 있다'라는 슬로건을 내걸고 시작된 캠페인이며 아프리카 에이즈 퇴치를 목적으로 하고 있다. 그리하여 누군가 1달러의 빨간 축구화 끈을 구매하면 해당 금액이 기부되어 아프리카의 에이즈 예방 프로그램을 보조하는 자금으로 활용된다. 이 캠페인에 드로그바를 포함하여 유벤투스의 칸나바로, 테니스의 여왕인 샤라포바도 참여한 바가 있다. 드로그바는 이와 관련하여 이 기관에 엄청난 액수의 돈을 기부하고 RED 캠페인의 상징인 빨간 끈을 축구화에 매고 경기를 하기도 했다. 그는 이러한 활동에 매우 큰 자부심을 느낀다고 한다.

파비오 칸나바로(Fabio Cannavaro)

엄청난 수비력으로 다른 팀의 득점을 쉽게 허용하지 않는 이탈리아의 '빗장수비'를 가능토록 하는 이탈리아의 전설적인 수비수이다. 10대 시절부터 나폴리 지역의 명문팀인 SSC 나폴리에 소속되어 맹활약을 펼쳤으며 19세의 나이로 성인팀에 합류한 후 빠른 속도로 성장을 거듭하여 이탈리아의 핵심적인 선수로 거듭났다. 그는 수비수로서 큰 약점이 되는 작은 체구에도 불구하고 이탈리아의 대표적 공격수인 비에리의 공격을 원천 봉쇄하는 '작지만 매운 고추'로 불리었다. 이후에 파르마, 레알 마드리드, 유벤투스 등과 같은 명문을 전전하며 이탈리아 수비의 전설로 기록되었다.

마리아 샤라포바(Maria Sharapova)

어린 시절부터 신들린 테니스 실력을 발휘함과 동시에 뛰어난 외모로 '러시안 뷰티'라는 별명으로 불리는 러시아 출신의 뛰어난 테니스 선수이다. 6살 때부터 아버지를 따라 미국 플로리다로 건너가서 테니스를 배우기 시작했으며 2001년에 프로에 입문한후 3년 만인 2004년에 17세의 나이로 윔블던 우승을 거머쥐었다. 2006년에 18세의 나이로 세계 랭킹 1위를 기록했으며 2006 US오픈과 2008년 호주오픈에서 연달아 우승을 차지하였다. 샤라포바는 2005년에 미국 잡지 〈피플〉이 선정한 세계 미인 유명인 50명에 포함되었고 2006년에는 경제전문지 〈포브스〉에 최고 수입을 올리는 여자 운동선수 1위에 오르기도 하였다.

■ 신이라 불린 사나이

드로그바의 삶에 있어서 주된 관심은 자기 자신이 아닌 자신이 속한 공동체를 향해 있었다. 그리하여 타고난 재능을 통하여 성공을 거둔 후에 마음껏 부와 명예를 누리고 이를 만끽하는 것이 아니라 조국의 전쟁을 멈춰 평화를 이루어내고 자선 단체를 설립하여 많은 아프리카 사람들을 도우며 그들의 힘을 북돋아주었다. 그의 이러한 여러 활동사례들은 그가 지향하는 목표가 자신을 초월하는 공동체를 위한 것이었음을 보여준다.

드로그바는 어린 시절부터 조국을 떠나 낯선 곳에서 살면서 자신의 공동체에 온전히 속하지 못한 것에 대해 사무치는 외로움을 느끼고, 안정을 되찾지 못해 혼란스러우며 한편으론 안타까운 공동체의 현실을 실감하면서 남들과는 다르게 자신과 공동체의 관계를 정립해 나갔을 것이다. 그에게 있어서 공동체는 단지 자신이 소속된 대상에 그치는 것이 아니라 자신의 삶을 뛰어넘는 목표의 지향점이자 어떤 일을 함에 있어서 반드시 고려해야 할 운명적인 관계이다. 추후에는 현재 운영 중인 재단을 아프리카를 뛰어 넘어 전 세계의 모든 어린이들의 건강과 교육을 책임지는 재단으로 거듭나게 하겠다는 그의 다짐은 그가 생각하는 공동체의 범위 또한 점차 확장되고 있음을 보여주는 지표라 할 수 있겠다.

디디에 드로그바 - 계별 사례분석 정리

주요 사항	주요 키워드	- 사랑, 베풂, 평화
	공동체지향목표 관련 대표적 실천 사례/내용	- 유엔 국제연합개발계획(UNDP) 굿윌대사로 활동 - 디디에 드록바 자선협회를 설립하여 불우한 곳에 병원과 학교를 건립하며 가난한 아이들을 도움
	개인에게 공동체 관련 목표가 가지는 의미	- 축구를 즐김과 동시에 자신이 속한 세계의 고통 받는 사람들을 위한 일을 하는 것
초기 목표	초기 삶의 목표 및 계기	- 반군과 정부군 사이의 내전이 진행 중인 조국에서 태어남 - 어린 시절의 고통이 조국에 대한 사랑과 소중함을 느끼게 함
변화 및 내재화	목표 변화 및 내재화 계기	- 어린 시절부터 프랑스에서 홀로 지내며 고향을 그리워하였고, 조국의 소중함과 함께 고통 받는 사람에 대해 생각해보는 기회가 됨
실천	공동체목표 실천 관련 주요 사건	- 국민에 대한 호소를 통해 오랜 기간 지속되던 조국의 내전을 종식시킴
	성공/어려움(어려움의 경우 극복 포인트)	- 조국에서 총성이 멈추도록 하였고, 2007년에 평화협정을 통해 궁극적인 평화가 찾아오게 함

	실천 결과 및 영향	- 이 사건을 계기로 유엔개발계획 홍보대사로 임명되어 세계 빈곤퇴치를 위한 활동에 적극적으로 임하게 됨 - 개인의 진정성 있는 호소가 세상을 바꿀 수 있다는 희망의 메시지 전달
영향	실천이 향후 사회에 미친 파급력	- 디디에 드록바 재단 설립을 통해 조국의 많은 고통 받는 이들에게 희망을 전해줌

(3) 맨발의 의사들[3)]

의료 분야, 중남아메리카, 단체

'맨발의 의사들'은 사실 공식적인 이름도 아니며, 이렇게 규정된 단체가 따로 존재하는 것도 아니다. 여기에서 소개하는 '맨발의 의사들'은 전쟁과 기아에 허덕이는 전 세계의 온갖 오지를 돌아다니며 무상의료 활동을 펼치고 있는 쿠바의 의사들을 지칭하는 말이다. 이들에 대한 공식적인 명칭이 존재하는 것은 아니지만 2007년 8월 26일에 이들을 소재로 하는 다큐가 SBS 스페셜에서 '맨발의 의사들'이라는 이름으로 방영되면서 국내에서 그 이름이 유명해지기 시작했고, 많은 사람들이 숭고한 뜻을 가지고 무상의료 활동을 하는 쿠바의사들을 '맨발의 의사들'이라고 부르기 시작했다.

주요경력
1963년 쿠바 의료진들의 활동 시작

■ 위대한 발걸음의 시작

쿠바에서 가장 최근에 혁명이 일어난 것이 1959년이다. 이 혁명이 성공하기 전에 쿠바의 의료체계는 거의 소수의 특권층만을 위한 사적이고 개인적인 의료체계, 국민의 20% 정도를 포함하는 사회보험체

3) 맨발의 의사들 사례 연구 참고자료는 다음과 같다.
다큐멘터리: "맨발의 의사들" (SBS스페셜, 2007)
EBS지식채널e "어떤 의사들" (2011, Jun)
인권오름 (2007). 쿠바, 자본주의 의료에 연대로 저항하다. 주간인권신문 인권오름.

계, 빈곤층을 포함하는 공공부조체계로 구성되었다. 이처럼 개인의 소득 및 지위에 따라서 차별적인 의료체계가 적용되어 대부분의 빈곤층은 궁핍한 보건재정으로 인해 제대로 된 의료혜택을 받기 어려웠다.

그러나 1959년 혁명 이후 상황이 급변하기 시작했다. 이후에 쿠바의 국가보건 시스템은 통합성, 평등한 접근성, 정부 주도라는 3대 슬로건을 내세웠고 민간병원과 제약회사에 대한 대대적인 국유화를 실시하였다. 그리하여 전국을 14개 주와 169개의 시 단위의 건강지역으로 개편하고 전국의 모든 지역이 여건 및 상황과 관계없이 의사들의 손길이 닿지 않는 일이 없도록 공평하게 만들었다.

이러한 변화가 아무런 반대 없이 평화롭게 이루어졌을 리가 만무하다. 혁명 전의 의료체제 아래에서 많은 부를 누리던 의료 전문가 중 다수는 혁명 후의 의료체제에 반대하여 약 3,000여 명에 달하는 의사들과 의대 교수들은 쿠바를 떠나 미국으로 가버렸다. 그리하여 쿠바는 새로운 여건에서 새로운 의사들을 교육시켜야 하는 과제에 부딪히게 되었다.

우리가 맨발의 의사들이라고 부르는 이들의 활동은 1963년부터 시작되었으며, 베네수엘라의 대통령궁에서 시작했다. 베네수엘라도 쿠바와 마찬가지로 사회가 혼란스러워 정권이 바뀐 지 얼마 되지 않은 상황이었는데 혁명 후에 평등한 의료시스템을 도입한 쿠바와는 달리 돈이 없어서 치료를 받지 못하는 환자들이 넘쳐나는 상황이었다. 쿠바의 의사들은 이렇게 자국에서 버림받은 환자들을 기꺼이 받아들이기로 결정하여 베네수엘라의 환자 다수가 쿠바로 보내져 무상치료를 받았다. 이들에 대한 치료비용은 전액 무료였으며 재활치료사 한 명당 세 명의 환자를 담당하는 식으로 집중치료를 실시하였다. 또한 최초의 해외지원팀이 알제리로 파견되어 무상의료활동을 하였다.

■ 공산주의의 붕괴와 경제적 시련

냉전시대에 미국을 중심축으로 하는 자유주의 진영과 팽팽하게 맞서던 공산주의 진영은 1990년의 갑작스러운 소련의 붕괴로 인하여 엄청난 위기를 맞게 되었다. 공산주의 국가인 쿠바도 이러한 참혹한 상황을 피해갈 순 없었다. 미국의 강력한 경제봉쇄로 인하여 각종 생필품 및 식료품, 석유 등의 에너지 자원, 기본적인 의약품들이 부족하게 되었고 엑스레이 및 실험실에서 쓰던 각종 의료 진단 장비와 소독약, 구급차, 또한 의과대학에서 사용하는 교과서조차도 수입이 중단되어 의료계에 총체적인 위기가 도래하게 된다. 이러한 상황에서 국민들의 기본 위생을 위한 비누와 같은 물품도 부족하게 되어 사라졌던 여러 질병과 전염병이 창궐하였고 결핵 및 감염성 설사가 유행하였다. 또한 필수 영양소 섭취 부족으로 굶주리는 사람도 대폭 증가하게 되었다.

쿠바는 이러한 위기상황을 특별 시기로 선포하고 국민들에게 이러한 국난극복을 호소하였다. 그러면서도 절대적인 식량부족 상황에서 남아 있는 우유나 기본 음식들을 아이들과 임산부에게 우선적으로 지급하도록 했으며 국방비 예산을 대폭 감축하는 것을 감수하고서라도 사회보장 예산지출을 극대화하였다. 농업구조도 자급자족형으로 변환하고 관광산업을 확장하며 기존의 공산주의 국가 외의 다른 국가와의 무역도 적극적으로 시도하여 많은 성공을 거뒀다. 특히 부족했던 의료장비의 경우 프랑스나 캐나다의 도움으로 위기를 극복할 수 있었다.

■ "어떤 의사들"

쿠바는 다른 어떤 국가와 비교하더라도 독특한 의과대학 커리큘럼 및 제도를 가지고 있다. 이러한 의과대학의 독특한 선발 및 교육과정을 통하여 전 세계의 꿈을 품고 있는 수많은 인재가 '맨발의 의사들'로 거듭날 수 있다.

쿠바의 의과대학은 기본적으로 전액 무료로 교육이 진행된다. 이는 의과대학 6년 동안 일관적이며, 그 6년 동안 교육비와 책값, 하숙비, 식비, 의복비 등의 생활비용 일체가 지급되고 매달 100페소의 장학금도 지급된다. 또한 가난한 농촌 출신이라면 25세 이하의 젊은 사람은 누구나 응시 가능하며 전 세계 모든 사람들에게 동등하게 기회가 주어진다. 이들은 6년의 과정을 마치고 졸업할 때에 맹세를 하게 되는데, 졸업 후에 의사가 있는 도시 대신에 농촌 혹은 산촌에서 일하겠다는 맹세이다. 2006년을 기준으로 27개국의 1만 700여 명의 유학생이 쿠바의 의료대학을 졸업하고 전 세계적으로 활동하고 있다고 한다.

이 교육과정에서 좋은 의사의 두 가지 전문성으로 강조되는 것이 의학과 인간성이다. 이렇게 강조하는 인간성을 배우기 위해 몇 가지 필수적인 과정이 있는데, 가장 일반적인 것이 가족 주치의 밑에서 2년간 연수를 받는 것이다. 이렇게 되면 보통 마을별로 120세대, 주민 700여 명을 전담하게 되어 매일 오전에는 일반 진료를 하고 오후에 각 가정을 돌아다니며 왕진을 하게 된다. 또한 주민과의 원활한 소통을 위하여 병원의 위층은 반드시 가족주치의의 집으로 하도록 하였다. 이렇게 농촌에서 연수과정을 거치면서 의사는 커뮤니티를 배우고 이러한 커뮤니티가 자신의 삶의 중심이라는 것을 깨우치게 된다.

이렇게 긴 과정을 거쳐 졸업하게 된 쿠바의 의사들은 전 세계로 파견되어 구호단체들도 포기한 위험한 지역, 각국 현지 의사들도 꺼리는 빈민가 등 사람의 도움이 가장 필요하지만 아무도 가려하지 않는 곳에 맨발로 앞장서서 진출하여 활동하고 있다. 일견 무리가 있어 보이는 그들의 활동은 다음과 같은 말로 설명될 수 있을 듯하다.

> "사람의 생명이 돈보다 더 가치가 있고, 부드러움과 배려심만 있으면 생명은 구할 수 있다."

이와 같은 쿠바 의사들의 의료 활동에 대해 각 국가의 의사협회는 못마땅한 입장을 취하곤 하는데, 쿠바 의사들의 의료 활동에 대하여 "무능력하다", "제대로 허가 받지 않은 불법 의료 행위다"라는 식의 입장을 취하여 그들의 행동의 의미를 격하시키곤 한다. 이에 그치지 않고 온갖 협박이나 테러, 살해 위협을 가하기도 하는데, 전 세계로 진출한 쿠바 의사들은 이에 굴하지 않고 꿋꿋이 자신의 역할을 수행하고 있다.

■ 기적의 작전(Misin Milagro)

기적의 작전이라고 이름 붙여진 이 프로젝트는 맨발의 의사들이 펼치고 있는 놀라운 의료 활동 중 하나로 시각장애인들을 대상으로 하는 무상의료 활동이다. 이 프로젝트의 가장 핵심적인 활동은 중남미 국가의 백내장 환자들을 치료하는 것인데, 백내장은 인간의 노화와 더불어 매우 흔히 발병하는 질병이고 수술시 20여 분 만에 치료가 가능한 질환인데도 불구하고 비싼 수술비 때문에 수술을 받지 못하고 앞을 볼 수 없는 채로 살아가는 사람이 많다. 쿠바의 의사들은 이러한 사람들을 위하여 적극적으로 나선 것이다. 이 작전에 참여하는 쿠바 의사들은 이러한 활동을 하면서 아주 큰 보람과 자부심을 느낀다고 한다. 불과 20여 분밖에 걸리지 않는 수술임에도 불구하고 수술 후에 환자들이 아이들처럼 기뻐하며 "3년 만에 손자 얼굴을 볼 수 있게 됐어요"라는 말을 할 때에는 말할 수 없이 행복하다고 한다.

■ '바리오 아덴트로(Misión Barrio Adentro): 마음 깊숙이 환자만을 위하여'

'바리오 아덴트로'는 베네수엘라에서 실행 중인 의료 정책 중 하나로 위의 제목에서 언급한 것처럼 '마음 깊숙이'라는 뜻을 가지고 있는 말이다. 이 정책은 베네수엘라의 빈민층에게 의료혜택을 지원하는 정책으로, 대상자가 빈민층인 만큼 이에 참여하는 의사들의 봉급도 적고 근무환경도 매우 열악한 축에 속하는 편이다. 이 정책을 실시하는 주체가 베네수엘라인 것과는 다르게 이 정책에 참여하는 베네수엘라 의사는 단 50여 명뿐이다. 아이러니하게도 나머지는 모두 쿠바 의사들이 자발적으로 참여하여 이 정책이 진행되고 있다.

이러한 쿠바 의사들의 놀라운 행적은 그들의 교육과정에서 끊임없이 깨우치는 의술의 가장 근본적이면서 인간적인 명제들 때문이 아닐까. 그들은 항상 이렇게 말하곤 한다.

> "아픈 사람이 있고 우리를 필요로 하는 곳이면 어디든지 간다. 그리고 아픈 사람이 다 나아가는 모습을 보는 것, 그들이 돌려주는 사랑이 쿠바가 얻는 것."

이러한 '맨발의 의사들'의 헌신적인 모습은 다른 여러 나라에도 감명과 깨우침을 주기도 했고, 가장 가깝게는 베네수엘라에서 쿠바의 '기적의 작전'을 본받아 새롭게 같은 작전을 시작하였다. 베네수엘라의 의사들이 다른 나라의 시각장애인들을 치료해주기 시작한 것이다. 이 의료봉사 또한 치료비, 교통비, 숙박비, 식비를 포함해 모두 무료로 이루어진다고 한다. 위에서 언급한 쿠바 의사들의 말처럼 '그들이 돌려주는 사랑'이 실제로 강력한 힘을 발휘한 것으로 생각된다.

■ 투박하지만 진심이 담겨 있는 '메모지'

전 세계적으로 엄청난 활약을 펼치고 있는 맨발의 의사들에게는 별도의 처방전 규격이 존재하지 않는다. 정성껏 환자를 치료한 의사는 책상 위에 놓여 있는 작은 메모지, 그것도 특별한 규격이 정해져 있는 공식적인 메모지 같은 것도 아니고 의약품 회사 혹은 의료기기 회사에서 판촉용으로 지급하는 메모지에 필요한 처방 내용을 적고 사인해서 환자에게 전달한다. 쿠바의 어떤 병원을 가도 마찬가지의 상황이 벌어진다. 그렇기에 규격화된 처방전에 익숙해져 있는 타국의 사람들이 진료를 받으면 적잖이 당황하기 마련이다.

그러나 이 투박한 메모지 처방전에는 쿠바 의사들의 진정한 정신이 깃들어 있다. 위의 '공산주의의 붕괴와 경제적 시련' 부분에서 이미 언급했지만 구소련의 붕괴 이후에 쿠바는 경제적으로 큰 어려움을 겪었고 그 와중에도 전 세계 환자들에 대한 박애의 정신으로 이러한 무상의료 활동을 계속해왔다. 그렇다보니 자연스럽게 형식적으로 쓸데 없이 나가는 비용을 최소화하게 되었고, 그 결과 컴퓨터에서 깔끔하게 인쇄되어 나오는 처방전을 포기하고 간단한 메모지에 직접 기입하는 것으로 처방전을 대체해왔던 것이다. 이렇게 처방전에 대해서는 어려운 결정을 내리면서도 MRI, 혈관조영기 등 치료에 필요한 장비들에 대해서는 아낌없이 투자하여 미국의 경제봉쇄에 의해 막힌 길을 돌고 돌아오는 비싼 값을 감수하면서도 가장 최신의 기기를 수입하여 쓰고 있다.

이처럼 맨발의 의사들이 쓰는 '메모지'에는 어려운 역경의 시기에 어떻게든 의료분야의 후퇴를 막아서 전 세계 환자들에 대한 무상의료 활동을 중단해서는 안 된다는 그들의 굳은 신념이 깃들어 있음을 살펴볼 수 있다. 그들이 전해주는 메모지는 이제 더 이상 경제적 위기로 인해 어쩔 수 없는 투박한 것이 아니라 그들의 신념과 진정성이 담겨 있는 하나의 메시지인 것이다.

■ 파키스탄 대지진 현장에 나타난 백의의 천사들

2005년 10월 8일, 파키스탄의 캐시미르 지역에 역사상 유례없는 엄청난 규모의 지진이 발생하였다. 이는 국가적인 비상사태였고 지진의 피해가 가장 극심한 곳이 북부의 가장 황폐하고 고립된 지대였기 때문에 많은 의료팀에서 지원을 꺼리는 상황이었다. 맨발의 의사들은 이곳에 사태 발생 일주일 만에 파송되어 구호활동을 시작하게 되었다. 이때 파견된 의사들 중에서 여의사들은 파키스탄 회교도들의 전통을 존중하기 위하여 스카프로 머리를 가린 채 의료 활동을 하였다. 이 활동을 계기로 세계의 많은 사람들이 맨발의 의사들의 활동에 주목하기 시작하였다.

■ "연대 의식은 우리 혁명의 정신입니다."

많은 부와 명예를 누릴 수 있는 기회를 마다하고 전 세계의 불모지로 진출하여 무상의료 활동을 하고 있는 맨발의 의사들을 보면서 "도대체 왜?"라는 의문을 가지게 된다. 의대를 졸업한 채로 쿠바에 계속 남아서 활동하지 않고 자신의 고국으로 돌아가서 의사가 된다면 남부럽지 않게 돈도 벌고 높은 지위를 유지하며 살 수 있을 텐데 그들은 왜 이러한 길을 택하였을까?

이에 대하여 맨발의 의사들이 하는 대답은 한결같다. "연대 의식은 우리 혁명의 정신입니다." 물론 이 연대 의식은 자국의 국민으로 한정되는 불완전한 연대 의식이 아니라 전 세계 모든 인류를 향한 연대 의식이다. 맨발의 의사들은 어린 시절부터 이웃을 사랑하고 도우며 함께 어우러져야 한다는 연대 정신을 물려받는다. 그들에게 있어서 의사의 특권은 많은 돈을 버는 것이 아니다. 아이들의 순수한 미소나 부모의 감사하는 마음과 같은 것은 결코 돈으로 살 수 없는 것이며, 연대 의식의 발현을 통한 의료 활동을 통해 진정한 감사와 같은 것들을 성취할 수 있다면 그것이 진정한 의사의 특권이 아닐까. 그리고 이 세상의 누구든 건강해야 할 권리를 가지고 있으며 이러한 인간의 기본적인 권리를 보장해주고 지켜주는 것 또한 의사의 특권이라 말할 수 있다. 맨발의 의사들은 의술을 공부하는 것은 개인의 특권을 보장하기 위한 것이 아니며 의사를 필요로 하는 모든 사람들을 위한 것이기에 그에 합당한 의료 활동을 베푸는 것이 온당하다고 말한다. 이렇게 인류에 대한 진정성 있는 사랑을 토대로 하여 세워진 연대 의식이 굳건하게 유지되고 확산되는 것이 지금의 맨발의 의사들을 존재하도록 한 원동력이 아닐까 생각해본다.

■ 환자에게는 차가운 머리가 아닌 뜨거운 가슴으로

'맨발의 의사들'은 자신들이 가진 지식과 기술을 통하여 각자가 속한 사회에서 충분히 많은 부를 쌓고 높은 지위를 누리며 살아갈 수 있는 의사들로 구성되어 있다. 그들이 이루고자 하는 목표가 오로지 개인에게만 한정되어 있었다면 그들의 삶은 다른 모습을 나타냈을 것이다. 그러나 그들은 개인을 초월하여 공동체적 차원에서 더욱 궁극적이고 중대한 문제와 부딪히고자 하였으며, 그리하여 이렇게 엄청난 특권을 포기하고 고통에 신음하고 있는 전 세계의 환자들을 구원하기 위해 때로는 위험할 수도 있는 세계 도처에 몸을 내던진 것이다. 그들이 말하는 연대의식과 혁명정신을 통해 그들이 지닌 숭고한 공동체 의식 및 공동체적인 차원에서 이루고자 하는 목표를 엿볼 수 있으며, 지금까지 소개한 것과 같은 활동을 통해 이러한 의식 및 목표를 다른 공동체의 일원과 전 세계의 모든 사람들에게 확산시키고자 하였다. 의술을 공부하는 것은 개인의 부귀영화를 위한 것이 아닌 공동체를 위한 것이며 전 세계의 모든 인류를 향하여 사랑을 베풀고 그들과 함께 어우러져야 한다는 그들의 기본적인 생각은 진정으로 개인을 뛰어넘어 공동체를 지향하는 삶이란 무엇인가에 대한 해답을 제시해주고 있는 듯하다.

(4) 무하마드 유누스(Muhammad Yunus)[4)]

사회(경제) 분야, 아시아, 개인

무하마드 유누스(Muhammad Yunus) 교수는 유복한 집안의 아들로 태어나 방글라데시의 다카대학교 경제학과를 졸업한 뒤 미국으로 떠나 1969년에 밴더빌트 대학교에서 경제학 박사학위를 수여받았다. 이후 미들테네시주립 대학교에서 교수로 재직 중에 갑작스럽게 고국을 방문하여 대부분의 국민이 기아와 질병에 시달리는 비참한 현실에 마주하게 되었다. 유누스는 이러한 상황에 대응하여 마이크로크레디트의 시발점이 되는 그라민은행 프로젝트(Grameen Bank Project)를 운영하여 다수의 절대빈곤 가구를 구제하였고, 이 성공을 토대로 그라민은행을 법인으로 설립하여 본격적 구제 활동을 시작하였다. 이 은행은 극빈자에 대한 무담보 대출을 가장 중요한 원칙으로 하여 지금껏 자신의 처지를 개선하기 위한 기회조차 누리지 못했던 방글라데시 국민들에게 한 줄기 희망이 되었다. 이러한 유누스의 운동은 빈곤퇴치 운동의 모범이 되어 세계 각지로 전파되었고, 그 공로를 인정받아 1984년 막사이사이상, 1994년 세계 식량상, 2006년 노벨 평화상, 서울 평

4) 무하마드 유누스 사례 연구 참고자료는 다음과 같다.
무하마드 유누스 (2002). 가난한 사람들을 위한 은행가. 서울: 세상사람들의 책.

화상 등을 수상하였다.

주요경력
1940 방글라데시 치타공 출생
1972 치타공대학교 경제학과 교수
1973 무담보 소액대출 제도
'마이크로 크레디트(Micro Credit') 제시
1983 Grammin Bank 설립, 총재
1978 방글라데시 대통령상
1984 막사이사이상
1994 세계식량상
1998 아스투리아상
1998 시드니 평화상
2006 제8회 서울평화상, 마더테레사상, 노벨평화상

'길바닥에선 사람들이 굶어 죽고 있는데 경제학 이론이 무슨 소용이란 말입니까?'

'인간이 달까지 가는 세상에 어째서 가난은 사라지지 않는가?'

'나는 머지않아 '가난'이란 말이 의미를 상실하고 박물관에나 전시되는 과거의 유물이 되기를 소망한다. 그때가 되면 박물관을 찾은 우리의 아이들이 어째서 이토록 끔찍한 참상을 오랫동안 그대로 내버려 두었는지 우리에게 물을 것이다.'

'가난에서 벗어날 수 있다는 희망보다 더 큰 동력은 없다.'

■ '희망을 나누어주는 은행가'

무하마드 유누스(Muhammad Yunus) 교수는 방글라데시 그라민은행(Grameen Bank)의 설립자로, 2006년 은행과 더불어 노벨평화상을 수상한다. 그라민은행은 가난한 방글라데시인들에게 저렴한 이자로 대출금을 제공함으로써 그들의 경제적인 자립을 돕기 위해 설립된 은행으로 1983년 정식으로 문을 연 지 10년 만에 흑자의 경영성과를 이루었다.

이 은행은 가난한 사람들을 주 고객으로 하고 있음에도 불구하고, 98% 이상의 대출 상환율을 기록하고 있기도 하다. 이러한 그라민은행은 아프리카 및 아시아의 저개발국가뿐 아니라 미국, 프랑스 등의 선진국 약 60여 개국에도 도입된 상태로 무하마드 유누스는 세계 최빈곤 국가인 방글라데시에서 가장 비자본주의적인 방식으로 가장 자본주의적인 사업을 성공시킨, 공동체를 위한 삶을 살아가는 경제학자이다.

■ 어린 시절의 열정

유누스 교수는 보석세공업에 종사하는 아버지를 둔 방글라데시 남동부의 항구도시 치타공에서 유복한 가정의 9남매 중 셋째로 태어났다. 그의 유년시절은 경제적으로는 유복했지만 9살 때부터 시작된 어머니의 정신병 증세로 인한 어려움을 겪기도 하였다. 그러나 33년간 극진히 아내를 돌보았던 자상한 아버지는 그와 그의 형제들에게 어머니와 아버지의 역할을 동시에 수행해주었고, 특히 자식들의 교육에 매우 헌신적이었다. 유누스 교수는 그의 자서전에서 지금의 자신이 있기까지는 자식들에 대한 아버지의 믿음과 사랑이 절대적이었음을 회고하고 있다.

그가 어린 시절 다닌 중고등학교는 방글라데시에서 가장 좋은 학교들 중 하나였다. 중고교 시절을 회상하며 유누스 교수는 보이스카웃 활동을 가장 기억에 남는 것으로 손꼽았는데, 보이스카웃 활동을 통해 그는 도덕심이나 봉사정신, 이웃에 대한 사랑을 배울 수 있었다고 언급하고 있다.

■ 출발(치타공 대학 교수 초기): 경제적 이상과 희망, 현실의 벽을 경험하고 일어서다.

그는 1960년 방글라데시 국립 다카대학 경제학과를 졸업한 뒤 미국 풀브라이트 장학금을 받고 미국 밴더빌트대학에서 수학, 1969년 경제학 박사학위를 취득하게 된다. 이후 1972년까지 미들테네시주립대학교에서 경제학과 조교수로 근무하던 유누스는 1972년 미국에서 다시 고향인 치타공대학의 경제학 교수로 돌아오게 된다. 고국으로 돌아오던 그는 서양의 합리주의가 고국의 문제들을 해결할 수 있으리라는 희망에 부풀어 있기도 했었다. 그러나 귀국한 조국의 현실은 전쟁의 그의 기대나 예상과는 다른 것이었다. 독립전쟁의 폐허로 산더미 같이 쌓인 문제들은 해결되지 않고, 현실은 점점 어려워지고 있었다. 이러한 시기 그는 국가건설위원회의 위원이 되지만 당시 그가 하는 일은 낮 동안 신문이나 읽는, 실제 경제적인 국가의 재건에는 전혀 도움이 되지 않는 일이었음을 그는 회고하고 있다.

그는 탁상공론만을 하고 있거나 현실의 문제는 학자의 몫이 아니라고 수수방관하거나 혹은 문제를 해결할 수 없다고 자포자기하는 부류의 학자가 아니었다. 그는 대학이 지역 주민들에게 도움을 주어야 한다는 확고한 신념을 가지고 있었고 특히 그 역할을 그가 몸담은 경제학과에서 주도적으로 맡아서 이끌어야 한다고 생각하여 캠퍼스 주변의 마을 경제를 연구하기 시작했다.

이즈음 1974년 방글라데시의 기근은 매우 심각했고 이로 인해 주민들의 삶은 말할 수 없이 척박해진 상황이었다. 그러나 이러한 기근의 어려움을 앞에 두고도 대학의 누구도 이를 돕기 위해 손을 걷어올리지도 몰두하지도 않고 있었다. 이에 더 이상 참을 수 없던 유누스는 대학 총장을 만나 기근문제에 대한 성명서를 발표하게 된다. 치타공대학에서의 성명서 발표는 그때까지 기근 문제에 수수방관하던 다른 여러 대학과 기관들에서 연달아 이와 유사한 성명서를 발표하게 하는 계기가 되어 주었다. 이때의 치타공대학에서의 성명서 발표 사건은 이후 유누스 교수가 경제학 서적의 이론 속에서 머무르지 않고 현실세계로 뛰어나올 것을 결심하는 큰 계기가 되어주었다.

■ '길바닥에선 사람들이 굶어 죽고 있는데 경제학 이론이 무슨 소용이란 말입니까?'

하루 종일 대나무 의자를 만들어서 팔면 5타카로 50페이사, 이 중 5타카로를 고리대금업자에게 원금과 이자의 명목으로 떼어주고 나면 하루 종일 대나무 의자를 만든 사람이 손에 쥘 수 있는 돈은 고작 50페이사(약 40원), 하루에 10%씩 불어나는 엄청난 이자에 허덕이며 가난의 굴레에서 벗어날 수 없는 방글라데시 사람들의 현실을 본 유누스 교수는 경제학자로서 자신의 역할에 대해서 깊은 고민에 빠졌다. 학자인 자신의 강의 시간에는 수천, 수백만 달러가 오고 가고 있으나 자신이 살고 있는 방글라데시의 치타공의 거리에서는 고작 몇백 페이사에 사람들의 목숨이 걸려 있었기 때문이다.

치타공의 조브라 마을의 가난한 사람들 42명에게 고리대금업자의 횡포에서 벗어날 수 있도록 주머닛돈 27달러씩을 빌려준 것이 마이크로 크레디트, 그라민 은행의 시작이었다. 그러나 그것은 사람들에게 큰 도움이 되지 못했고, 이 사건을 계기로 그는 이러한 문제를 해결하기 위해 은행이 어떠한 역할을 해주어야 한다는 생각을 하기 시작했다. 그는 치타공대학 앞에 있는 방글라데시 최대 국립은행인 자나타은행을 방문하여 가난한 사람들을 위해 융자를 해줄 수 있을지를 묻게 된다. 그러나 가난한 사람들을 위한 융자 요청에 대한 은행의 대답은 분명하고도 간결한 거절이었다. 은행에서 말하는 가난한 사람들에게 돈을 빌려주지 않는 이유는 그들에게는 담보가 없기 때문이며, 빌린 돈을 갚기만 하면 되는데 왜 담보를 필요로 하는 것인가에 대한 이유는 '규칙'이기 때문이라는 것이었다.

이러한 대화를 몇 차례 경험한 유누스 교수는 사람들이 가난한 사람들에게 가진 편견에 대해서 알게 되었고, 잘못된 편견들에서 비롯된 규제와 장벽이 이들을 가난의 굴레에서 벗어날 수 없게 만들고 있음을 깨닫게 되었다. 이에 그는 그러한 편견과 잘못된 규칙에서 벗어난 새로운 개념의 대출제도와 이를 바탕으로 하는 은행을 설립하기로 마음먹게 된다.

그가 경험한 가난에 대한 규제와 장벽은 다양했다. 가난은 통계 수치로만 존재하는 것이 아니었고, 가난한 사람들이란 수용소처럼 따로 격리되어 살아가는 사람들도 아니고, 가난은 죽어도 사라지는 것이 아니었으며, 가난한 사람들이 만나는 사회적 냉대라는 것은 사방이 막힌 감옥과도 같은 것이었고, 이러한 상황에서 그들이 느끼는 절망은 감옥 속에서의 절망과 같은 것이었음을 이해할 수 있게 되었다.

그가 설립하고자 한 그라민은행은 이러한 장벽과 감옥에 가로막힌 가난한 이들에게 선물을 던져주거나 잠시의 안락함을 제공하고 어려움을 단순히 유예시키자는 목적을 가진 은행이 아니었다. 그가 꿈꾼 그라민은행의 역할은 가난한 자들 스스로가 자기를 둘러싼 가난의 장벽을 스스로 허물 수 있도록 도와주는 것이었다. 이를 위해 그가 세운 제1원칙은 가난의 상태에서 벗어나지 못하게 하는 가장 큰 벽인 담보의 벽을 허물어 버리는 것이었다.

여기서 당시 유누스 교수가 만난 사람들이 가지고 있는 가난에 대한 편견은 다음과 같았다.

- 가난한 사람은 수입이 생기는 생업에 임하기 전에 교육을 받아야 한다.
- 가난한 사람에게 융자를 주기에 앞서 직업교육, 마케팅, 교통, 기술, 교육 등에 관한 프로그램을 시행해야 한다.
- 가난한 사람은 저축할 줄을 모른다. 가난한 사람은 한 푼이라도 생기면 바로 쓰는 사람이다.
- 가난한 사람은 여러 사람이 함께 모여 일할 줄 모른다.
- 가난이 오래 지속되다 보면 정신에 이상이 온다. 마치 갇힌 공간에서 자란 새가 새장 문을 열어 줘도 날 줄 모르는 것과 마찬가지이다.
- 가난한 여자들은 아무런 능력이나 재주도 없는 사람들이기 때문에 어떤 교육이건 간에 소용이 없다.
- 가난한 사람은 너무 굶주린 탓에 이성적으로 판단할 능력이 없다.
- 가난한 사람은 세상을 보는 눈이 편협하고, 다른 사람들과 나눌 줄을 모른다.
- 가난한 사람들(특히 여자들)은 종교나 전통에 너무 맹목적이어서 조금도 바뀌지 않는다.
- 농촌은 힘의 구조가 너무나 탄탄한 곳이라서 가난한 사람들을 돕는다는 그 어떤 프로그램도 먹히질 않는다.
- 가난한 사람들을 위한 융자란 반혁명적인 것이다. 만일 그들에게 융자를 해준다면 그들은 이내 혁명정신을 버리고 안주할 것이다.
- 가난한 사람들에게 융자를 해주면 이들은 가진 자를 향해 반기를 들고 체제에 도전할 것이다.
- 가난한 여자들에게 융자를 해주면 남편들이 돈을 모두 빼앗아 갈 것이기 때문에 돈이 온전히 남을 리 없다.
- 가난한 사람에게 융자를 해주어도 아무 소용이 없다. 이들은 융자를 얻어도 갚을 능력이 없기 때문에 오히려 짐만 될 뿐이다. 이들은 돈을 갚으려다 더욱 가난해질 따름이다.
- 가난한 사람들로 하여금 은행에 계좌를 갖도록 부추기면 봉급을 받는 노동 인력에 커다란 타격을 입히게 된다. 그 결과 봉급생활자는 줄어들고, 생산가는 높아지고, 인플레가 야기되고, 농업생산량이 떨어지게 된다.

- 가난한 여자들에게까지 융자를 확대하면, 가정 내에서의 여성적 전통적 역할과 남성 가장과의 관계에 커다란 변화가 초래된다.
- 가난한 사람들에게 융자를 해준다 하더라도 이는 단기적 조치이지 장기적으로 영향을 주지 못한다. 이로써 사회 전체의 균형 잡힌 구조조정 역할을 해낼 수 없다.

■ 원금 상환율 98~99%

유누스 교수의 그라민은행의 원금상환율은 98~99%에 이르고 있다. 이러한 은행의 원금상환율은 기존 은행의 운영상황에서도 전례를 찾기 어려운 높은 수준임을 보여주는 것이다. 당시 국립은행의 원금상환율이 30% 정도였으니 그라민은행의 실적은 실로 놀라운 것이었다. 이러한 결과는 단순히 은행 운영이 잘되고 있음을 보여주는 데 그치는 것이 아니라 가난, 그리고 가난한 사람들에 대한 편견이 잘못된 것이라는 것을 확인시켜줄 수 있는 증거가 되는 것이라고 할 수 있기 때문에 더욱 중요하다.

기존에 사람들이 생각했던 것처럼 가난한 사람들은 태생이 그런 것도 그것이 운명인 것도 아니며 다만 제도적인 문제 때문에 가난 속에서 어려움을 겪었던 것이다. 이러한 결과는 유누스 교수가 생각했던 사람들의 힘, 공동체의 가치를 지지해주는 증거가 되어주었다.

■ '암마잔의 책'

암마잔은 실제 그라민은행을 통해 자립을 할 수 있었던 한 여성이다. 그녀는 아이 10명을 낳았으나 그중 4명을 잃고 나중에 다시 또 4명을 잃어서 결국 2명의 딸만 남게 되었다. 남편과 나이 차이도 많았는데 그녀의 남편은 죽기 몇 년 전부터 병이 깊어 병의 치료에 거의 모든 재산을 탕진하게 되었다. 남편이 죽고 그녀가 가진 것은 집 한 채뿐이었는데, 당시 40세였던 그녀의 나이는 방글라데시 평균 여성 수명이 58세인 것을 감안할 때, 꽤 많은 나이었다. 그러나 그녀는 글을 읽을 줄도, 돈을 벌 줄도 몰라 경제생활이 어려운 형편이었다. 시부모의 학대에도 불구하고 그녀는 과자나 옷감을 팔며 근근이 살아가고 있었는데, 그녀가 없는 사이 시동생이 집의 함석지붕을 팔아버렸고 그녀는 지붕 없는 집에서 어렵게 살게 되었다. 지붕이 없어 집은 점차로 붕괴되어 갔고, 어느 날 장사를 다녀온 사이 그녀는 집이 허물어진 폐허 속에서 큰 딸을 발견하게 된다. 이런 그녀는 유일한 젖먹이 자식을 안고 그라민은행을 방문한다.

1977년 처음 그라민은행과 인연을 맺고 죽을 때까지 그녀는 그라민은행으로부터 융자를 받았는데 그녀는 처음엔 대나무 바구니를 만들었고, 여유가 조금 생기자 암송아지 한 마리를 샀으며, 그 송아지가 자라 새끼를 낳자 우유를 내다 팔 수 있었고, 이 이익들을 통해 원금을 갚을 수 있었다. 그때 그녀의 품에 안겼던 암마잔의 딸도 그라민은행의 회원이라도 한다. 암마잔의 사례는 유누스 교수가 그라민은행을 통해 보여주고 싶었던, 실현하고 싶었던 희망이었을 것이다.

■ 대출을 위한 최고의 조건은 '가난'

그라민은행을 이용하기 위한 조건은 어렵지 않다, 그러나 기존의 은행과는 전혀 다른 조건이므로 아무나 접근할 수 있는 것은 아니다. 그라민은행에서 돈을 빌릴 수 있기 위한 자격은 하위 25% 이하로, 담보와 신용보증이 필요 없다. 다만 가난하다는 것만 증명할 수 있으면 된다. 최고 대출 금액도 150달러 미만이다.

왜 소액인가? 이 은행은 누군가를 부유하게 만들거나 가지고 있는 재산을 더 크게 증식시키려는 목적으로 만들어진 것이 아니기 때문이다. 영영 벗어날 수 없을 것만 같은 가난의 굴레에서 절망하는 사람들에게 그들에게도 희망이 있음을 보여주고 그 굴레에서 스스로 벗어날 수 있도록 지원하는 것이 이 은행이 설립된 이유였기 때문이다.

> "가난이 게으름이나 지적 결함 같은 개인적인 문제에서 연유되는 경우는 극히 드물다. 그들이 가난한 것은 제도적으로 아주 적은 금액의 자본금도 손에 넣는 것이 불가능하기 때문이다."

그라민은 방글라데시 말로 '마을'을 의미하는 단어이다. 그는 신용은 모든 인간의 기본적인 권리라는 신념으로 제도 금융으로부터 소외되었던 방글라데시의 가장 가난한 사람들에게 담보나 보증 없이 소액융자를 해줌으로써 인구의 10%가 넘는 사람들이 희망과 용기를 가지고 자신의 운명을 개척하게 도와주고 있다.

■ 북극에서 안데스 산맥까지. 그라민 프로젝트, 그라민 트러스트

그라민은행의 존재 이유와 그들이 지키고자 하는 가치는 방글라데시에서 머무르지 않고, 전 세계적으로 확산되고 있는데, 이를 '그라민 모델의 적용, 그라민 프로젝트'라는 이름으로 부른다. 그라민은행의 마이크로크레디트 운동은 세계 각국으로 전파되어 한국, 아프가니스탄, 카메룬 등 37개국에서 운영되고 있으며, 1997년 미국 워싱턴에서 139개국이 참여하여 마이크로크레디트 정상회의가 열렸고, 국제연합(UN)에서는 2005년을 '마이크로크레디트의 해'로 정하기도 하였다.

경제학자로서, 대학의 교수로서 어쩌면 안락한 자신의 삶을 영위할

수 있었을 방글라데시의 한 경제학자의 작은 시작이 전 세계로 확산되어 가난에 대한 편견을 깨고 그들에게 자립의 희망을 줌으로써 영원히 풀리지 않을 것 같은 인류 가난 문제의 해결을 위한 실마리를 제공하게 된 것이다.

1997년 마이크로크레디트 정상회의의 연설에서 그는 다음과 같은 말로 연설을 끝맺었다.

> "인간은 라이트 형제가 12초 동안 공중을 날았던 이래 불과 65년 만에 달에 발을 디딜 수 있었습니다. 이제 정상회담이 열린 오늘부터 50년이 채 지나지 않아서 우리는 우리의 달에 발을 내디딜 것입니다. 우리는 마침내 가난 없는 세상을 이룩할 것입니다. 우리는 성공해야 합니다."

■ 그들만을 위한 금융이 아닌 모두를 위한 금융

방글라데시에서 가난에 신음하는 국민들에게 관심을 가지고 있는 사람은 얼마 되지 않았다. 특히 대출에 있어서는 이들에게 관심을 가지고 있는 사람은 거의 없다고 해도 무방하다. 돈을 빌려줘 봤자 담보도 없고 그다지 이득도 취할 수 없는 그들에게 있어서 대출이란 다른 세상의 이야기였을 것이다. 이러한 상황에서 공동체 의식을 토대로 그들을 포용하고 특별한 누군가를 위해서만 존재하던 대출을 모두를 위한 대출로 바꿔버린 인물이 무하마드 유누스이다. 유망한 경제학자인 그에게 학문은 자신의 지적 만족 및 개인적 명예를 누리기 위한 수단이 아니었다. 그의 목표는 보다 높은 곳을 향해 있었고 그 대상으로 아주 많은 사람을 포함하고 있었다. 자신을 포함한 공동체의 일원들이 자신의 이론에 근거한 현실적 제도를 통해 함께 행복을 누리길 원했고, 여기에는 공동체를 자신과 함께하는 운명공동체로 보는 공동체의식이 함축되어 있다. 그는 이렇게 자신을 뛰어넘어 공동체까지 돌아봄을 통해 그들의 신음을 듣고 그들의 요청을 거부하지 않았으며, 그들의 입장에서 생각하고 그들과 함께하고자 하였다. 이러한 그의 삶이야말로 공동체지향적인 삶의 모범이라 평가할 수 있지 않을까?

무하마드 유누스 - 계별 사례분석 정리

<table>
<tr><td rowspan="3">주요
사항</td><td>주요 키워드</td><td>- 전문성, 실천, 열정, 자립지원, 사회적 편견에 맞서고 이를 개선함
- 경제전문가, 실천적 공동체 활동(빈민구제, 은행 자본 대출), 비자본주의적 방식으로 자본주의적 사업 성공, 공동체발전을 저해하는 가난에 대한 편견에 맞섬</td></tr>
<tr><td>공동체지향목표 관련 대표적 실천 사례/내용</td><td>- 그라민 은행(Grameen Bank) 설립: 빈민 저리대출, 높은 대출 상환율</td></tr>
<tr><td>개인에게 공동체 관련 목표가 가지는 의미</td><td>- 자신의 전문성을 자신뿐 아니라 공동체를 지향하는 방향으로 실천함</td></tr>
<tr><td>초기
목표</td><td>초기 삶의 목표 및 계기</td><td>- 경제학자(대학교수): 전문지식 습득을 통해 빈민문제가 해결될 것이라고 믿음
- 아버지는 유누스가 전문가로 성장할 수 있도록 지원
- 중고교 시절 보이스카우트 활동: 도덕심, 봉사정신, 이웃에 대한 사랑 배움</td></tr>
<tr><td>변화
및
내재화</td><td>목표 변화 및 내재화 계기</td><td>- 국가건설위원회 위원 경험: 단순한 위원활동으로는 도움이 되지 않음을 느낌, 실천의 필요성 깨달음
·고리대금업자의 횡포로 인한 빈민의 어려운 삶 목격
'길바닥에선 사람들이 굶어죽고 있는데 경제학 이론이 무슨 소용이란 말인가?'
- 대학총장을 만나 기근문제에 대한 성명서 발표
- 마이크로 크레디트 시작(그라민 은행의 시작): 조브라 마을 42명에게 27달러씩 빌려줌
→ 은행의 역할의 필요성 깨달음
→ 최대 국립은행인 자나타 은행에 융자 가능성 타진했으나 거절당함 ⇒ 가난한 이에 대한 편견 경험
- 가난에 대한 편견과 규제로 인해 가난의 굴레와 장벽이 생김을 깨닫고 이의 철폐를 위한 새로운 개념의 대출제도와 은행 설립</td></tr>
</table>

실천	공동체목표 실천 관련 주요 사건	- 그라민 은행 설립: 서민을 위한 저리대출 - 원금상환율 98% 이상: 가난한 사람에 대한 편견(태생적, 타고난 게으름) 타파 - 구체적인 사례: 암마잔 대출 사례(그라민 은행 대출의 성공사례)
	성공/어려움(어려움의 경우 극복 포인트)	- 초기 마이크로 크레디트 운동 시작 시 사회의 편견 경험 - 기존 은행 대출의 규칙인 담보의 벽을 허물어 가난의 굴레를 벗어날 수 있는 기회 만듦 - 높은 상환율을 보이는 등의 마이크로 크레디트 은행 성공을 통해 편견 타파, 공동체 희망 확인
	실천 결과 및 영향	- 가난과 가난한 사람에 대한 편견 타파, - 그라민 은행 프로젝트의 전 세계적 확산: 그라민 모델의 적용, 그라민 프로젝트 ◦ 마이크로크레디트 운동: 한국, 아프가니스탄, 카메룬 등 37개국에서 운영 ◦ UN 2005년 마이크로 크레디트 해 선포 - 공동체의 가치를 지지 - 개인의 삶이 공동체의 편견에 의해 속박될 수 있기도 하지만, 공동체의 지원책을 통해 향상될 수도 있음을 확인
영향	실천이 향후 사회에 미친 파급력	- 가난에 대한 편견을 타파하고 해당분야의 전문성을 자신에서 그치지 않고 공동체의 발전과 안녕을 위해 실현

(5) 밥 말리[5)]

예술 분야, 중남미, 개인

밥 말리는 자메이카에서 태어나 당시까지 세계의 사람들이 흔히 듣지 못했던 레게음악을 전 세계로 널리 퍼뜨려 하나의 거대한 양식으로 자리 잡도록 하였다. 밥 말리는 이러한 엄청난 예술적인 업적 외에도 공동체지향목표를 몸소 실천하여 전 세계에 사랑과 평화를 정착시키고자 노력한 평화의 전도

---

5) 밥 말리 사례 연구 참고자료는 다음과 같다.
이진섭 (2012). '밥 말리'라 쓰고 '전설'이라 읽는다. 엠넷 뮤직스토리.
영화: 말리 (케빈 맥도날드, 2012)
스티븐 데이비스 (이경하 옮김). (2007). 밥 말리: 노래로 태어나 신으로 죽다. 여름언덕

사로서도 높은 칭송을 받고 있다. 그가 태어나 음악 활동을 시작한 순간부터 숨을 거두는 순간까지 그의 삶은 세계 평화를 위한 투쟁의 연속이었으며, 그 공로를 인정받아 UN평화 메달 및 자메이카 메리츠 훈장 등을 수여받기도 하였다. 그가 외치는 평화의 메시지에는 호소력 넘치는 영혼이 깃들어 있다.

주요경력
1945년 자메이카의 세인트앤에서 출생
1963년 웨일러스 결성
1968년 라스타파리안으로 개종
1972년 영국의 레코드사들과 계약 시작
1978년 'One Love Peace Concert'개최
1980년 짐바브웨의 독립축하 공연
1978년 UN 평화 메달
1981년 자메이카 메리츠 훈장

■ 노래로 태어나 신으로 죽다

밥 말리는 1945년에 백인인 50대의 영국인 아버지와 흑인인 10대의 자메이카 어머니 사이에서 출생하였다. 말리는 이렇게 자메이카 빈민가에서 탄생하여 그곳에서 어린 시절을 보냈다. 당시 자메이카에는 사랑을 주제로 하는 음악이 지배적인 위치를 차지하고 있었으나 말리의 경우에는 소외감과 같이 당시에 금기시되었던 주제로 노래를 만들어 부르곤 했다. 이러한 말리에게 많은 영향을 미친 사람은 조 힉스(Joe Higgs)였다. 말리는 17세가 되던 1963년부터 마음이 맞는 동료들과 그룹 '웨일러스'를 결성하여 본격적으로 활동을 시작하였다. 어떻게 노래를 시작하게 됐냐는 질문에 대해 밥 말리는 다음과 같이 대답하였다. "시작이라.. 울음, 그래요, 울음과 함께 시작되었죠."

1968년에 라스타파리안으로 개종한 후에는 수난을 받는 사람들의 통곡과 울부짖음, 자메이카 공동체, 가난과 고통, 성장하며 느낀 소외

감, 차별, 세계 평화 등이 밥 말리의 주요한 음악소재가 되었다. 말리는 레게음악의 대표주자로서 전 세계에 레게음악을 널리 알리는 동시에 이를 통해 열정과 희망, 저항정신, 정의를 전달하였다. 밥 말리의 음악은 전세계적으로 선풍적인 인기를 끌었으며 "I shot the sheriff" 라는 곡은 빌보드 싱글 차트 1위를 차지하기도 하였다. 이 외에도 전 세계적으로 히트를 친 노래가 다수 존재한다.

이렇게 다양한 음악활동을 펼침과 동시에 자메이카의 정치현실에 말려들게 되면서 총격을 당하기도 했는데 밥 말리는 이에 굴하지 않고 무대에 올라 끝까지 자신이 음악을 통해 전하고자 하는 메시지를 전달하며 많은 사람들을 감동시켰다. 그 후로 한동안 자메이카를 떠나있던 밥 말리는 후에 분열된 자메이카를 구원하자는 슬로건하에 열린 콘서트에 참여하기 위해 고국으로 귀환하여 성공적으로 콘서트를 마쳤다. 또한 'One LOVE 평화와 화합의 콘서트'에서 현재 분열 중인 정치가 대표 두 사람을 무대로 불러 두 사람의 손을 잡고 머리 위로 손을 들어 올리면서 서로 하나가 되어야 한다는 메시지를 전하며 정치적 화합을 이끌어내기도 하였다. 밥 말리는 후에 백인에게만 걸린다는 피부암의 일종인 흑색종으로 인해 사망하였고 자메이카 정부는 그의 생일을 국경일로 선포하였다.

■ 울음과 함께 태어나다

밥 말리는 1945년에 자메이카 트렌치타운의 가난한 농가에서 중년의 백인 아버지와 10대의 흑인 소녀 사이에서 태어났다. 밥 말리가 태어난 자메이카는 300년이 넘는 오랜 기간 동안 영국의 식민통치를 받아 온전한 자유를 누리지 못하는 나라였으며, 그중에서도 흑인들은 많은 핍박과 억압을 받으며 살아가고 있었다. 이로 인해 민중들에 의한 폭동이나 시위가 비일비재하게 발생하는 상황이었다.

밥 말리의 아버지인 노발 말리는 영국계 자메이카인 가문의 영국군 장교였는데, 말리 가문은 사업이나 농사에서 모두 상당한 성공을 거두고 있던 가문이었다. 그리하여 노발 말리의 부모를 비롯한 여러 가족들은 흑인 소녀와의 결혼을 강력하게 반대하였고 결혼 이후 아이를 가진 후에도 여러 간섭을 계속하였다. 결국 밥 말리의 아버지는 부인과 거의 시간을 보내지 못했고 한 달에 한 번 꼴로 찾아오곤 하였다. 그러던 어느 날 노발 말리는 갑작스럽게 연락을 끊고 다시는 부인에게로 돌아오지 않았고, 밥 말리가 10살이 되던 해에 세상을 떠났다는 소식만 들려왔다. 이렇게 밥 말리의 어린 시절은 결코 아름답지 않았고 빈민가에서 태어나 아버지의 얼굴을 보지도 못한 채로 힘겹게 살아갔다. 밥 말리가 12살이 되어서는 킹스턴으로 이주하여 용접공 생활을 하였고 흑인도 아니고 백인도 아닌 혼혈이라는 이유로 많은 차별과 억압을 경험하며 자라났다.

이렇게 힘겹게 살아가던 밥 말리에게 삶의 낙이 되어준 것은 음악이었다. 밥 말리가 거주하던 빈민가에는 예술적인 재능을 가진 사람들이 다수 존재하였고 밥 말리는 그곳에서 음악적 동료인 버니 리빙스턴, 피터 토시를 만나고 17세가 되던 해에 그들과 함께 그룹 '웨일러스'를 결성해 본격적인 음악활동을 시작하였다.

■ 열정적인 라스타파리안

밥 말리는 1966년에 리타 앤더슨과 만나 결혼을 하고 미국으로 건너갔지만 곧바로 자메이카로 돌아왔고, 부인과 함께 자메이카의 영혼이 담긴 라스타파리아니즘(Rastafarianism)에 심취하게 되었다. 라스타파리아니즘은 기독교와 자메이카 토속 신앙이 결합된 형태의 종교로 자메이카에 있는 흑인들이 자신들의 고향인 아프리카로 돌아가고자 하는 열정과 의지가 종교의 형태로 발현된 것인데, 그 성격에 있어서는 이스라엘의 유대인들이 주창한 시오니즘과 약간 유사한 측면이 있다고도 볼 수 있다. 밥 말리는 1968년에 라스타파리안으로 개종하여 킹스턴의 라스타파리 사원의 승려를 직접 만나보기도 하고, 때마침 소속된 그룹인 웨일러스도 휴식기를 맞이하게 되어 밥 말리는 본격적으로 라스타파리안을 받아들이게 되었다. 밥 말리에게 있어서 라스타파리아니즘은 단순한 개인적인 종교 이상의 의미를 가지는데, 라스타파리아니즘에 대한 심취는 자신의 고국인 자메이카의 공동체 의식과 밥 말리 사이의 강력한 연결고리를 제공해주었으며 이러한 민속적인 결속력은 다른 부조리한 권력에 의한 숨통 조이기에 저항하고 이를 피할 수 있는 정신적인 안식처를 제공해주었다. 그리하여 그의 음악에는 라스타파리안의 색채가 강하게 나타난다. 그리하여 우리는 그의 음악에서 단호한 결심과 저항정신, 정의에 대한 추구를 느낄 수 있다.

■ 위협에 대응하는 저항정신

밥 말리는 음악가로서의 활동을 계속하여 그의 명성은 날로 높아져가고 있었다. 1976년에 밥 말리는 한 좌파총리의 초청에 의하여 자메이카에서 큰 규모의 공연을 하게 되었다. 그런데 공연을 4일 앞둔 어느 날 밤에 정체를 알 수 없는 괴한이 밥 말리와 그의 팀이 묵고 있던 숙소에 침입하여 무차별적으로 총격을 가했다. 그로 인해 숙소에서 머물던 밥 말리와 부인인 리타, 매니저, 그리고 여러 친구들과 아이들이 심각한 부상을 당했다. 밥 말리의 경우에는 상체와 팔에, 리타는 머리에, 매니저는 몸 여러 군데에 심각한 총상을 입었지만 다행히 아무도 목숨을 잃지는 않았다. 이러한 총격은 극심한 정치적 대립 상태에 있던 자메이카에서 좌파총리와 정치적으로 대립하던 세력들이 공연을 막기 위하여 감행한 백색테러인 것으로 추측된다.

이렇게 갑작스러운 습격을 당해 목숨에 심각한 위협을 느꼈음에도 불구하고 밥 말리는 예정대로 'Smile Jamaica' 축제공연을 진행하였고 총상으로 인해 기타를 연주할 수 없었지만 열정을 다한 그의 노래로 8만 관중을 감동시켰다. 밥 말리는 공연을 마친 뒤에 잠시간 자메이카를 떠나 있어야겠다는 판단을 하게 되어 이후 2년간 해외 도피생활을 하였다.

■ 평화의 전도사로 거듭나다

밥 말리는 자메이카에서 열린 'Smile Jamaica' 축제를 성황리에 마친 후에 자메이카를 떠나서 주로 영국에서 거주하였다. 평소에 축구를 즐기던 밥 말리는 1977년에 유럽투어 중에 프랑스 기자단과 축구시합을 하게 되었고, 시합 도중에 발가락에 심한 부상을 당하게 되었다. 그리하여 병원에서 치료를 받던 중 뜻하지 않게 발가락에서 암세포가 발견되었다. 의료진은 즉각적인 치료를 권했으나 밥 말리는 이것 때문에 점차 달아오르는 평화의 분위기를 깰 수 없다고 하면서 암세포 치료를 거부하였고 이러한 사실을 다른 사람들이 모르게 해달라고 간곡히 요청하여 언론에서는 그가 축구시합 중 발가락 부상을 당했다는 소식만 전달하였다.

이렇게 건강이 악화됐음에도 불구하고 밥 말리는 자신의 활동을 멈추지 않았고 전 세계에 평화를 전파하기 위한 공연을 계속하였다. 그중 대표적인 것이 자메이카에서 열린 'One Love Peace Concert'인데, 밥 말리는 약 18개월 동안의 외국 생활을 마치고 자메이카로 돌아와 정치적으로 분열된 조국을 하나로 화합시키자는 취지에서 이 공연을 개최하였다. 당시 자메이카에서 정치적으로 가장 극명하게 대립하고 있던 두 단체는 인민국가당(PNP, People's National Party)과 자메이카 노동당(JLP, Jamaica Labor Party)이었고 끊임없는 반목과 갈등으로 당시는 자메이카가 비극적인 내전 직전의 상황까지 몰린 긴박한 순간이었다. 'One Love Peace Concert'에는 양쪽의 대표가 모두 참가한 상태였는데, 밥 말리는 공연 중에 즉흥적으로 두 단체의 지도자를 무대로 불러내었다. 밥 말리는 두 대표의 손을 잡고 힘차게 머리 위로 올리며 서로 하나가 되어 평화의 시대를 열어가야 한다는 메시지를 전달하였고 두 대표는 그 자리에서 기적적으로 화해하고 단합하게 되었다. 이는 세계 어느 곳의 역사를 살펴봐도 유례가 없는 기적적인 공연이었으며 음악을 통해 분열된 조국을 하나로 화합시켜 평화의 시대를 열어가고자 하는 한 예술가의 꿈이 현실로 나타난 순간이었다.

■ 자메이카를 넘어 전 세계의 평화를 위해

밥 말리는 1978년에 'One Love Peace Concert'에서 기적적인 장면을 연출하여 자메이카의 평화를 이끌어낸 이후에도 전 세계를 돌아다니며 평화의 메시지를 전달하는 활동을 계속했다. 한편, 이전에 발가락에서 발견된 암세포는 점차 온 몸으로 퍼져나가 밥 말리의 건강상태는 계속해서 악화되어 갔다. 그러나 이러한 신체적 고통이 그의 열정 넘치는 활동을 막을 수는 없었다.

밥 말리는 1978년 12월에 자신이 평생에 걸쳐서 심취해왔던 종교인 라스타파리아니즘의 정신적 고향인 에디오피아를 방문하는 한편 할렘의 아폴로극장에서 열린 공연의 무대 배경에 에디오피아의 국기와 흑인 자유투쟁가들의 콜라주를 걸어놓은 상태에서 자유와 평화를 추구하는 레게공연을 열었다.

또한 1979년에 '짐바브웨'라는 곡을 만들어서 아프리카에 위치한 짐바브웨가 무자비한 인종차별과 백인의 통치에서 벗어나 독립을 이루어내기를 희망하였고 1980년에 실제로 짐바브웨가 독립을 하게 되자 짐바브웨의 독립기념일을 축하하는 행사에 참석하여 자비로 공연을 개최하여 수십 만 명의 관중들에게 뜨거운 감동을 선사하였다. 여기에서 밥 말리는 "누구나 자신의 운명을 스스로 결정할 권리가 있다."라는 명언을 남기기도 하였다.

이후에 밥 말리는 유럽투어를 시작하여 유럽의 방방곳곳을 돌아다니며 공연을 하고 활발한 활동을 전개하였다. 그러던 1980년의 어느 가을날에 뉴욕의 메디슨 스퀘어 가든에서 조깅을 하던 밥 말리는 갑자기 쓰러져 병원으로 이송되었다. 이전에 발가락에서 발견되었던 암이 온몸으로 퍼져 더 이상 손을 쓸 수 없는 상태가 되었다. 이렇게 병실에서 죽음의 날만 기다리던 밥 말리는 같은 해 11월에 세례를 받아서 진정으로 크리스천 라스타파리안으로 개종하였으며 1981년 5월 11일에 마지막으로 숨을 거두었다. 그의 시신은 킹스턴에 있는 국립묘지에 안장되었으며 그의 생일인 2월 6일은 자메이카의 국경일로 선포되어 모든 국민이 그의 죽음을 기리게 되었다.

■ "음악으로서 혁명을 일으킬 수는 없다. 그러나 사람들을 깨우치고 선동하고 미래에 대해 듣게 할 수는 있다."

밥 말리는 자메이카의 빈민가에서 태어나 불우한 어린 시절을 보냈지만 음악을 통해 고난을 극복하고 이를 공동체 지향적인 삶의 의미로 승화하고자 하여 예술 활동에 평생을 바쳤다. 밥 말리의 삶은 그가 추구한 음악이 단지 예술 영역에만 한정되는 것이 아니라 저항의 정신과 평화와 화합을 함축하고 있기에 더욱 주목할 만하다. 그는 음악을 통해 자신의 민족에 대한 사랑을, 그리고 전 세계 민족에 대한 사랑을 실천하고자 하였다. 그의 이러한 열정은 쉽게 사그라들지 않아서 여러 번의 암살 위협 및 총격도, 발가락에서부터 퍼지기 시작한 암세포도 그의 활동을 멈출 수는 없었다. 1977년에 우연한 계기로 자신의 몸에 있는 암세포를 발견하고 라이브 투어 도중 쓰러지는 일이 발생해도 그의 노래는 멈추지 않았다. 오히려 자신에게 남은 시간이 얼마 남지 않았음을 느끼고 온몸이 암세포로 뒤덮힐 때까지 민족의 화합과 평화, 레게음악에 대한 사명감을 실천하기 위한 활동을 보다 적극적으로 진행해나갔다. 실제로 1977년 이후의 모든 작업들은 그가 스스로 죽음을 염두에 두고 자신을 초월한 보다 궁극적인 목표, 즉 자신이 속한 공동체 및 전 민족을 향한 평화와 희망의 메시지를 전달하는 것을 목표삼아 작업한 것이라고 전해진다. 비록 36세의 젊은 나이에 세상을 떠나 그가 보고자 했던 궁극적인 변화들을 직접 보진 못하고 세상을 떠났지만 그의 활동이 씨앗이 되어 언젠가 싹을 틔우리라 믿는다. 이와 관련하여 밥 말리는 "혁명이란 결코 쉽게 이루어지지 않고 빨리 이루어지지 않는다. 그러니 웃으면서 기다려라." 라는 말을 남기기도 하였다. 그의 이러한 삶은 진정으로 자신의 안위를 뛰어넘어 보다 높은 차원의 사명감을 깨닫고 이를 적극적으로 실천했던 삶이라 평가할 수 있다.

밥말리 - 계별 사례분석 정리

주요 사항	주요 키워드	- 평화, 화합
	공동체지향목표 관련 대표적 실천 사례/내용	- 자신의 노래에 수난받는 사람의 고통과 평화의 메시지를 담아 전 세계인에게 영향을 줌 - 분열된 조국을 구원하자는 슬로건을 내걸고 콘서트를 성황리에 개최 - 'One LOVE 평화와 화합의 콘서트'로 정치적 화합을 이끌어 냄
	개인에게 공동체 관련 목표가 가지는 의미	- 자신이 추구하는 예술 속에 평화와 화합을 기원하는 메시지를 담아 전 세계 사람들을 감화시키는 것을 중대한 사명으로서 간직
초기 목표	초기 삶의 목표 및 계기	- 아버지에게 버림받은 어머니에게서 태어나 불우한 어린 시절을 겪으며 그저 자신을 즐겁게 해주는 유일한 수단인 음악에만 집중 - 음악을 함께하는 동료인 리빙스턴, 피터 토시와 예술적 영감을 주고받음
변화 및 내재화	목표 변화 및 내재화 계기	- 자메이카의 토속종교인 라스타파리아니즘에 심취하여 조국에 대한 공동체의식을 심화시키게 됨 - 결혼한 부인에게 라스타파리아니즘의 영향을 크게 받음 - 점차 음악적 명성이 높아짐에 따라 노래를 통해 평화와 화합의 메시지를 전달해야겠다는 마음을 굳히게 됨
실천	공동체목표 실천 관련 주요 사건	- 자메이카에서 평화와 화합을 기원하는 'One LOVE Peace Concert' 개최
	성공/어려움(어려움의 경우 극복 포인트)	- 당시에 대립 중이던 인민국가당, 자메이카 노동당의 대표를 앞으로 불러 두 대표의 손을 잡고 들어올리며 극적인 화해와 단합을 이끌어냄
	실천 결과 및 영향	- 음악을 통해 분열된 조국을 하나로 화합시켜 평화의 시대를 이끌어가겠다는 꿈을 실현시킴 - 오랜 기간 지속되어오던 자메이카의 분열이 새로운 국면을 맞이하게 됨
	공동체지향목표 유지와 실천관련 어려운 사건	- 자메이카에서 거대한 규모의 공연을 하기 4일 전에 괴한이 숙소에 침입하여 총격을 가해 큰 부상을 당함 - 해외 도피생활 중 발가락에서 암세포가 발견되어 생명에 위협을 느끼게 됨
	극복 방법	- 심각한 위협에도 불구하고 'Smile Jamaica' 공연을 진행하였고, 이후에 잠시 해외 도피생활을 함
	어려움 이후 개인 가치, 행동의 변화	- 건강의 악화에도 불구하고 평화의 사자로서의 활동을 멈추지 않고 오히려 더욱 적극적으로 여러 활동에 전념함
영향	실천이 향후 사회에 미친 파급력	- 자메이카에 평화와 화합이 도래하게 되었으며, 그의 생일은 자메이카의 국경일로 선포됨

(6) 라이너스 폴링[6)]

사회, 과학분야, 유럽, 개인

세계에는 뛰어난 재능을 가진 과학자가 수 없이 많이 존재한다. 그러나 뛰어난 재능을 가져 자신의 분야에서 엄청난 업적을 이룩함과 동시에 몸소 세계평화의 메시지를 전하는 과학자는 몇이나 될까? 라이너스 폴링은 비타민 C의 아버지라 불리며 단백질 구조와 관련된 화학 결합론의 기초 구축에 기여한 공로를 인정받아 한 손에 노벨 화학상을 수상함과 동시에 적극적인 사회 헌신과 호소력 넘치는 반전의 메시지로 다른 한 손에는 노벨 평화상을 수상한, 자신의 분야에 헌신하면서 공동체지향목표를 몸소 실천하는 모범이 되는 '실천하는 과학자'이다.

주요경력
1901년 미국 Oregon 출생
1954년 노벨화학상
1962년 노벨평화상 수상자
미국의 과학자 겸 사회운동가
냉전시대 반핵운동에 앞장서 모국에서 환영받지 못한 노벨상 수상자
-과학과 다른 분야에서 상을 수상한 최초의 인물이며, 두 차례 모두 단독 수상한 유일한 인물

'오로지 나는 인류를 위해 봉사하고 내가 옳다고 생각하는 행동을 할 뿐입니다.'

'수천만, 수억 명이 받고 있는 고통을 어느 정도 완화할 수 있는 것에 대해 연구하고 있습니다.'

6) 라이너스 폴링 사례 연구 참고자료는 다음과 같다.
테드고어츨·, 벤고어츨(2011). 라이너스 폴링 평전, 서울: 실천문학사.
라이너스 폴링(1995). 평생을 통한 평화의 추구, 서울: 신영미디어.
권기균(2012). 세상을 바꾼 과학 이야기, 서울: 에르디아.
미캔두출판(2012). 닥터휴 Dr.HUE 12월호.

■ 과학에 대한 열정과 사회에 대한 헌신으로 충만했던 천재 과학자의 삶

마리퀴리, 라이너스 폴링, 존 바딘, 프레데릭 생어…

이 넷의 공통점은 일생에 한 번도 받기 어렵다는 노벨상을 두 번이나 수상했다는 것이다. 다만 이 중 비타민 C의 아버지로도 불리우는 반전 운동가 라이너스 폴링(Linus Carl Pauling)은 다른 세 사람과 조금 다른 점이 있다. 그는 자신의 연구분야로만 수상한 게 아니고, 세계 최초이자 지금까지 유일하게 학술분야의 노벨상과 노벨평화상 2개 부분을 수상한 인물이다. 그는 단백질 구조와 관련된 화학결합론의 기초 구축에 기여한 바로 노벨화학상을 수상했으며 이후 반핵운동에 기여한 바가 높게 평가되어 노벨평화상을 수상하였다.

천재과학자이자 반핵운동에 앞장섰던 사회운동가, 라이너스 폴링의 삶은 그러나 처음부터 그리 순탄한 것은 아니었다.

■ 가난과 어려운 환경이 나의 꿈을 막을 수는 없습니다.

라이너스 폴링은 1901년 미국 오레건 주 포틀랜드에서 작은 약국을 경영하던 부모님의 장남으로 태어났다. 유년기, 아버지와 외조부의 영향을 받은 신중하고 관찰력이 풍부했던 폴링은 이후 아버지의 죽음과 어머니의 지속된 병환으로 인해 경제적으로 어려운 소년기를 보내게 된다. 그의 어머니는 자신의 우울증과 악화된 건강, 그리고 가족부양이라는 현실적인 문제만으로도 버거워 아버지와 할아버지의 죽음으로 정신적인 충격을 받은 아들의 정서문제까지 신경을 쓸 여력이 없었고, 이러한 환경속에서 폴링이 자립적인 소년으로 성장하게 된다.

어려운 가정 형편으로 인한 정서적인 독립과 더불어 이 시기 폴링은 자신의 적성분야가 자연과학분야라는 점을 깨닫게 된다. 자연과학

분야의 학문연구는 그 자체로 즐겁기도 했을 뿐 아니라 자신의 남루한 현실을 벗어나고 이와 관련된 정신적 고통을 승화시키는 계기가 되어 주기도 했다.

폴링에 대한 평전에 따르면 라이너스 폴링의 행동과 개성의 대부분이 열두 살 무렵에 이미 형성이 되었다고 하고 있는데, 어린 시절 그는 다소 내성적이었지만 자신의 흥미를 추구하는 데 있어서는 매우 몰두하였고 자신의 생각과 무관하거나 다른 요구에는 매우 무관심하였다고 한다. 어린시절 폴링은 소사업가였던 그의 조부와 아버지의 삶에 크게 감화받았는데 '전통적인 틀에 갇히지 않고 도전적인 정신을 바탕으로 자율적으로 목표를 성취'해 가는 소기업가적 가치는 향후 그의 삶의 전반에서 중요한 실천 가치로 나타나게 된다.

힘들고 어려웠던 아동기와 청소년기는 도리어 그에게 운명을 개척해 나가려는 자신의 의지를 신뢰하고 이를 실천하는 것의 중요성을 내재화하는 계기가 되어주었다.

■ 떡잎부터 남달랐던 고집 센 실천가

자신의 삶의 과정 속에서 그는 늘 주인이었다.

학문에 대한 재능과 열정이 분명했던 폴링이었음에도 불구하고 어머니는 장남인 그가 대학진학을 하지 않고 집안의 경제력에 보탬이 되기를 바랐다. 그러나 어머니의 반대에도 불구하고 그는 열여섯의 나이에 오레건 농과대학에 진학하게 되었다. 그러나 그곳에서의 수업은 폴링의 학구열을 충족하기에는 부족한 것이어서 이후 그는 캘리포니아의 칼텍대학원에 진학하게 된다.

자신의 의지를 신뢰하고 행동으로 옮기는 실천가의 모습은 그의 학창시절에서도 나타나게 되는데 이를 뒷받침해주는 유명한 일화가 전해지고 있다. 그는 매우 우수한 학생이었고, 높은 성적 덕에 1916년 열다섯의 나이에 고등학교 3학년이 될 수 있었다. 그런데 이 시기 고등학교를 졸업하기 위해서는 필수적으로 '미국사' 과목을 이수해야 했는데 '미국사' 과목이라는 것이 책을 읽으면 쉽게 획득할 수 있을 내용이므로 굳이 학교에서의 수업을 통해서 배울 필요가 없다고 생각한 소년 폴링은 그 수업을 듣지 않게 된다. 물론 그는 이미 대학에 들어갈 수 있는 충분한 학점을 이수했기 때문에 고등학교를 졸업하지 않아도 된다는 것을 알고 있었으므로 가능한 행동이기는 했다.

미국사 수업을 듣지 않았던 폴링. 1963년 노벨평화상을 수상한 이후에야 그의 모교인 워싱턴 고등학교는 그에게 졸업장을 수여했고, 그래서 1963년이 되기 전까지 그는 고등학교 졸업장을 갖지 못했던 노벨상 수상자였다.

또한 그는 그의 꿈을 이루는 학업의 길로의 전진을 위해 각종 허드렛일을 하며 학업을 위한 비용을 스스로 충당해가게 되는데 그의 이러한 모습은 일반적인 학자들과는 달리 열정적이고 적극적으로 자신의 삶을 만들어 가는 행동가로서의 면모를 살펴볼 수 있게 해준다.

■ 과학자로서의 열정, 내가 사랑하는 일, 그 끝은 무엇을 위한 것이어야 하는가?

폴링은 화학결합의 비밀을 밝힌 공로로 1931년 미국의 가장 우수한 젊은 화학자에게 수여하는 랭뮤어 상(A. C. Langmuir Prize)을 받게 된다. 이를 시작으로 그는 학문적 성과들을 나타내기 시작하는데, 1939년에는 현대 과학계에서 가장 영향력 있는 서적이자 20세기 가장 많이 인용된 과학서적 중 하나로 평가받고 있는 '화학결합의 본질(The Nature of the Chemical Bond)'을 발표하기도 했다. 과학자로서의 연구 분야에 대한 몰두와 헌신은 물리화학과 분자생물학에 새로운 패러다임을 제시하는 과학적인 업적을 가져왔고 1954년에 노벨화학상으로 결실을 맺게 된다. 성공한 과학자인 그에게 성공의 비결이 어떤 것이냐고 묻는 질문에 그는 '그저 하고 싶은 생각이 드는 일을 해왔을 따름'이라고 전하고 있다.

노벨상을 수상할 정도의 학문적인 공헌만으로도 그는 어쩌면 그와 함께 살아가는 우리들의 삶을 향상시키는 데 기여한 바가 있었던 것인지도 모르겠다. 자신의 분야에서 전문가로서의 공헌 역시 궁극적으로는 공동체의 삶에 긍정적인 영향을 미칠 수 있을 것이기 때문이다. 그러나 학자로서 초기시기에 그의 연구에의 정진은 보다 순수한 과학자로서의 열정에 가까웠을 뿐, 과학자로서의 사회적인 책임이나 역할에 대한 고민을 수반하고 있는 것은 아니었던 것으로 보인다.

연구실에서의 열정만으로 가득했던 그를 사회 속에서의 과학, 과학자의 역할을 되돌아보고 적극적인 행동가로서 변모하게 만든 것은 인간의 가치와 존엄이 묵살되는 전쟁의 광기였다.

■ 잡아주지 못했던 손에 대한 미안함, 방관자를 일어서게 하다.

처음부터 폴링이 사회와 인류를 위한 적극적인 행동을 실천하는 과학자는 아니었다. 유태인에 대한 박해 움직임은 1930년대 히틀러에 의해 시작되어 미국에까지도 번지기 시작했고, 폴링 역시 이러한 사회적 분위기에 따르고 있었다는 일화가 있기도 하다. 그러나 유럽에서의 탈출을 부탁했던 유태인 화학자의 탈출요청에 부응하지 못해 그들이 수용소에서 사망했다는 소식은 과학연구에만 골몰하던 학자를 일어서게 하였고, 그때부터 폴링은 실험금지와 반전운동가의 길을 걷게 된다.

■ 조국에서 냉대 받은 냉전시대의 반핵반전운동

제2차 세계대전이 막바지에 이르면서 각국은 전쟁을 위해 보다 더 강력한 살상무기의 개발에 박차를 가하게 된다. 미국에서는 오펜하이머의 책임하에 원자폭탄의 개발을 위한 맨하탄 프로젝트를 진행하게 된다. 노벨화학상까지 받은 유능한 과학자인 폴링은 이 프로젝트의 화학부분 책임자 자리를 제의받았으나 이를 거절하게 된다.

게다가 이후 그는 과학자들이 전쟁에 이용되고 있는 현실을 비난하고 과학의 평화적인 이용에 대한 목소리를 내기 시작한다. 특히 일본 히로시마와 나가사키에 원자폭탄을 투여해서 전쟁이 끝나는 과정에서 목도하게 된 살상 무기의 잔혹성에 그는 반전, 반핵을 위한 사회운동에 적극적으로 참여할 것을 다짐하게 된다.

종전 이듬해인 1946년, 아인슈타인 등이 주도하는 원자과학자 비상위원회의 회원으로 가입한 폴링은 본격적인 반핵시민운동에 참여하게 되었는데 이러한 그의 행동은 냉전시대 국가정책에 반하는 것으로 여겨졌고, 그는 반민주인사로 분류되어 공산주의자로의 낙인과 함께 정보기관의 감시대상이 되기에 이른다.

■ 매카시즘의 광풍의 한가운데에서…

종전 이후 세계는 민주주의와 공산주의라는 이념의 대결이라는 또 다른 전쟁, 냉전의 소용돌이에 휩싸이게 된다. 1950년대 미국에 불어닥친 매카시즘은 공산주의자에 대한 비이성적일 정도의 광기어린 사회분위기를 만들어냈다. 이와 같은 매카시즘의 광기의 대상에 반핵반전운동을 하던 폴링도 예외가 될 수는 없었다.

미국정부의 폴링에 대한 제재는 1952년 영국 왕립협회 주최로 열린 "DNA 심포지움"에 초청연사로 초대된 폴링에게 여권을 발급해

주지 않는 지경에 이르렀고 심지어 1954년 노벨 화학상 수상자로 결정되었을 때에도 그는 국무부의 수차례의 심의와 논란 끝에야 겨우 시상식에 참여할 수 있었다. 인류의 지속적인 발전을 위해 전쟁과 핵에 반대한 과학자, 폴링은 미국의 국익에 도움이 되지 않는 반미국적이고 반국가적인 인물로 분류되어 미연방수사국(FBI) 등으로부터 여러 차례 수사를 받기도 했다.

■ 굽히지 않는 평화를 향한 의지를 실천하다

자신이 옳다고 믿는 것에 대해서는 외골수석일 정도의 강한 몰두와 의지를 보여주는 그의 성품은 학문적으로는 노벨상이라는 성과로, 사회운동가로서는 냉전시대에 실천하는 평화운동으로 나타나게 되었다. 자신의 일거수일투족이 감시받는 냉전시대에도 굴하지 않고 자신이 믿는 가치를 수호하기 위해 반전반핵운동을 지속할 수 있었던 것은 바로 이러한 자신의 의지에 대한 강한 신뢰에서 비롯된 것이리라.

실천적인 과학자이자 동시에 사회운동가인 폴링은 1955년 51명의 다른 노벨상 수상자와 함께 전쟁 종식을 요구하는 대열에 참여했으며, 1957년부터는 대기 중에서의 핵실험을 금지하는 반핵 서명운동도 시작하였다. 그의 반전 반핵의 의지는 동료 과학자에게 자신의 뜻을 알리고 그 뜻에 동참해줄 것을 권유하는 것과 함께 일반인에게도 핵실험의 위험성을 알리는 강연을 제공하는 것으로 실천되었다. 그는 1958년에는 49개국 11,000여 명의 전 세계 과학자들의 서명이 포함된 청원서를 유엔 사무총장 '다그 함마르셸드(Dag Hammarskjold)에게 전달하기도 했으며 같은 해 *No More War*이라는 책을 출판하여 핵폭발 방사능 낙진의 위험성을 경고하기도 했다. 이 책을 통해 폴링은 과학은 전쟁이 아닌 평화를 위해 공헌해야 한다는 점을 역설하였다.

그의 사회운동가로서의 면모가 두드러질수록 그에 대한 정치적인 감시와 탄압 역시 증폭되었는데, 미 상원은 유엔 사무총장에 청원서를 보낸 사건을 이유로 그를 청문회에 출두시켜 반국가 행위 여부를 조사했다. 또한 그가 사회 운동에 참여하는 것을 탐탁치 않게 생각하던 칼텍의 이사회는 그의 실험실 공간을 줄이는 등 사임을 압박하기도 해 결국 그는 30년 이상 봉직해 온 학교를 떠나게 된다. 마녀사냥과도 같은 탄압 속에서도 굴하지 않았던 평화를 향한 그의 노력은 1963년 8월 5일 모스크바에서 '제한 핵실험 금지 조약'이 체결되고 같은 해 10월, 미국, 영국, 소련의 비준에 의해 이 조약이 발효됨으로써 결실을 맺게 되었고 이러한 공로를 인정받아 그는 1963년 노벨 평화상을 수상하게 된다. 그러나 매카시즘의 여파로 인해 그에 대한 조국의 냉대는 여전했고, 1963년 그의 두 번째 노벨상의 수상에 대해서 '라이프'지는 심지어 '노르웨이에서 날아온 끔찍한 모욕'이라는 혹평을 내놓기도 했다.

■ 과학에 대한 열정과 인류 평화에 대한 염원을 실천으로 엮어낸 행동주의자

앞서 언급되었던 유엔 사무총장에게 청원서를 보낸 사건으로 인해 출두했던 청문회에서 그는 다음과 같은 발언을 하게 된다.

> "나는 평생 동안 진리를 발견하고 높은 도덕적이고 윤리적인 원칙을 지키며 행동하려고 노력하고 있습니다. 사회 및 정치 문제와 이 세상에서 전쟁을 방지하고 평화를 보존하는 커다란 문제에 대한 나의 행동에 있어, 오로지 나는 모든 인류만을 위해 봉사하고 내가 옳다고 생각하는 그런 행동을 하고 있습니다." (라이너스 폴링 평전(테드 고어츨 · 벤 고

어츨, 2011) 중 일부 발췌)

사회에서 요구하는 이념에 적당히 타협하고 수긍하며 실험실에서의 과학자로서의 연구에만 매진했다면, 인류의 평화를 위한 반핵반전의 목표에 눈 돌리지 않았다면 그는 매카시즘의 광기로 인한 상처를 겪지 않고 더 많은 연구 업적을 우리에게 남겼을 수도 있었을 것이다. 그러나 그는 열정적인 과학자일 뿐 아니라 인류의 평화라는 굳건한 가치에 대한 신념의 수호를 위해 실천하는 행동주의자의 길을 선택했고 두 개의 삶의 스펙트럼을 절묘하게 성공적으로 엮어내있다. 그리고 그의 험난했던 사회운동가로서의 실천이 최소한 핵실험을 마구잡이로 하지 않음으로 보다 안전한 우리의 현재가 있을 수 있도록 해주었다.

라이너스 폴링 - 계별 사례분석 정리

<table>
<tr><td rowspan="3">주요 사항</td><td>주요 키워드</td><td>- 전문성, 전문분야에 대한 열정, 공동체 평화를 위한 참여와 실천, 인류를 위한 봉사
- 옳다고 믿는 것에 대한 강한 몰두와 의지
- 노벨상 2개 부문 수상: 노벨화학상, 노벨평화상</td></tr>
<tr><td>공동체지향목표 관련 대표적 실천 사례/내용</td><td>- 냉전시대 반핵반전운동</td></tr>
<tr><td>개인에게 공동체 관련 목표가 가지는 의미</td><td>- 진리와 원칙의 수호
- 전문분야의 발전의 지향점이 인류의 평화를 위한 것이어야 한다는 신념의 실천</td></tr>
<tr><td>초기 목표</td><td>초기 삶의 목표 및 계기</td><td>- 자연과학분야 학문연구의 흥미와 적성 발견, 관련 연구자의 길 선택
- 청소년기의 경제적, 정서적 어려움을 자연과학 학문연구 활동으로 승화
- 소사업가인 조부와 아버지의 삶에 감화: 전통에 갇히지 않고 도전적인 정신을 바탕으로 자율적 목표 성취하는 가치를 지니게 됨
- 자신의 의지를 신뢰하고 행동으로 실천
· 고등학교 시기 필요 없는 과목 이수 거부: 고졸 학력 상실
· 학업의 길 실천을 위한 비용충당을 위한 허드렛일: 열정적이고 적극적인 행동가로서의 면모</td></tr>
</table>

변화 및 내재화	목표 변화 및 내재화 계기	- 1930년대 유럽에서 탈출을 부탁한 유태인 화학자 탈출요청에 부응하지 못해서 그들이 수용소에서 사망 · 공동체를 위한 실천의 길에 들어서게 됨 - 2차 대전 종식을 위한 히로시마, 나가사키에 원폭 투여한 결과 목도: 살상 무기의 잔혹성 확인
실천	공동체목표 실천 관련 주요 사건	- 2차 세계대전 막바지 원폭 개발을 위한 맨하탄 프로젝트 책임자 요청 거절 - 종전 이후 반전반핵시민운동 참여 · 1955 노벨상 수상자 51인과 전쟁종식 요구에 참여, 1957 핵실험 금지 반핵 서명운동 · 1958 49개국 11,000명 과학자 서명을 포함한 청원서 유엔 제출 · 책 *No More war* 출간
	성공/어려움 (어려움의 경우 극복 포인트)	- 냉전시대 국가정책에 반하는 반핵반전운동으로 인해 정치적 탄압과 감시 · 해외 학술대회 참석을 위한 여권발급 거부, 반미반국가적 인물로 분류되어 FBI 수사 받음 · 대학에서 사임 · 노벨평화상 수상에 대한 혹평: '라이프'지 - 노르웨이에서 날아온 끔찍한 모욕
	실천 결과 및 영향	- 개인의 연구업적에만 몰입하지 않고, 공동체의 평화를 위한 이바지를 통해 자신의 신념을 수호 - 비이성적인 사회분위기에서도 인류를 위한 올바른 방향성을 제시하고 이를 실천함으로써 인류의 안전과 평화수호
영향	실천이 향후 사회에 미친 파급력	- 인류 안전과 평화를 위한 반전반핵의 중요성 전파와 이의 실천

(7) 왕가리 마타이(Wangari Muta Maathai)[7]

환경(정치) 분야, 아프리카, 개인(집단)

광활한 아프리카 대륙의 한 작은 부족에서 태어나 자란 왕가리 마타이는 위험과 곤란에 빠진 사람을 돕거나 자유와 평화를 쟁취하는 것이 아닌, 다른 운동을 통해 처음으로 노벨 평화상을 획득한 여성이다. 그녀는 환경 운동가이자 정치가로 활동하면서 인류의 차원을 넘어 전 지구적인 관점에서 함께

7) 왕가리 마타이 사례 연구 참고자료는 다음과 같다.
윤해윤(2012). 왕가리 마타이. 서울: 나무처럼.
다큐멘터리: 지식채널 e-왕가리 마타이. (ebs, 2011)
영화: 왕가리 마타이, 나무를 심는 여인. (리사머튼, 2010)

더불어 사는 공동체를 확립하고자 하였다. 이와 관련하여 동아프리카 최초의 여성 박사이자 환경 운동자로 거듭나고 생태적으로 지속가능한 아프리카의 발전을 가능토록 한 것으로 널리 칭송받고 있다.

주요경력

1940 케냐 니에리 출생
1971 나이로비대학 수의학 박사학위(동아프리카 최초 여성 박사학위 수여)
1976~1982 나이로비대학 수의학과 교수
1977 환경단체 '그린벨트'창설
1984 Right Livelihood Award(a.k.a. "Alternative Nobel Prize")
1991 골드만 환경상
1991 아프리카 상
1993 Edingburg Medal (for "Outstanding contribution to Humanity through Science")
2003 케냐 환경부 장관
2004 Petra Kelly Prize
2004 Sophie Prize
2004 노벨 평화상

■ 아프리카의 지속가능한 성장과 발달을 꿈꾼 '마마 미티(나무의 어머니)'

동아프리카 최초의 여성 박사이자 환경운동가인 왕가리 마타이는 1940년 4월 케냐 니에리의 작은 부족마을에서 태어났다. 그녀는 이후 케냐의 환경 운동가이자 정치가로 활동하게 되었는데, 특히 그녀는 그린벨트 운동을 창설, 이를 통해 생태적으로 지속가능한 아프리카의 사회, 경제, 문화적 발전을 촉진시킨 공로를 인정받아 2004년 노벨평화상을 수상하였다. 정치와 관련되지 않은 다른 분야를 통해 노벨평화상을 획득한 것은 왕가리 마타이가 처음이었다.

■ '어머니, 왜 왕가리는 우리처럼 학교에 가지 않나요?'

왕가리 무타(마타이는 결혼 후 얻은 이름)는 1940년 4월 1일 케냐 니

예리 구역의 작은 산골 마을 이히테에서 43개 케냐의 부족 중 가장 규모가 크고 가부장적인 키쿠유족의 구성원으로 6남매 중 셋째로 태어났다. 남녀 모두에게 배움이 특권이었던 그 당시 아프리카에서 배움에 대한 열망이 컸던 왕가리의 어머니는 그녀를 아들들과 똑같이 학교에 보내 주었다. 교육의 기회 자체가 희귀하던 시절, 아들도 아닌 딸에게 학교를 다닐 파격적인 기회를 선사한 어머니 덕에 그녀는 학교에 갈 수 있었다. 그녀는 어려서부터 자연에 관심이 많았고 자연의 변화와 경이로움, 아름다움에 깊이 감화를 받게 된다. 이때의 경험들은 훗날 왕가리의 자연에 대한 사랑과 애정에 바탕이 되었고, 이때의 아름다운 기억들은 그녀의 정신을 더욱 건강하고 튼튼하게 하는 기둥이 되었다.

■ 우연한 배움의 기회 속에서 만난 정신적 멘토 '마리아 테레사 수녀'

여자아이로서 초등학교에 가는 기회만도 엄청난 것이었던 시절의 아프리카에서 그녀는 서양식 교육을 받을 수 있는 가톨릭 기숙학교에 들어가는 기회를 얻게 된다. 우수한 성적으로 중학과정을 거쳐 케냐 리무루의 로레토 여자고등학교에 들어가게 된 왕가리는 이 학교에서 자신 평생의 멘토, '마리아 테레사 수녀'를 만나게 된다.

테레사 수녀와의 만남 속에서 그녀는 앞으로 공부해 나갈 분야로서의 자연과학 분야에 대한 흥미를 확인하였고 학자로서의 꿈을 키우는 계기를 마련하게 된다. 당시 케냐 사회에서 고등학교 졸업자는 극소수였으며 이러한 고등교육을 받았다는 것은 육체노동에서 벗어나 엘리트 계층으로 올라갈 수 있다는 것을 의미하는 것이었다. 그런 까닭으로 고등학교를 졸업하고나면 일반적으로 남자의 경우엔 공무원, 여자의 경우엔 교수나 간호사가 될 수 있는 직업학교를 선택하곤 했다. 그러나 왕가리는 대학진학과 학자로서의 꿈을 꾸게 된다. 처음 그녀의 꿈은 자신의 학업을 위한 것에 불과했지만 그녀의 꿈을 이뤄가는 배움의 과정은 동시에 향후 그녀의 삶에서 그녀가 지켜가고 싶은 가치를 만나고 이해하는 배움의 과정이었기에 소중한 것이었다.

■ 키쿠유의 딸, '케네디 아이들'에 선발되다.

1960년대 영국에서 독립하고자 하는 아프리카의 움직임은 케냐정부에서도 예외는 아니었고, 나라를 짊어질 젊은 인재양성에 나라의 국운이 달렸다고 생각한 케냐정부는 아프리카 학생들에게 미국에서의 대학교육을 제공해줄 기회를 미국에 타진하게 된다. 당시 미국의 상원의원이었던 존 F. 케네디는 이를 수락, 이 프로젝트를 통해 600명의 학생이 미국행 비행기에 오를 수 있게 되었다. 1960년 9월 수녀들의 도움을 받은 왕가리 역시 '케네디 아이들'의 하나로 선택되게 되어 미국에서의 학업을 시작하게 된다.

■ 미국유학생활, 세상일에 눈을 떠가는 왕가리.

미국 캔자스 주의 스콜라스티카대학(현 베네딕틴대학)에서 생물학 공부를 시작한 왕가리는 1964년 대학을 졸업하고, 1966년 미국 피츠버그대학교에서 석사학위를 받았다. 이어 1971년 나이로비대학교에서 수의학으로 박사학위를 받았는데, 동아프리카에서 여성이 박사학위를 받은 것은 마타이가 처음이었다.

미국에서의 유학시절 동안 그녀는 여러 사회문화적인 문제들에 눈을 뜨기 시작한다. 마타이는 운 좋게도 주변에 힘이 되어 주는 친구들과 적응을 도와주었던 수녀님들이 있어 직접적으로 인종차별이나 어려움 등을 겪은 편은 아니었지만, 그녀는 미국에서 생활하며 인종

차별 문제와, 성차별 문제 등에 눈을 뜨게 되었고, 아프리카 흑인 여성인 자신이 이러한 문제들 앞에서 무엇을 해야 하고 할 수 있을지에 대해서 고민하기 시작했다. 당시 그녀는 교육만이 이러한 문제를 해결할 수 있는 길의 하나라는 생각을 하기 시작하게 되었다.

또한 당시의 미국 생활 속에서 왕가리는 베트남 전쟁 반대시위, 미국 흑인들의 평등투쟁, 여권운동 등의 정치적 사건들에 자연스럽게 주의를 기울이게 되었고, 이러한 이슈들은 그녀에게 자유의 중요성을 일깨워주는 계기가 되었다.

특히 이 시기 그녀는 그녀가 얻을 수 있었던 교육의 기회와 미국에서 누렸던 자유를 아프리카의 열악한 환경속에서 평생 억압당하고 살아가는 아프리카의 대다수 여성들에게 나누어주어야 한다는 생각을 하게 되었다.

■ 어렵고 외로운 도전, 옳은 뜻을 위해서라면 나아가리라.

1963년 12월 케냐가 드디어 독립을 맞이했고, 1965년 '케네디 아이들'로 영국공무원이 비운 자리를 채우겠다는 케냐 정부의 공고에 그간 고향에 돌아가고 싶었던 왕가리는 케냐행을 선택하게 된다. 이후 1971년 나이로비대학에서 동아프리카 최초로 박사학위(수의학)을 받은 왕가리는 1976년부터 모교 나이로비대학교 수의학과 교수로 재직하게 되는데 이 역시 동아프리카 여성으로는 처음이었다.

여자가 교육을 받는 다는 것, 그리고 여자에게서 교육을 받는다는 것에 차별적이었던 케냐에서의 학교생활과 교직생활은 그다지 순탄하지 않았다. 그녀의 학업과 교직생활을 지속하기 위해서 그녀는 끊임없이 자신의 평등한 권리를 요구하고 이를 얻기 위해 싸워야만 했다. 그런데 그녀가 싸워야 하는 대상은 남자들뿐만이 아니었고, 여자들도 포함되어 있었다. 대부분의 여성들이 순응하는 분위기의 사회에서 그녀의 어쩌면 당연한 요구들은 불편한 것이었기 때문에 여자들 역시도 그녀에게 등을 돌렸다. 이렇게 힘들고 서글픈 투쟁 중에서도 그녀는 굴하지 않고 묵묵히 자신의 의견을 관철시키기 위해 노력했고 결국 그녀의 뜻이 받아들여져서 이후 케냐 대학에서의 여성들의 위치는 달라질 수 있었다.

그녀가 여성들의 지위를 위해서 목소리를 낼 때 침묵했던 여성들에게 그녀는 보다 나은 교육의 여건을 제공해주었던 것이다. 힘든 일이었지만 이러한 과정 속에서 왕가리는 '어떠한 어려움에 부딪히더라도 옳다고 믿는 것을 지켜나가야 한다'는 교훈을 얻게 되고 이것이 이후 환경운동가, 정치운동가로서의 그녀를 나아가게 해주는 정신적 토대가 되어 주었다.

■ '나무 한 그루와 더불어 모든 것이 시작되었다.' - 푸른 숲, 녹색의 희망이 되어주다.

19세기 후반부터 영국을 비롯한 유럽 강국들의 아프리카 식민통치가 고조되면서 아프리카의 천연림과 천연자원 개발이라는 허울 좋은 명목으로 수탈하였고 이 과정에서 아프리카의 아름다운 환경은 급속히 파괴되어 갔다. 푸른 아프리카 숲의 나무들은 잔인하게 베어지고 이 자리는 차, 커피, 마리화나와 같은 경제작물들로 대체된다. 처참히 베어진 들판, 외래 작물이 들어선 토양은 망가질 대로 망가져 아무것도 자라지 않는 불모지인 사막이 되기 시작했고, 병든 땅 속의 아프리카 주민들은 점점 가난의 굴레 속에 갇히게 된다. 이처럼 아프리카 산림환경의 황폐화는 환경문제와 경제적인 빈곤의 두 가지 문제를 악화시키고 있었던 것이다. 왕가리의 '그린벨트 운동'은 바로 이러한 문제를 해결하기 위해서 시작되었다.

1977년 6월 5일 세계 환경의 날, 케냐 나이로비 시내의 케냐타 국제회의센터에서 카무쿤지 공원까지의 거리를 행진하는 여성행렬은 카무쿤지 공원에서 일곱 그루의 나무를 심었다. 그것이 그린벨트운동의 서막이었다. 왕가리가 소속해 있던 케냐여성위원회는 숲 살리기 운동, 나무심기 운동을 지속적으로 진행시켰는데 이 운동의 성공은 가난한 농촌 여성들의 손으로 키워진 어린 묘목들에서 비롯되었고 이들을 통해 전파되었다. 이들 농촌 여성들의 손에서 시작한 나무심기 운동은 결국 3천만 그루의 나무를 심는 엄청난 성과를 맺게 된다.

묘목을 성장시키고 산림을 가꾸는 일을 통해 여성들은 금전적인 대가를 받을 수 있었는데 이는 농촌여성들에게 이 운동에 참여하는 동기가 되었다.

벌거벗은 땅에 초록의 산림을 가꾸는 왕가리의 '그린벨트 운동(The Green Belt Movement)'은 땅을 살리고 환경을 살리는 동시에 그 속에서 살아가는 사람들, 특히 여성들을 살리는 '녹색의 희망'이 되었던 것이다.

그린벨트 운동은 단순히 나무심기만을 전하는 운동이 아니었다. 이 운동을 통해 왕가리는 시민교육 세미나를 함께 해 나갔는데, 커피나 차농사를 통해 갈취당하고 있는 농민의 권리에 대해서 알려주고 이를 지키기 위해 힘겨운 투쟁을 함께 해 나갔다. 또한 이 운동을 통해 왕가리는 농촌 여성들의 인권향상을 위한 교육에 힘썼는데, 그녀들에게 나무를 잘 가꾸는 법뿐 아니라 제값에 곡물을 파는 방법, 알코올 중독 남편 치료법, 가정폭력에 대처하는 방법 등을 안내하여 점차로 여성들의 변화를 이끌었다. 특히 여자아이들이 교육을 받아야 한다는 점을 알려주어 교육을 통해 향상된 삶을 살아갈 수 있다는 점을 전파해나갔다.

■ 거칠고 험난하지만 함께 가는 길: 언제나 행동으로 모범을 보이다

무분별하게 훼손된 산림을 살리는 동시에 가난한 여성들에게 일자리를 주자는 두 가지 목적에서 비롯된 그린벨트 운동은 1986년에는 범아프리카 그린벨트 네트워크로 확대되었고, 이는 케냐뿐 아니라 우간다 · 말라위 · 탄자니아 · 에티오피아 등 주변국에까지 성공적으로 전파된다. 그녀의 그린벨트 운동과 같은 환경운동뿐 아니라 케냐의 인권과 민주화 운동에도 앞장섰는데, 왕가리는 케냐 전국 여성위원회 위원, 국제연합 사무총장 군축 자문위원직 등을 수행했고 또한 아프리카 가난한 나라들의 채무를 탕감하여, 서구 자본으로 인해 수탈당하고, 황폐해지고 있는 아프리카 산림을 지켜내자는 '2000년 연대'를 결성, 공동회장직을 맡기도 했다.

그러나 이러한 그녀의 환경운동가와 정치운동가로서의 길이 순탄한 것만은 아니었다. 그녀의 조국인 케냐는 강한 남성 중심주의 사회였을 뿐 아니라 장기간에 걸쳐 독재정권이 집권하고 있었기에 환경운동과 더불어 민주화 수호와 인권수호를 위한 왕가리의 길은 험난할 수밖에 없었다.

그녀는 24년간 이어진 케냐 모이(Daniel Arap Moi) 독재정권하에서 교수직을 잃었고 수차례에 걸쳐 체포되고 테러를 당하기도 하였다. 심지어 1992년에는 케냐 정부가 정국 불안을 이유로 왕가리를 감옥에 가두기도 했는데 이 당시 그녀는 지칠 대로 지쳤었다고 회고하기도 하였다. 그러나 그녀의 길에는 함께하는 사람들이 있었고 이들은 그녀에게 희망과 힘을 불어넣어주었다. 이 시기 〈행동하는 여성들〉이라는 단체는 '케냐의 용감한 딸, 당신은 절대로 혼자 걷지 않을 겁니다'라는 현수막을 내걸었는데 이것이 그녀에게는 큰 힘이 되었던 것이다. 또한 그녀의 길에는 세계인의 지지가 함께 하고 있었다. 세

계 각국의 시민단체뿐 아니라 미국의 앨 고어를 비롯한 상원의원들이 케냐정부에 압박을 가했고, 1992년 11월 결국 모이 정부는 왕가리를 비롯한 민주 인사들을 모두 석방시키게 된다.

■ '난 내가 할 수 있는 모든 힘을 다하고 있어.'

어느 날 숲에 큰 불이 났다. 모든 동물들은 겁에 질려 어찌할 바를 모르고 숲을 뛰쳐나가려고 하고 있었고 불길은 점점 커져 숲의 가장자리까지 밀려오고 있었다. 이때 작은 벌새 한 마리가 '이 불을 끄려면 뭔가 해야 해'라고 말하며 다른 동물들이 도망치는 와중에 다른 행동을 하기 시작했다. 벌새는 가까운 냇가로 날아가 물 한 방울을 가져와 불이 난 곳에 물을 뿌렸고 이 행동을 반복하기 시작했다. 벌새보다 부리가 훨씬 커서 더 큰 물을 가져올 수 있었음에도 걱정과 두려움에 '내가 뭘 할 수 있겠어'라는 생각으로 아무것도 하지 않고 있던 다른 새들과 다른 동물들이 벌새에게 말했다. '지금 뭘 하고 있는지나 아니? 그래봤자 소용없어. 우리와 함께 그냥 있어. 그냥 가만히 불구경이나 하라고.' 그렇지만 벌새는 계속 숲을 오르내렸고, 다른 동물들에 대한 실망과 낙심에 지쳐 벌새는 그들에게 한마디를 전한다.

'난 내가 할 수 있는 모든 힘을 다하고 있어.'

위의 벌새이야기는 리사머튼이 감독한 다큐멘터리 영화 '왕가리 마타이, 나무를 심는 여인'에 나오는데, 왕가리 마타이의 삶이 우리에게 해주고 싶은 이야기가 집약된 것이라고 볼 수 있다. 마치 이야기 속에 나오는 작은 벌새처럼 최선을 다해 함께하는 터전을 지키기 위해 노력했던 마타이는 우리 모두에게 각자의 위치에서 벌새가 되어 '최선을 다해' 주기를 전하고 있었다.

■ "나부터 먼저 변하면 언젠가 지구도 변할 수 있다고 믿었습니다."

2004년 10월, 왕가리는 노르웨이 노벨위원회 의장 올레 단볼트 모에스로부터 한 통의 전화를 받는다. 아프리카에서 지속가능한 발전과 민주주의, 평화에 이바지한 공로로 왕가리 마타이에게 2004년 노벨평화상을 수여하게 되었다는 이야기였다. 노벨 평화상이 정치적인 것이 아닌 환경을 주제로 하여 수여된 것은 처음이었다. 뿐만 아니라 왕가리는 노벨평화상을 처음으로 수여받은 아프리카 여성이 된 것이다.

'내일 당장 변화가 오지 않더라도 약간의 차이는 분명히 생긴다.
작은 차이의 첫걸음은 나무를 심는 것이다.
나무는 행동의 상징이다.'

우연히 얻게 되었던 교육의 기회, 안락한 상위층의 삶을 영위할 수도 있었을 삶의 선택의 순간들 속에서 왕가리 마타이가 선택한 것은 거칠고 험난하지만 우리 모두를 위한 세상을 가꾸는 길이었다. 작게는 그녀의 조국, 케냐의 대지와 사람들을 가꾸는 일이었던 그린벨트 운동은 지구라는 공동체로 퍼져나가 우리의 환경을 돌아보고 지켜나갈 수 있게 했던 것이다. 그녀는 세계인이 6명 중 한 명 꼴로 한 그루의 나무를 심기, 즉 10억 그루의 나무심기를 희망했었는데 2007년 10월 불가능해 보이던 그 목표가 달성되었다고 한다.

함께하는 푸른 세상을 향한 작은 벌새의 날갯짓과도 같았던 그녀의 열정적인 삶은 2011년 9월 우리와 작별을 고했다. 전 세계는 그녀의 죽음에 애도를 표하였고, 오바마와 달라이 라마, 넬슨 만델라

등 전 세계의 지도자들은 왕가리의 사망에 슬픔을 전했다. 미국 대통령인 버락 오바마는 '우리는 지쳐서는 안 됩니다. 우리는 포기해서도 안 됩니다. 우리는 계속해서 나아가야만 합니다'라는 그녀의 말처럼 그녀가 남긴 유산을 계속해서 이어나가야 할 것이라며 그녀의 죽음을 애도하기도 했다.

왕가리는 그녀의 유언대로 화장되어 한줌의 재로 변하게 되었다. 자신이 뉘여질 관 때문에 베어질지도 모를 한 그루의 나무를 염려했던 그녀는 죽음의 그 순간까지도 '우리들이 함께 사는 평범한 집과 미래'를 지켜나가기 위한 실천의 길을 택한 것이다. 그녀의 뜻은 이날 케냐 전국에서 심어진 5천 그루의 묘목으로, 그리고 그녀가 평생을 통해 심고 가꾼 나무와 그 속에서 살아가는 우리들을 통해 생생하게 살아갈 것이다.

왕가리 마타이 - 계별 사례분석 정리

주요 사항	주요 키워드	- 실천, 열정, 지구적 공동체 확립 공헌, 그린벨트 운동 창설, 생태학적 지속 가능한 발전 방안 검토 - 동아프리카 최초 여성 박사
	공동체지향목표 관련 대표적 실천 사례/내용	- 그린벨트 운동 창설 및 전파 - 아프리카(케냐) 인권 운동 및 민주화 운동
	개인에게 공동체 관련 목표가 가지는 의미	- 우리들이 함께 사는 평범한 집과 미래를 지키기 위한 실천의 삶
초기 목표	초기 삶의 목표 및 계기	- 자연과학 분야 학자로의 진로 선택: 이후 삶의 가치 이해와 수호에 영향을 주는 과정 - 아프리카에서의 고등교육 경험의 기회, 미국유학의 기회 - 아프리카라는 성장배경: 자연의 변화와 아름다움에 대한 감화, 자연에 대한 사랑의 바탕이 되어 줌 - 마리아테레사 수녀: 학업에 대한 흥미와 더불어 학자로서의 꿈, 삶의 가치 배움
변화 및 내재화	목표 변화 및 내재화 계기	- 미국에서의 유학경험을 통한 사회문화적 문제(베트남전 반전시위, 흑인평등투쟁, 여권운동 등)에 관심 → 자유의 중요성 인식, 교육을 통한 해결방안 고민 시작 - 자신이 누린 기회와 자유를 아프리카의 여성에게 나눠주어야겠다고 생각

		- 여성에게 차별적인 케냐에서의 생활: 자신의 권리 요구와 평등성 획득을 위한 투쟁 지속 · 대학에서의 여성의 불평등한 지위의 개선 - 옳다고 믿는 것은 어렵더라도 지켜가야 한다는 확신을 갖게 됨
실천	공동체목표 실천 관련 주요 사건	- 그린벨트 운동(1977~): 환경의 황폐화와 가난의 문제 해결 · 농촌 여성의 가계와 자립을 도울 뿐 아니라 환경 문제의 해결 · 시민교육운동 진행: 농민의 권리와 인권 향상을 위한 교육 · 범아프리카 그린벨트 네트워크로의 확장(1986): 주변국에 전파 - 인권향상과 민주화 운동: 2000년 연대 결성 · 아프리카 가난한 채무 탕감을 통해 서구자본의 수탈과 이로 인해 황폐해지고 있는 산림을 보호
	성공/어려움 (어려움의 경우 극복 포인트)	- 강한 남성주의, 장기간의 독재정권하의 케냐 사회: 환경운동가 및 정치운동가로서의 활동 어려움 · 교수직 상실, 수차례 체포, 테러당하기도 - 1992년 정국불안 이유로 구금됨 · 주변에 함께하는 이들과 세계인의 지지 속에서 어려움을 인내 · 세계 각국의 시민단체와 미국 정부의 지원으로 인해 석방
	실천 결과 및 영향	- 지치지 않는 실천: 자신의 죽음으로 인한 나무마저도 염려함 - 개인뿐 아니라 공동체를 위한, 공동체의 미래를 위한 삶의 실천의 중요성과 이를 위한 활동 파급
영향	실천이 향후 사회에 미친 파급력	- 전 세계적으로 환경운동을 확산시키고 지속가능한 개발을 이슈화시킴

(8) 손양원 목사[8]

종교 분야, 아시아, 개인

손양원 목사는 한민족이 일제 치하에서 신음하던 일제 강점기와 한국전쟁의 비극 속에서 신음하던 불쌍한 처지의 사람들을 진정 사랑으로 돌보고 신실한 종교적 신념하에 예수가 실천한 진정한 사랑이 무엇인지 전파하고 순교한 인물로, 그의 삶에 붙여진 '사랑의 원자탄'이라는 이름이 그의 숭고한 삶을 잘 대

8) 손양원 목사 사례 연구 참고자료는 다음과 같다.
손양원목사기념관 홈페이지(http://aeyangwon.org/)
손동희 권사(손양원 목사의 딸) 인터뷰 영상
구국을 위한 근현대사 알리기 운동본부(http://www.koreastory.kr/)

변해준다. 그는 몸소 문둥병 환자들을 돌보고 사랑을 베푸는 데에 일생을 바쳤고 자신의 아들을 죽인 원수를 용서하여 양아들로 삼는 기적을 보여주기도 하였다. 그의 숭고한 사랑은 공동체를 향한 진정한 사랑과 헌신이 무엇인지 여실히 보여준다.

주요경력

1902년	경남 함안, 기독교집안 출생
1917년	맹호은 선교사에게 세례받음
1920년	부친(손종일) 독립만세 운동으로 구속
1926년	부산 감만동교회 전도사 부임
1945년	신사참배 거부로 옥살이 중 8.15해방으로 석방 및 애양원 임시 원장 겸임
1946년	경남노회에서 목사 안수 받음
1948년	여순사건으로 두 아들이 순교, 두 아들을 죽인 자를 살려 양자로 삼음
1950년	6.25 전쟁 중 공산군에 의해 순교
1993년	손양원목사 순교 기념관 개관
1995년	국가 독립 유공자로 선정, 건국훈장 애족장 수상

■ 손양원 목사, 그는 누구인가?

손양원 목사는 1902년 아버지가 장로이고 어머니가 집사인 기독교 집안에서 출생하여 평생 동안 자신을 종교적 신념과 가치, 타인에 대한 사랑에 헌신한 인물이다. 그는 어린 시절부터 일제에 의한 신사참배 압력에 저항하였으며 교인 중 대다수가 한센병 환자였던 부산 감만동 교회의 전도사로 부임하여 병자들에게 차별 없는 사랑을 베풀었다. 해방 후에는 애양원의 원장을 겸임하면서 또한 아낌없는 사랑을 베풀었다. 손양원 목사는 원수를 사랑하라는 예수의 사랑을 몸소 실천한 것으로 유명한데, 그의 장남과 차남을 총살한 안재선을 용서하고 자신의 양자로 삼으면서 그를 전도사로 키워냈다. 이 사건을 겪으면서 손양원 목사가 제시한 아홉 가지 감사가 유명하다. 손양원 목사는 6.25 동란으로 인해 혼란스러운 시기에도 피난을 가지 않고 자신의 종교적 신념에 따라 사역을 다하고자 하였으며, 1950년에 공산군에 의해 죽임을 당했다.

■ "너를 위하여 새긴 우상을 만들지 말고 그것들에게 절하지 말며, 섬기지 말라"

손양원 목사는 장로인 아버지와 집사인 어머니 사이에서 태어났다. 태어난 가정이 기독교 가정이었던 만큼 기독교의 종교적 신념과 가치를 강조하는 분위기에서 자라났으며 그와 동시에 기독교에서 강조하는 예수의 진정한 사랑에 대해서도 많은 생각을 하며 자라났다. 손양원 목사가 학교에 입학할 때는 한반도에 대한 일제의 식민통치가 본격화되기 시작했던 때로, 손양원 목사는 어린 시절부터 내면화된 종교적 가치가 정면으로 도전받는 갈등의 상황에 자주 처하게 되었다. 이때 여러 소학교 및 공립학교에서는 일본의 왕이 살고 있는 동쪽을 향하여 절을 올리는 동방요배 및 일본 천황의 사진 앞에서 절하는 '천황 사진 배례'도 강요받았다. 이 당시에 많은 기독교 학교는 일본 총독부의 결의에 따르지 않아서 이러한 동방요배 및 천황 사진 배례가 일상적으로 이루어지지 않았으나 관공립 학교의 경우에는 사정이 달랐다.

손양원 목사는 3학년 때, 일본의 천황에 대해 절을 하는 것이 성경에서 제시하는 십계명 중에서 제1계명 및 제2계명을 범하는 것이라고 확신하여 궁성 요배를 거부하였다. 이로 인해 손양원 목사는 다니던 학교에서 퇴학을 당하게 되었고 지속적으로 학업을 유지하는 것이 어려운 상황에 처하게 되었다. 그러나 다행스럽게 맹호은 선교사의 도움으로 다니던 학교에 다시 복학할 수 있게 되었고 수많은 사투 끝에 결국 다니던 칠원보통공립학교를 졸업하게 되었다.

■ 대한 독립에 대한 아버지의 외침과 끝이 없는 생활고

이렇게 많은 사투 끝에 보통공립학교를 졸업한 후에 손양원 목사는 서울 중등학교에 진학하여 매우 이른 시기부터 집을 떠나 타향살이를 시작했다. 이러한 상황에 처한 그가 경제적으로 풍족했을 리 만무하다. 그는 낮에는 학교에 다니며 학업에 매진하면서 밤에는 만두장사와 같은 일을 하면서 생활비를 벌면서 살아갔다. 이렇게 어렵게 학업을 지속하던 때에 손양원 목사의 아버지가 칠원 읍내에서 독립운동을 주도하다가 체포되어 옥고를 치르게 되었다. 손양원 목사는 이러한 상황을 지켜보면서 자신이 가진 종교적 신념과 기독교에서 말하는 진정한 사랑의 범위가 나에게만 한정되는 것이 아니라 자신이 살고 있는 국가와 민족, 넓게는 전 세계에 이르기까지 확장되어야 한다는 것을 생각하게 되었다. 그러면서 스스로도 세상을 위해 자신의 한 몸을 헌신하며 사랑을 온누리에 전파해야겠다는 다짐을 하게 된다.

이 사건으로 인해 손양원 목사는 서울에서 학업을 이어가기가 곤란해졌고 원래 하고 있던 아르바이트 자리도 흔들리게 되어 극심한 생활고에 시달리게 된다. 그리하여 결국 서울에서 학업을 중단하기로 마음먹고 마지막으로 수중에 가지고 있던 돈을 다니고 있던 안국동 교회에 헌금으로 바치고 고향으로 돌아오게 되었다.

■ 한센병자들에 대한 사랑의 시작

일본으로 건너가 학업을 계속하여 졸업과 함께 고국으로 돌아온 손양원 목사는 1926년에 경남 성경학교에 입학함과 동시에 부산 감만동 한센병자 교회에서 전도사로 부임하게 되었다. 당시에 이 교회에는 약 600여 명의 교인들이 있었는데, 이 중 대부분이 한센병을 가지고 있는 병자들이었다. 지금도 마찬가지이지만 당시에도 한센병

은 일반 사람들이 매우 혐오스러워하는 병이었으며, 대부분의 사람들은 그들과 가까이 있는 것조차도 꺼리곤 했다. 그리고 그들의 몸에서는 끊임없이 고름과 진물이 흘러 나와 교회의 바닥에는 종이와 천 조각을 여러 장 깔아서 이러한 진물들을 받아내곤 했었다. 손양원 목사는 그들에게 진정한 사랑을 베풀었다. 한센병자들 사이로 들어가려는 그에게 다른 사람이 가운을 건네며 이것으로 몸을 두른 후에 병자들에게 가까이 가라고 했으나 손양원 목사는 이를 거부하고 입던 옷 외에는 아무 것도 걸치지 않은 채로 병자들의 상처를 어루만지고 친히 안수기도를 해주곤 했다. 그는 사람들이 병자들의 일그러진 육신만을 보고 그들의 아름다운 영혼의 모습을 바로 보지 못하는 것을 안타까워하며 눈물지었다고 한다. 이렇게 손양원 목사가 감만동 교회에서 한센병자들에게 베푼 사랑은 훗날 애양원에서의 활동과 큰 관련성을 가지며 감만동 교회에서의 사역이 그에게 큰 계기와 전환점이 되었다고 볼 수 있다.

■ 신사참배와의 거듭된 투쟁과 옥살이

손양원 목사는 1935년에 평양 신학교에 입학하여 보다 심도 깊게 성경공부를 하면서도 대동강변의 능라도 교회에서 전도사로서 활동하였다. 그런데 이 시기에 일제의 종교 탄압이 더욱 거세어졌고 한국교회에 대한 일제의 신사참배 강요가 최고조에 달하던 때였다. 손양원 목사는 이러한 일제의 강요에 대해 거세게 저항했으며 이로 인해 일제로부터 많은 시달림을 받곤 하였다. 손양원 목사는 이에 굴하지 않고 가는 곳마다 신사참배 반대를 외쳤으며 그는 일본 헌병들에게 눈엣가시와도 같은 존재가 되었다. 결국 그는 1940년 9월 25일에 예배를 마치고 집으로 돌아오는 길에 형사에게 체포되어 여수 경찰서로 연행되었고 신사참배 거부와 백성들을 선동했다는 죄명하에 1년 6개월의 형을 선고받았다. 그는 구속기간을 포함하여 거의 3년의 세월 동안 옥살이를 하였고 세월이 지나 만기 출옥이 가까워졌다. 이때 손양원 목사를 담당하던 검사는 협박과 회유를 통해 손양원 목사의 사상전환을 시도하였다. 그러나 손양원 목사가 이에 굴했을 리가 없다.

손양원 목사를 담당하던 검사가 다음과 같이 말했다.

> "지난 3년이라는 기간 동안에 많은 반성을 했을 터인데 아직도 신사참배를 못하겠소? 공연히 헛수고만 했소."

이에 대해 손양원 목사는 다음과 같이 대답하였다고 한다.

> "헛수고는 오히려 당신들이 했소, 내가 신사참배하려면 처음부터 하지 왜 어리석게 3년이나 지나 신사참배를 하겠소? 내 신앙은 옛날이나 지금이나 변함이 없으며 돌이킬 마음 전혀 없습니다."

이로 인해 손양원 목사는 출소하지 못하고 광주 형무소, 경성 구금소, 청주 구금소를 옮겨 다니며 무려 6년간의 옥고를 치르게 되었다. 그러나 그는 그 와중에도 기도와 찬송을 멈추지 않았으며 다른 사람들에게도 사랑을 실천하여 옥중 성자로 이름이 드높았다고 한다. 손양원 목사의 오랜 옥살이는 1945년에 해방이 되어서야 끝나게 되었다.

■ 한센병자의 영원한 벗

손양원 목사는 해방으로 인해 옥살이를 마친 후 이전에 인연이 있던 애양원으로 돌아와 다시 한센병자들의 벗이 되었다. 이곳에서도 이전의 감만동 교회에서와 마찬가지로 다른 사람들이 맨손으로 한센병자와 만나는 손양원 목사를 말리며 장갑과 가운을 걸치고 들어가기를 권고하였지만 손양원 목사는 다음과 같이 호통을 치며 이전처럼 한센병자들의 벗이 되었다고 한다.

> "호랑이를 잡으려고 호랑이 굴에 들어온 사람이 호랑이를 무서워해서야 어찌 호랑이를 잡겠느냐. 이곳에서 일을 한다는 사람이 병을 무서워해서야 어떻게 일을 하겠느냐!"

당시 애양원에는 거의 완쾌된 상태의, 겉으로 보기에 큰 차이가 없던 사람도 있었지만 투병 과정에서 손이 꼬부라지거나 제대로 걷지 못하는 사람, 얼굴을 알아볼 수 없을 정도로 흉측해진 사람들이 대부분이었다. 이들은 인간으로서 당연히 받아야 하는 기본적인 대우도 받지 못한 채 버림받아 이곳에 모여 살고 있었다.

이들에게 손양원 목사는 진정한 벗이었다. 그는 친히 환우들과 함께 음식을 먹으며 잠자리도 같이 하였고 하루의 일과 중 대부분을 한센병자들과 함께 보냈다. 당시 애양원의 가옥은 총 17호실로 되어 있었는데, 이 중에서 14호실은 중환자실로, 같은 한센병자라도 들어가기를 꺼려할 정도로 심각한 상태의 중환자들이 모여 있는 곳이었다. 손양원 목사는 이곳에도 서슴지 않고 들어가서 맨손으로 방바닥을 치우고 환자를 껴안으며 친히 안수기도를 해주었다고 한다.

당시에 이러한 손양원 목사를 시기하여 그를 남몰래 욕하고 헐뜯는 폐병 환자가 있었다. 손양원 목사는 이렇게 자신을 미워하는 환자의 집에 자주 들러서 친히 안수기도를 해주고 맛있는 음식이 생기면 그 집에 가지고 가서 대접했다고 한다. 이러한 손양원 목사의 행동을 보고 의아해하던 교인들에게 손양원 목사는 "미워하는 마음은 사랑으로 녹여내야 한다"는 말을 남겼다고 한다.

■ 두 아들의 원수를 용서하다

1948년에 제주 폭동 사태와 관련하여 여수에 집결했던 군인들 중에서 공산주의 사상을 가진 남로당 계열의 군인 일부가 폭동을 일으켜서 무고한 양민들을 학살하는 여순반란사건이 발생하였다. 이로 인해 여수와 순천은 무법천지가 되었고 공산주의자들이 자신의 사상에 반하는 사람들뿐만 아니라 수많은 양민들을 학살하는 상황이 되었다. 그들은 좌익추종세력을 묶어 인민위원회를 조직하여 자기들에게 동조하지 않는 사람들을 무조건적으로 잡아들여서 학살하였다.

이때 손양원 목사의 장남과 차남인 동인과 동신은 순천에 있는 순천사범학교와 순천중학교에 재학 중이었고, 기독교 사상을 폭로한다는 이유로 프락치들에게 색출되어서 체포되었다. 두 형제는 인민재판에 회부되었고 무자비한 구타와 함께 모두 총살되고 말았다. 이러한 소식은 나흘이 지나서야 손양원 목사의 가족에게 전해졌고 가족들은 충격에 빠졌다.

여순반란사건은 곧 진압되었고 이후에 정세가 바뀌어 수많은 양민들을 학살했던 주범들이 체포되어 재판에 회부되어 총살을 당하게 되었다. 이 중에는 손양원 목사의 두 아들을 죽인 주범인 '안재선'도 포함되어 있었는데, 손양원 목사는 계엄 사령관에게 부탁하여 그 학생의 석방을 간청하여 그 학생은 무사히 석방되었다. 손양원 목사는 이 학생을 진심으로 용서하고 자신의 양자로 삼아 그를 전도사로 키워내는 엄청난 사랑의 역사를 보여주었다. 손양원 목사가 이 사건과 관련하여 고백한 아홉 가지 감사는 다음과 같다.

"여러분, 내 어찌 긴 말의 답사를 드리리요. 내가 아들들의 순교를 접하고 느낀 몇 가지 은혜로운 감사의 조건을 이야기함으로 대신할까 합니다.

첫째, 나 같은 죄인의 혈통에서 순교의 자식들을 나오게 하였으니 하나님께 감사합니다.

둘째, 허다한 많은 성도들 중에 어찌 이런 보배들을 주께서 하필 내게 주셨는지 그 점 또한 주께 감사합니다.

셋째, 3남 3녀 중에서 가장 아름다운 두 아들 장자와 차자를 바치게 된 나의 축복을 하나님께 감사합니다.

넷째, 한 아들의 순교도 귀하다 하거늘 하물며 두 아들의 순교이리요. 하나님 감사합니다.

다섯째, 예수 믿다가 누워 죽는 것도 큰 복이라 하거늘 하물며 전도하다 총살 순교 당함이리요. 하나님 감사합니다.

여섯째, 미국 유학 가려고 준비하던 내 아들, 미국보다 더 좋은 천국 갔으니 내 마음 안심되어 하나님 감사합니다.

일곱째, 나의 사랑하는 두 아들을 총살한 원수를 회개시켜 내 아들로 삼고자 하는 사랑의 마음을 주신 하나님께 감사합니다.

여덟째, 내 두 아들의 순교로 말미암아 무수한 천국의 아들들이 생길 것이 믿어지니 우리 아버지 하나님께 감사합니다.

아홉째, 이 같은 역경 중에서 이상 여덟 가지 진리와 하나님의 사랑을 찾는 기쁜 마음, 여유 있는 믿음 주신 우리 주 예수 그리스도께 감사 감사합니다.

끝으로 나에게 분수에 넘치는 과분한 큰 복을 내려 주신 하나님께 모든 영광을 돌립니다. 이 일들이 옛날 내 아버지, 어머니가 새벽마다 부르짖던 수십 년간의 눈물로 이루어진 기도의 결정이요, 나의 사랑하는 한센병자 형제자매들이 23년간 나와 내 가족을 위해 기도해 준 그 성의의 열매로 믿어 의심치 않으며 여러분께도 감사드립니다."

■ 손양원 목사, 진정한 사랑과 실천의 삶

손양원 목사의 삶을 보고 많은 사람들이 '사랑의 원자탄'이라는 말을 덧붙이곤 한다. 그의 삶은 이러한 별칭으로 대신 설명될 수 있을 정도로 종교적 신념과 사랑에 대한 헌신에 바쳐진 삶이다. 그의 행적에서 종교적 가치 및 공동체를 지향하는 것과 관련하여 가장 인상적인 세 가지를 꼽자면 평생에 걸친 신사참배 거부, 한센병자와의 동고동락, 두 아들을 죽인 원수에 대한 아가페 실천 및 아홉 감사가 있을 것이다.

이와 같은 행적 중에서 일제의 신사참배 요구를 끝까지 거절한 것은 어찌 보면 공동체 지향 목표와는 크게 관계없는, 단지 종교적 차원의 호소로 볼 수도 있다. 그러나 자신을 초월하는 신념과 가치에 대해 개인의 만족 및 안위보다 높은 수준의 가치를 부여하고 그것을 실천하며 이를 널리 퍼뜨리고자 한 점, 또한 이러한 종교적 신념과 가치에 대한 형식적인 준수에서 벗어나 이를 보다 넓은 범위로의 사랑으로 확장시켰다는 점에서 충분히 그 가치를 인정받을 수 있을 것이라 생각한다.

부산 감만동 교회와 애양원에서 한센병자들과 동고동락하며 그들의 진정한 벗이 된 것은 보편적 가치로서의 사랑의 의미를 깨닫고 이를 자신이 속한 사회 및 국가의 범위에까지 확장시키며 적극적으로 실천한 것이라 평가할 수 있다. 두 아들을 죽인 원수에 대한 아가페 실천과 아홉 감사 또한 이러한 맥락에서 생각해볼 수 있으며, 사랑이라는 가치에 대한 진정성 있는 이해와 실천이 함께 어우러진 것이라 할 수 있겠다.

손양원 목사 - 계별 사례분석 정리

주요 사항	주요 키워드	- 사랑, 희생, 봉사, 종교
	공동체지향목표 관련 대표적 실천 사례/내용	- 애양원에 담임목사로 부임하여 평생 한센병 환자들을 사랑으로 돌봄 - 자신의 두 아들을 죽인 자를 변호하여 살리고 자신의 양자로 삼음
	개인에게 공동체 관련 목표가 가지는 의미	- 신실한 종교적 신념하에 예수가 실천한 진정한 사랑이 무엇인지에 대해 끊임없이 성찰하고 이를 전파하고자 하였으며, 예수의 사랑을 실천하는 데에 자신의 삶을 바침
초기 목표	초기 삶의 목표 및 계기	- 기독교의 종교적 신념과 가치를 강조하는 분위기에서 하나님의 뜻을 따르는 삶을 살고자 함 - 장로인 아버지와 집사인 어머니의 영향을 강하게 받음
변화 및 내재화	목표 변화 및 내재화 계기	- 이른 시기부터 타향살이로 생활비를 벌면서 살아가는 중 아버지가 독립운동을 주도하다가 체포되어 옥고를 치르게 됨 - 자신이 가진 종교적 신념과 기독교에서 말하는 사랑의 범위가 국가와 민족, 세계에까지 확장되어야 한다는 것을 생각하며 온누리에 사랑을 전파해야겠다는 다짐을 하게 됨
실천	공동체목표 실천 관련 주요 사건	- 한센병 환자들이 다수 기거하는 애양원에 부임하여 한센병자들의 벗이 됨
	성공/어려움 (어려움의 경우 극복 포인트)	- 고통 받는 한센병 환자들을 사랑으로 감싸며 맨손으로 가운도 걸치지 않고 한센병자들을 어루만짐
	실천 결과 및 영향	- 주변의 사람들에게 더욱 큰 사랑을 베풀며 손수 예수의 사랑을 실천하고자 함 - '사랑의 원자탄'이라 불리며 진정한 사랑의 의미를 주변에 전파
	공동체지향목표 유지와 실천관련 어려운 사건	- 일제의 신사참배 강요에 굴하지 않다가 여러 차례 체포되어 옥살이를 함 - 여순 사건 당시에 장남과 차남이 공산주의자들에게 색출되어 무자비한 구타와 함께 총살당함
	극복 방법	- 자신의 신념을 굽히지 않고 찬송과 기도를 멈추지 않으며 다른 사람에게 사랑을 실천 - 자신의 아들을 죽인 '안재선'을 용서하고 자신의 양자로 삼음
	어려움 이후 개인 가치, 행동의 변화	- 주변의 사람들에게 더욱 큰 사랑을 베풀며 손수 예수의 사랑을 실천하고자 함
영향	실천이 향후 사회에 미친 파급력	- '사랑의 원자탄'이라 불리며 진정한 사랑의 의미를 주변에 전파

(9) 넬슨 만델라(Nelson Mandela)[9]

정치 분야, 아프리카, 개인

넬슨 만델라는 남아프리카의 한 부족에서 태어나 어린 시절부터 백인들이 주로 받는 교육을 받는 동시에 아프리카 지역의 동포들과 흑인들이 이유 없이 차별당하고 무자비하게 착취되는 참담한 현실을 지켜보았다. 그는 성장과정에서 자신의 정체성과 나아가야 할 방향에 대해 고민을 거듭하다가 인권 수호와 인간의 평등을 향해 나아갈 것을 결심하고, 그 이후로 관련된 여러 가지 투쟁 활동을 벌이며 평등의 메시지를 힘껏 외쳤다. 그 과정에서 여러 가지 고난과 시련을 겪고 27년에 이르는 옥살이를 하기도 하지만 그의 굳건한 뜻은 결코 꺾이지 않았고, 스스로의 뜻을 따라 2013년 타계할 때까지 적극적인 활동을 이어나가며 노벨 평화상, 국제 엠네스티 양심대사상, 프리토리아시 자유상 등을 수상하기도 하였다.

주요경력

1918년 템부족 족장의 아들로 출생
1944년 아프리카 민족회의 청년연맹 창설
1956년 아파르트헤이트 정책 대항, 반역죄로 기소
1979년 자와할랄네루상
1981년 브루노 크라이스키 인권상
1983년 유네스코 시몬 볼리바 국제상
1989년 제1회 카다피 인권상
1991년 아프리카민족회의 의장
1993년 노벨 평화상
1994년 남아프리카공화국 대통령 취임
1998년 비동맹운동 사무총장
2004년 제8회 만해대상 평화부문
2006년 국제 엠네스티 양심대사상
2008년 남아프리카공화국 프리토리아시 자유상

9) 넬슨 만델라 사례 연구 참고자료는 다음과 같다.
자크 랑 (2007). 넬슨 만델라 평전. 서울: 실천문학사

■ 민주주의 승리의 산증인, 넬슨 만델라

넬슨 만델라는 1918년 7월 18일에 트란스케이 움타타에서 템부족 족장의 아들로 태어났다. 그의 이름은 넬슨 롤리흘라흘라 만델라였다. 흑인으로 태어난 그는 성장하는 동안 백인보다 흑인이 월등하게 많은 남아프리카 공화국이라는 국가에서 흑인이 홀대받고 차별당하는 아이러니한 상황을 지켜보면서 자라났다. 그는 이러한 경험을 토대로 평생을 흑인의 인권과 인간의 평등을 실현하는 데에 바쳤다. 특히 많은 문제가 되었던 것이 흑인의 권리를 침해하며 차별을 조장하는 아파르헤이트 정책이었는데, 만델라는 이 정책에 저항하며 이에 맞서 투쟁하였다. 이러한 과정에서 수차례 연행되고 재판을 받으며 여러 번 목숨의 위협을 받기도 하였다. 또한 후에는 사형 선고를 받기도 하고 종신형 선고로 인해 무려 27년 동안이나 감옥 생활을 하기도 하였다. 그는 이렇게 혹독한 고난을 겪으면서도 자신의 뜻을 꺾지 않았고 출소한 후에도 자신에게 이러한 시련을 안겨준 사람들과 백인에 대해 분노와 징벌의 뜻을 나타내지 않고 화해와 관용을 선택하였다. 만델라는 이러한 공로를 인정받아 노벨 평화상을 비롯하여 평화 및 인권과 관련된 수많은 상을 수상하였으며 남아프리카 공화국의 대통령이 되어 자신이 꿈꿔오던 민주주의를 실현하게 되었다. 우리는 이러한 삶을 살아가는 만델라에 대해 민주주의 승리의 산 증인이라 표현할 수 있을 것이다.

■ 흑인으로 태어나 백인의 교육을 받다

넬슨 만델라는 1918년 7월 18일에 트란스케이의 한 촌락인 음베조를 통치하고 있던 템 부족의 족장과 '오른손잡이'로 불리는 한 여인 사이에서 출생하였다. 템 부족은 남아프리카에 존재하던 다양한 언어 중에서 코사어를 사용하는 부족이었는데, 만델라의 코사어 이름은 '로하바'로, '문제를 일으키는 사람'이라는 뜻을 가진 말이었다. 만델라의 아버지는 족장으로서 자신이 담당하는 구역에 대해 관련 지역을 책임지는 백인 집정관에게 행정과 관련된 사항들을 보고해야 할 의무가 있었다. 그러던 어느 날 만델라의 아버지는 소 한 마리가 달아나는 것을 방조했다는 이유로 고소를 당하게 되었고 백인 집정관은 그에게 출두명령을 내렸다. 그러나 그는 이에 저항하여 출두를 거부하였고 결국 만델라 가족의 모든 재산을 몰수당하고 지위를 박탈당하게 되었다.

그리하여 모든 희망이 사라진듯하였으나 다행히 템 부족의 섭정이 만델라를 보호하고 그를 궁전으로 데려와서 제대로 교육을 받도록 도와주었다. 이러한 기회가 없었다면 만델라는 교육을 받을 기회조차 가지지 못하고 훗날 민주주의의 실현이라는 엄청난 업적을 이루지 못했을지도 모른다. 그는 기독교 학교인 중등학교와 고등학교를 나왔으며 학교에 다니는 동안 교육받은 영국인을 롤모델로 하여 검은 영국인이 되기를 강요받았다. 세상에서 가장 좋은 사람은 영국 사람이고 가장 바람직한 사상도 영국의 사상이며 가장 좋은 통치방식 또한 영국의 통치방식이라는 가르침을 받았으며 당시의 만델라는 이것을 사실로 믿었을 것이다.

만델라는 이렇게 교육과정을 마친 후에 포트 헤어 대학교에 입학하게 되었고 그가 거쳐 왔던 중등학교 및 고등학교와 마찬가지로 기독교 사상을 바탕으로 영국이 바탕이 된 정치적 권위를 존중하도록 교육을 받았다. 이때까지 만델라는 백인들이 자신의 민족에게 가하는 억압을 실감하지 못했으며 기존의 질서에 도전하기보다는 현실에 타협하여 통합되고 그로 인한 금전적인 성공을 목표로 삼고 있었다. 그런데 만델라가 2학년이 되면서 겪게 된 여러 사건이 그의 생각을 송두리째 바꿔버리게 된다.

겨울방학이 되어 고향에서 친구와 시간을 보내고 있던 만델라는 우체국에서 한 백인 판사가 자신의 친구에게 우표 심부름을 시키고 난 후에 사소한 이유로 친구에게 얼굴이 새빨갛게 되도록 화를 내고 모욕을 주는 것을 지켜보았다. 또한 주변의 다른 흑인들이 흑인이라는 이유만으로 백인들에게 비굴한 태도를 보이며 여기에서 우월감을 느끼는 백인의 모습을 보기도 하였다. 보다 결정적으로는 그가 학생대표위원에 선출되어 학교 측에 학생들의 요구를 전달할 때에 학교측의 일방적인 압력으로 요구가 묵살되고 퇴학을 당할 뻔했던 사건에서 많은 것을 깨닫게 되었다. 이것이 만델라가 기존의 권위에 저항한 첫 번째 투쟁이었다.

■ 아파르트헤이트, 그에 대한 저항의 시작

아파르트헤이트 정책이란 남아프리카 공화국의 백인정권이 흑인을 포함한 유색인종에 대한 차별을 공식적으로 법률화한 인종분리 정책을 말한다. 아파르트헤이트라는 용어는 1944년 1월 25일에 다니엘 말란에 의해서 최초로 표명되었으며, 1948년 백인들이 이끄는 국민당이 승리한 후에 백인종의 안전과 기독교 문명을 보장하겠다는 미명하에 본격적인 인종차별 정책으로 이어졌다. 이러한 과정에서 많은 저항운동이 있었으나 무력으로 무자비하게 진압되었고 만델라는 이를 지켜보면서 많은 고민을 하게 되었다. 이어서 인종 간 결혼 금지법, 인구 규제법, 공산주의 축출령 등이 선포되면서 백인 정권은 점차적으로 유색인종이 누리는 권리를 침해해나갔다.

이에 저항하여 만델라의 동료인 월터 시슬루는 간디의 비폭력운동을 본받아 1951년에 시민 불복종 강령을 제안하였고 만델라도 이듬해에 법률상담소를 열고 이에 동참하여 아파르트헤이트에 저항하며 흑인인권운동에 참여하게 되었다. 그리하여 인도인과 흑인이 주가 된 시민 불복종 캠페인이 시작되었고 만델라는 그의 동료들과 함께 체포되어 요한네스버그에서 재판을 받고 이틀간의 구류를 경험하였다. 이 사건 이후에 만델라는 비폭력투쟁의 한계를 체감하고 아프리카 국민회의의 비밀 전투 조직을 결성하여 책임자를 맡게 되었다.

■ 폭력과 비폭력, 투쟁의 소용돌이 속으로

날이 가면 갈수록 백인정권의 아파르트헤이트 정책은 그 강도를 더해갔다. 1953년에는 편의시설 분리령을 발표하여 모든 교통수단 및 공공장소에서 흑인들은 백인들과 분리되어 이용의 자유를 침해당했다. 또한 1954년에는 원주민 재정착령이 제정되어서 백인들의 지역으로 선포된 지역에 거주하고 있던 흑인과 원주민들에게 강제 이주 명령이 내려졌고, 그들은 자신의 삶의 터전을 버려둔 채 떠날 수밖에 없었다.

이러한 백인정권의 횡포에 대하여 만델라 및 그가 속한 아프리카 국민회의는 격렬한 저항운동을 벌였다. 아프리카 국민회의는 1955년에 백인 정부의 인종주의에 대항하는 선언의 내용을 담은 자유헌장을 선포하고 이전부터 진행해오던 시민 불복종 캠페인을 더욱 강력하게 추진하는 한편 요한네스버그의 소피아타운을 강제로 철거하는 것에 대한 항의운동도 전개하였다. 이러한 활동의 결과 만델라는 1956년 12월 5일에 반역죄로 체포되어 감옥에 수감되게 되었고, 이맘때 쯤 첫 번째 부인인 에블린 메이즈와도 이혼하게 되었다. 이때에 만델라 및 아프리카 국민회의가 펼친 운동은 비폭력 운동의 성격을 강하게 가지고 있던 운동들로 만델라는 폭력노선과 비폭력 노선을 번갈아 취하며 여러 가지 형태의 운동을 전개하였다.

만델라가 이와 같은 사건들로 재판과 기소가 반복되던 중에 천 삼백만의 아프리카인을 제외하고 삼백만의 백인만이 참여하는 총선거가 실시되었고 헨드릭 페르부르트가 총리가 되어 강도 높은 아파르트헤이트 정책을 지속적으로 실행하였다. 만델라에 대한 재판은 1959년 중반까지 이어졌고, 만델라는 재판이 끝난 후에야 비로소 자유로운 몸이 되었다. 이때에 만델라가 소속되어 있던 아프리카 국민회의와 뜻을 같이 하는 범아프리카 회의가 결성되었는데 1960년에 이 단체가 주도한 집회에서 대규모 학살인 샤프빌학살이 발생하여 수많은 흑인들이 희생당했고, 이를 지켜본 만델라는 평화적인 시위운동을 중단하고 다시 무장투쟁의 방법을 취하게 되었다. 이러한 소용돌이 속에서 만델라는 두 번째 부인인 위니프레드 마디키젤라와 재혼하였다. 이렇게 지속적으로 투쟁운동을 펼치던 만델라는 몇 번씩이나 체포되어 구금과 석방을 반복하였다. 이러한 여러 번의 재판 중에서 시나고그에서 열린 한 재판에서는 만델라가 코사족의 전통의상인 카로스를 입고 참석하여 아프리카의 민족정신을 고취하고자 한 일이 있었다. 이를 지켜본 많은 사람들은 놀라움을 금치 못했다고 한다. 이렇게 수차례 구금과 석방을 반복하다가 결국에는 1964년에 종신형을 언도받고 로벤 아일랜드의 감옥으로 이송된다. 만델라는 이곳에서 약 27년간 복역하게 된다.

■ 어둠 속에서의 27년, 그 안에서 빛을 보다

만델라는 게릴라 교육 및 임시 혁명 정부 등의 협의로 월터 시슬루, 고반 음베키, 레이몬드 음흘라바 등의 참모인사들과 함께 로벤 아일랜드의 감옥에 수감되었다. 그곳에 있는 간수들은 죄수들에게 비인간적 가학행위를 즐기곤 했는데, 죄수에게 수갑을 채운 상태로 오솔길을 뛰게 하여 넘어지면 감시견을 풀어 죄수들을 물어뜯도록 하였다. 또한 한 죄수가 마실 것을 요구하자 그 죄수를 구덩이에 파 넣고 죄수의 얼굴에 소변을 보며 "목마르지 검둥아? 이 돼지 새끼야!"라고 모욕을 주기도 하였다.

이러한 상황 속에서 이 수용소에 새로운 간수가 부임하게 되는데, 그의 이름은 제임스 그레고리였다. 그는 자신이 생각했던 것과는 달리 예의가 바르고 수준 높은 교양을 가지고 있으며 드높은 인품을 가진 죄수들을 보고 놀라움을 금치 못했으며, 그중에서도 만델라의 위대함에 큰 동경을 가지게 되었다. 그의 말에 따르면 그는 만델라에게서 눈을 뗄 수가 없었고 보잘 것 없는 죄수복을 걸치고 있었음에도 남들과 다른 위엄을 가지고 있었다고 한다. 만델라의 인격과 품위에 매료된 그는 되는 훗날 만델라의 평생 친구로 남게 된다.

이렇게 만델라가 수감되어 있는 동안 만델라의 정치적 동료였던 루툴리 대장이 전투 중 사망하고 '국민의 창' 분견대 또한 짐바브웨로데지에 침투했다가 괴멸당하게 되었다. 그리고 1969년에 만델라의 부인도 유사한 죄목으로 체포되어 수감되고 장남인 템비까지 교통사고로 사망하게 되었다. 하루하루를 버텨나가기 힘든 감옥생활의 고통에 이러한 악재까지 겹치는 바람에 만델라는 아주 힘든 나날을 보낸다. 그러나 만델라는 수감 중에 자와할랄 네루 상, 브루노 크라이스키 인권상, 시몬 볼리바 국제상, 카다피 인권상 등을 수상하였다. 이는 그동안 남아프리카 공화국의 자유와 평화를 위해 만델라가 바친 헌신에 대한 보상이라 할 수 있겠다. 만델라는 수감 중에도 활동을 멈추지 않았고, 1985년에 아파르트헤이트를 해체하라는 요구를 제안하여 이를 만델라의 딸인 찐지가 소웨토 경기장에서 낭독하기도 하였다. 그리고 1990년 2월 11일에 만델라는 27년에 걸친 수감 생활을 마감하고 출소하게 되었다.

■ 왕의 귀환

만델라는 1990년 출소 이후 1년 만에 만장일치로 아프리카 국민회의 의장으로 선출된다. 만델라는 클레르크의 백인 정부와 활발한 협상을 벌여서 점차적으로 300여 년에 걸친 인종 간 차별 문제와 갈등을 종식시켜갔다. 그리하여 집단 지역법, 인종 등록법, 토지법 등이 폐지되었고 항상 문제가 되었던 아파르트헤이트도 사실상 폐지되어 역사의 뒤안길로 사라지게 되었다. 더 나아가 남아프리카 공화국 최초로 인종과 관계없이 모든 국민들이 참여하는 민주적인 선거가 실시되었고 1993년에 클레르크 대통령과 함께 공동으로 노벨평화상을 수상하게 되었다.

만델라는 이렇게 시대가 바뀌어 흑인과 백인 간의 차별이 철폐되었다고 하여 이전에 차별과 갈등의 시대를 이끌어갔던 사람들을 짓밟거나 배제하지 않았다. 자신을 27년간 감옥에 가둔 장본인이라 할 수 있는 보타 대통령, 아파르트헤이트 정책의 창시자인 헨드릭 페르부르트의 미망인 등을 방문하여 화해하고 함께 협력할 뜻을 밝히며 참된 평화와 화해의 시대를 이끌어나가기 위해 노력하였다. 결국 1994년에 만델라는 총선거에서 65퍼센트의 지지를 획득하여 남아프리카 공화국 최초의 흑인 대통령으로 취임하게 되었고 아파르트헤이트는 완전히 사라지게 되었다.

이후에 만델라는 남아프리카 공화국의 민주화와 평화를 넘어 아프리카대륙, 더 넓게는 세계의 민주화와 평화를 위해 자신의 몸을 바쳐 헌신하고 활발한 활동을 전개한다. 1997년에는 남아프리카 개발공동체(SADC)의 의장으로서 민주주의를 거부하는 잠비아와 스와질란드에 대한 제재를 제안하고 2003년에는 '당신의 삶의 1분을 에이즈에'라는 에이즈 퇴치 기금 모금 캠페인에 합류하기도 하였다. 이러한 활동으로 인하여 제시 오웬스 상, 미국인권 박물관 국제자유상, 제8회 만해대상 평화상, 국제 엠네스티 양심대사상 등 다수의 상을 수상하였다. 특히 국제여성협회에서 수여하는 '20세기 세계 지도자상'도 수상하였는데, 이 상이 남성에게 수여된 것은 역사상 처음 있는 일이었다. 만델라는 2013년 타계할 때까지 지구촌에 큰 영향을 미치며 인권과 평등을 위한 활동을 이어나갔다.

■ 평생을 민주주의와 평화에 대한 투쟁에 헌신한 민주주의 화신

넬슨 만델라처럼 많은 인생의 굴곡을 겪는 동시에 남아프리카 공화국이라는 공동체에 이렇게 엄청난 영향을 미친 사람은 없을 것이다. 그는 남아프리카 한 부족장의 아들로 태어나 곧 모든 재산과 지위를 잃고 기독교학교에서 백인들이 추구하는 가치관을 주입받으며 다소 세속적인 가치관을 가지고 살아가다가 인생의 전환점을 계기로 평생을 부조리한 권력에 대한 투쟁에 헌신하고 이후에는 평화와 화해의 선구자가 되었다.

사실 만델라의 경우 어린 시절에 모든 재산과 지위를 상실하긴 했지만 이른 시기부터 접하게 된 기독교학교에서의 교육과 대학교육을 바탕으로 주변의 다른 평범한 사람에 비해 편안한 삶을 살아갈 수도 있었다. 그러나 안락한 삶에 대한 욕구는 자신이 속한 공동체의 일원들이 무조건적인 차별을 당하며 당연한 권리조차 행사하지 못하는 부조리한 현실을 개선하고 보다 궁극적인 목표로서 공동체의 평화를 지

향하여 진정한 평화와 화해의 시대를 열고자 하는 그의 열정을 넘어설 수 없었다. 또한 이렇게 특수한 어린 시절의 경험은 그의 무의식 속에 공동체의 결핍과 관련된 메시지를 전달했을지도 모르며, 이로 인해 삶의 전환점에서 이 메시지를 놓치지 않고 공동체 지향적인 삶을 살게 되었을 가능성도 생각해볼 수 있다. 이러한 과정에서 27년간 옥살이를 하는 등 많은 시련을 겪기도 했지만 그가 바라본 궁극적인 공동체의 지향점은 개인의 고통을 초월할 수 있도록 하였다.

넬슨 만델라 - 계별 사례분석 정리

주요 사항	주요 키워드	- 차별 철폐, 저항, 투쟁, 평화
	공동체지향목표 관련 대표적 실천 사례/내용	- 아파르트헤이트에 대한 투쟁 - 평화를 위한 투쟁과정에서 27년간 수감 생활 - 남아프리카 공화국의 민주주의 실현
	개인에게 공동체 관련 목표가 가지는 의미	- 흑인으로서의 정체성 및 차별이 만연한 사회에 소속되어 있다는 소속감 - 사회적 문제를 해결하기 위한 사회적 책임감 및 구체적인 목표
초기 목표	초기 삶의 목표 및 계기	- 영국식 기독교 교육을 받으며 민주적 영국인으로서의 가치관 확립 - 템 부족의 섭정이 가족 대신 만델라를 기르며 영향력 행사
변화 및 내재화	목표 변화 및 내재화 계기	- 대학교 2학년 당시 친구가 백인 판사에게 험한 모욕을 당하는 것을 보고 지금까지 배워온 지식과 가치에 대해 회의를 느끼고 카피르로서의 정체성을 다시 생각하게 됨 - 학교에서 대표임원 활동을 하며 학교 측에 부조리 시정을 요구했으나 오히려 협박을 받아 요한네스버그로 도피하여 삶에 대한 진지한 고민 - 남아프리카공화국에 백인들이 주도하는 인종 차별 정책인 '아파르트헤이트'가 본격적으로 실시되어 저항운동 시작 - 동료인 월터 시슬루와 함께 격렬한 저항 운동을 전개하게 됨
실천	공동체목표 실천 관련 주요 사건	- 정부의 아파르트헤이트 정책에 대항하여 비밀 전투 조직을 결성하고 지속적인 저항운동을 진행
	성공/어려움(어려움의 경우 극복 포인트)	- 정부의 아파르트헤이트 정책이 날로 가혹해지고 여러 차례 반역죄로 체포되어 기소와 석방을 반복함
	실천 결과 및 영향	- 저항운동을 지속하며 스스로의 뜻을 더욱 강력히 굳히게 됨 - 날로 아파르트헤이트 정책이 심화되어 갔으나 민중들의 가슴에 희망의 불꽃이 타오르기 시작함

	공동체지향목표 유지와 실천관련 어려운 사건	- 저항 운동으로 체포와 출소를 거듭하던 1964년에 종신형을 선고받아 27년간 복역하게 됨
	극복 방법	- 감옥에 수감 중인 다른 죄수와 간수까지 그의 기품과 교양, 인격에 매료되어 그와 뜻을 함께하게 됨
	어려움 이후 개인 가치, 행동의 변화	- 수감생활을 마친 후 국민회의 의장, 후에는 대통령으로 취임하여 궁극적인 화해와 평화의 시대를 이끌어 나가게 됨
영향	실천이 향후 사회에 미친 파급력	- 남아프리카 공화국에 만연해 있던 인종 간 차별과 갈등 문제를 종식시키고 평화의 시대를 이끌어 나가게 되었으며, 아프리카를 넘어 세계의 민주화와 평화를 위해 헌신함

(10) 독도 라이더[10)]

스포츠 분야, 아시아, 단체

독도 라이더는 대한민국의 젊은 네 청년이 전 세계에 독도가 자랑스러운 우리의 땅임을 당당히 알리고자 뜻을 모아 만든 단체로, 미국의 로스앤젤레스를 시작으로 바이크를 타고 전 세계를 횡단하며 자발적이고 적극적인 독도 알리기 운동을 진행하였다. 이들은 대한민국 청년이 가진 도전 정신과 열정의 가치를 우리의 주권 회복이라는 명분에 담아 표현하고자 했으며, 약 9개월 동안의 대장정을 마치고 무사히 귀국하면서 대한민국의 여러 젊은이들의 심장을 뜨겁게 하고 많은 영감을 불러일으켜 '독도레이서'와 같은 후속 활동이 펼쳐지기도 하였다.

주요경력
2006년 결성
2009년 독도레이서 1기 결성
서울대 독도레이서 故김도건 군 서울대 명예 졸업장 수여

10) 독도 라이더 사례 연구 참고자료는 다음과 같다.
김영빈 (2008). 독도 라이더가 간다. 서울: 샘터
Hello, 포스코 (2012). 내 청춘은 지금도 달린다, 독도레이서 '한상엽 사원'
강구귀 (2013). '독도 레이서 故김도건씨, 서울대 명예졸업장 받는다', 이투데이, Jan 22.

■ 독도라이더?

'독도 라이더'는 아무런 영리적인 목적 없이 단지 독도가 대한민국의 영토라는 진실과 정의를 세계에 알리기 위한 목적으로 결집된 단체이다. 로스앤젤레스를 시작으로 워싱턴, 뉴욕, 런던, 파리, 두바이, 터키, 이란, 네덜란드, 이탈리아, 베이징에 이르기까지 매우 광범위한 국가를 대상으로 활동을 했으며, 어디든 모터사이클이 서는 곳에서 독도와 관련된 길거리 홍보를 하고 외국 사람들은 한 명, 두 명 모여들어 용기 있는 젊은이들의 이야기를 들어 주곤 하였다. 그렇게 달리고 또 달려서 아직 세계의 많은 지도엔 독도가 다케시마, 동해가 일본해로 표시되어 있는 잘못된 현실을 바로잡기 위해 세계 속으로 몸을 던지는 활동을 했다.

또한 이들의 활동은 대한민국의 다른 대학생들에게도 많은 영감을 불러일으켰다. 그리하여 최근에 대학 기수별로 유사한 슬로건 아래 단원을 모집하고 자전거로 전국일주를 하는 등의 활동으로 이어지기도 했다.

■ 독도라이더의 탄생

독도라이더는 한국의 패기 넘치는 네 명의 대학생이 모여 세계횡단의 꿈을 품고 거대한 프로젝트를 구상하던 것을 계기로 탄생하게 되었다. 김영빈 군(서울대 경제학부 02), 김상균 군(과기대 전산학과 99)과 이강석 군(아주대 건축 00), 홍승일 군(서울대 기계항공 04)은 세계횡단이라는 거대한 목표를 가지고 있었고, 이를 실현하기 위해 어떤 프로젝트를 어떻게 실현할까에 대해서 많은 고민을 하였다. 이 당시에는 독도문제와 관련된 논의가 아직 이루어지지 않은 상태였다. 엉뚱하게도 독도문제는 독도라이더 결성 시초의 관심 대상이 아니었다. 그러나 네 명의 대학생이 머리를 맞대고 세계횡단을 구상하던 중 우연히 독도에 대한 서로의 열정을 확인하게 되었고, 일본의 '다케시마' 영유권 주장, 동해의 일본해 표기와 같은 잘못된 현실에 대한 고발과 함께 독도가 대한민국의 고유한 영토임을 전 세계에 알리자는 취지를 마련하여 '독도라이더'를 결성하고 새로운 구상을 시작하게 되었다.

■ 독도라이더 네 가지 원칙

네 명의 대학생은 독도라이더 프로젝트에 대한 구상을 함에 있어서 크게 네 가지 원칙을 세우고 이 원칙을 토대로 구체적인 사항을 결정하였다. 네 가지 원칙은 다음과 같다.

1) 구성원 개개인의 '배움과 성장'을 원칙으로 한다.
2) 전 세계 횡단 여행 도전에 그 목적을 둔다.
3) 독도의 대한민국 주권 확립에 기여한다.
4) 도전 정신과 열정의 가치를 모터사이클을 통해 표현한다.

비록 '독도의 대한민국 주권 확립에 기여한다'가 제1원칙은 아니지만 엄연히 주요한 4원칙 중 하나로 포함되어 있으며 '독도라이더'라는 팀의 이름 또한 독도 문제와 관련된 그들의 뜻을 잘 보여준다고 할 수 있다. 제1원칙인 '구성원 개개인의 배움과 성장을 원칙으로 한다'에 대하여 이기적인 것이 아니냐는 의문을 제기할 수도 있지만 이들에게 이 원칙은 이 프로젝트를 적극적으로 열심히 이끌어나갈 수 있었던 원동력이었다고 한다. 모터사이클만으로 세계 곳곳을 돌아다니며 손이 찢어지도록 장구를 치고 주변의 외국인들로부터 서명을 받으며 죽을 고비를 넘기는 여행을 하는 경험들 모두가 새로운 것을 배우고 경험하며, 이를 통해 성장을 맛볼 수 있었다고 한다.

■ 험난한 준비과정과 뜻밖의 도움들

독도를 알리기 위해 모터사이클을 타고 세계를 횡단한다는 엄청난 계획을 세운 패기 넘치는 네 명의 대학생은 매주 수요일과 일요일마다 모여서 관련된 사항에 대해 회의를 하였다. 이때에 빠지지 않았던 것이 바로 '독도 세미나'였다. 독도라이더를 결성하여 해외로 나가는 만큼 독도가 어떤 땅이며 과연 우리의 땅이 맞는 것인지에 대한 진정한 확신을 가지는 것은 매우 중요한 문제이다. 그리하여 이들은 국내의 주장 및 관련 자료뿐만 아니라 일본 측의 주장 및 관련 자료도 검토하여 일본 측 주장의 타당성과 신빙성을 검토하고 논리 전개 과정에서 드러나는 허점들을 발견하여 독도가 명백히 한국의 영토라는 결론에 이르렀다.

이와 동시에 여행 준비도 병행하여 모터사이클을 구입하고 모터사이클에 완전히 익숙해지기 위해 끊임없이 연습을 반복하였다. 독도라이더를 결성한 네 명의 학생 모두 경제적으로 그리 풍족한 상태가 아니었고 학비 및 생활비 마련을 위해 다른 일들도 하고 있던 상황이라 이 과정이 그리 순탄하지만은 않았다.

이 프로젝트를 진행함에 있어서 가장 큰 문제는 여행에 필요한 경비를 지원받는 것이었다. 이를 위하여 네 명의 대학생은 이곳저곳에 도움을 청했으나 결과가 그다지 신통치 못했다. 이들은 주로 전화나 이메일을 통해 부탁하는 방법을 많이 사용했는데, 이에 대하여 이 학생들은 "어렵지 않게 부탁하면 그만큼 상대방도 쉽게 거절한다. 하지만 내가 평범하지 않은 정성을 쏟는 순간부터 상대방 또한 변화한다"라는 말을 떠올렸다고 회상하였다.

그러던 중 갑작스럽게 엄청난 기회가 찾아오게 되었다. 해럴드 미디어에 소속된 이충희 편집장과 안주영 기자로부터 〈캠퍼스 해럴드〉 창간과 관련하여 이들의 이야기를 소개함과 동시에 여행 준비에 도움을 주고 싶다는 뜻을 밝혀왔다. 이를 계기로 하여 독도라이더 멤버들은 보다 수월하게 국내의 유명 대기업을 찾아가 문을 두드릴 수 있었는데, 그중에서 기업은행(현: IBK기업은행)으로부터 긍정적인 반응이 있었다. 당시 기업은행에는 독도 통장이라는 계좌가 마련되어 있었는데, 여기에 모인 기금 일부를 여행 경비로 지원하고자 하는 의사를 나타냈다. 또한 GS칼텍스로부터 갑작스럽게 5천만 원 지원이 결정되고 이전부터 연락하던 기업은행에서 2천만 원 지원을 약속하였다. 또한 국정홍보처에서도 천만 원을 지원하고 독도라이더가 가는 세계 곳곳의 대사관 및 영사관으로 독도 홍보 자료를 보내주겠다는 뜻을 밝혔다. 이러한 도움의 손길들을 바탕으로 독도라이더는 오랫동안 준비했던 꿈의 날개를 세계에 펼칠 수 있게 되었다.

■ 세계를 향한 힘찬 출발

독도라이더 멤버들은 미국의 로스앤젤레스를 출발점으로 하여 대장정의 닻을 올렸다. 그러나 애초에 독도라이더가 정했던 출발지는 미국의 샌프란시스코였다고 한다. 세계의 수많은 도시 중에서 하필이면 왜 샌프란시스코를 출발점으로 삼았는지에 대해 의문을 가질 수 있다. 독도라이더는 '샌프란시스코 조약' 때문에 출발지를 미국의 샌프란시스코로 정했다고 한다. 샌프란시스코 조약은 1952년에 2차 세계대전에 대한 전후처리협상으로 발효된 조약으로, 이 조약에서 독도가 한국의 영토라는 사실이 누락되어 현재에 이르기까지 독도의 영유권을 놓고 분쟁이 시작되었다고 한다. 이렇게 놓고 보면 샌프란시스코 조약은 독도 영유권 분쟁의 단초를 제공하는 결정적인 계기였으며, 이러한 이유로 샌프란시스코를 출발지로 삼았다. 그러나 여러 가지 현실적인 이유로 인해 결국엔 로스앤젤레스를 출발점으로 하여 대장정을 시작하게 되었다.

이렇게 독도라이더는 미국의 로스앤젤레스에서 출발하여 미국, 캐나다, 포르투갈, 에스파냐, 프랑스, 스위스, 벨기에, 영국, 네덜란드, 독일, 체코, 오스트리아, 이탈리아, 그리스, 터키, 이란, 파키스탄, 인도, 미얀마, 타이, 캄보디아, 베트남, 중국의 순서로 총 230일 동안 23개국 3만 4,000km 정도를 횡단하였다. 독도라이더들은 이렇게 세계를 횡단하면서 단순히 모터사이클만 타고 지나가는 것이 아니라 여행지 중간중간 장구나 태권도와 같은 한국문화를 소개하기도 하고 독도가 일본의 영토가 아니라 대한민국의 영토임을 알리는 캠페인을 진행하고 이와 관련하여 외국인들의 서명을 받는 등 다양한 활동을 전개하였다.

독도라이더의 리더인 김영빈 군은 이러한 세계횡단 과정에서 기억에 남는 에피소드로 국경을 넘는 것과 관련된 일들을 언급하였다. 독도라이더의 경우 항상 모터사이클을 소지한 채로 국경을 넘어야 했기에 이와 관련된 어려움이 많았다고 한다. 그나마 유럽의 경우에는 유럽 전체를 아우르는 EU체제에 의해 국경을 넘는 데에 그다지 큰 어려움이 없었지만 아시아 국가의 경우에는 국경을 넘는 것이 여러 가지로 상당히 곤란한 일이었다고 한다. 그중에서도 특히 중국의 국경을 넘을 때가 가장 기억에 남는다고 하는데 한국 돈으로 500만 원 정도에 해당하는 어마어마한 금액을 세금으로 지불하고 나서야 세관을 통과했다고 한다. 이렇게 길고도 험난했던 그들의 여정은 약 9개월에 걸쳐서 진행되었으며 2006년 10월에 그들의 고국인 대한민국에 돌아옴으로써 대장정의 막을 내리게 되었다.

■ 독도라이더? 독도레이서!

2006년에 대한민국 네 명의 대학생이 독도라이더로 국내에 큰 파장을 일으킨 후에 2009년에 제2의 독도라이더를 표방하는 독도레이서 1기가 결성되어 독도라이더와 유사한 활동을 하였다. 독도레이서 1기는 한상엽 씨를 중심으로 하여 결성되었는데, '달리기를 통해 독도는 우리 땅이라는 것을 세계에 알리는 일'을 하였다. 이전의 독도라이더가 모터사이클을 타고 세계를 횡단했다면 독도레이서는 우리나라를 알리기 위하여 세계 곳곳의 다양한 국가를 방문하여 마라톤을 주최하고 달리는 것이다. 이들은 2009년 8월 16일에 미국에서 출발하여 9월 23일에 캐나다, 11월 4일에 과테말라, 12월 5일에 코스타리카, 12월 10일에 페루, 12월 22일에 볼리비아, 2010년 1월 5일에 아르헨티나 등 총 30개국 17개 도시를 순회한 후에 2010년 7월 3일에 한국으로 돌아오는 것으로 대장정의 막을 내렸다. 이들은 각국을 방문하여 마라톤을 주최하는 것과 더불어 길거리에서 판소리나 태권도, 사물놀이와 같이 한국의 문화를 알릴 수 있는 공연을 하기도 했다. 독도레이서는 이렇게 세계의 많은 국가와 도시를 순회한 후에 한국으로 돌아와 독도를 직접 방문하였고, 직접 독도의 땅을 밟는다는 의미로 각 멤버들의 발도장을 찍었다. 이 발도장들은 현재 독도 박물관에 전시되어 있다.

■ 故 김도건 군

독도레이서 활동의 이면에는 한 가지 큰 비극이 존재하는데, 독도레이서의 일원이었던 김도건(서울대 조선해양)의 죽음이 바로 그것이다.

2009년 2월 당시에 독도레이서는 본격적인 해외활동에 앞서서 '서울에서 독도까지' 달린다는 슬로건하에 국내 레이스를 진행하던 중이었다. 당시에 21살이던 김도건은 같이 달리는 형들이 피곤해 보인다면서 씩씩하게 앞서 나가 달리다가 불의의 변을 당하였다. 보통은 달리는 레이서의 앞뒤로 촬영차량이 함께 달리면서 레이서를 보호해주는 역할도 하는데 새벽 이른 시간이라 촬영 차량이 별로 없는 데다가 잠시 휴식을 위해 뒤에 있던 차량이 잠시 앞으로 빠져 있는 상태였다. 열심히 달리던 김도건은 달려오던 차량에 치여 변을 당하게 되었다. 서울대는 2013년 1월에 독도 레이서 활동을 하다가 불의의 변을 당한 김도건에게 명예졸업장을 수여하였다.

2) 공동체지향목표 관련 사례별 공통사항 도출

개인별 사례 재분석의 결과를 Glaser와 Strauss(2009)가 제시한 근거이론(Grounded theory) 방법에 따라 분석하였다. 근거이론은 특정 현상과 관련된 이론적 틀이 명료하지 않을 때, 현상을 분석할 틀을 연구 과정을 통해 도출하는 질적 연구방법이다. 근거이론의 분석과정은 개방코딩(open coding), 축코딩(axial coding), 선택코딩(selective coding)의 단계를 따른다. 개방코딩 과정은 질적 자료들 사이에 공통적으로 드러나는 개념 및 현상을 명료히하고 범주화하는 과정이다. 다음으로 축코딩을 통해 개방코딩 과정에서 드러난 현상 및 개념들 간의 관계를 밝히고, 구조를 드러내게 된다. 마지막으로 선택코딩을 통해 현상들의 중심에 존재하는 핵심범주를 도출하게 된다.

본 연구도 개방코딩, 축코딩, 선택코딩 과정을 거쳐 핵심범주를 도출하였다. 우선 인터뷰 직후 참가자들의 표현을 그대로 필사한 후,

공동체지향목표 실천과 관련된 개념 및 현상을 정리하는 개방코딩 과정을 거친 후, 축 코딩을 통해 각 개념 침 현상 간의 관계를 몇 가지 축으로 정리하였다. 마지막으로 선택코딩을 통해 가장 중요한 범주를 분석하였다. 분석 결과 핵심범주는 〈표 III-3〉과 같이 '청소년기(초기) 목표설정, 공동체 중요성 인식, 공동체지향목표 실천, 어려움과 극복, 실천의 확장'의 범주별로 확인해볼 수 있었다.

〈표 III-3〉 문헌 사례대상자의 공동체지향목표 관련 개념

청소년기(초기) 목표설정	공동체 중요성 인식	공동체지향목표 실천	어려움과 극복	실천의 확장
공동체 소속감 경험 분야 전문성 습득	사회 현안에 대한 민감성 영향력 있는 주변인	자발성 (자기주도성) 삶의 방향성 인식 분야 전문성 공동체에 대한 가치인식 열정적 실천	어려움경험 주변 공동체의 지원을 통한 극복	사회를 향한 실천 교류 확장

위에서 도출된 공통사항의 범주별로 실제 사례를 정리한 결과는 다음과 같다.

사례 공통사항	세부 요인	사례	주요 내용
청소년기 (초기) 목표설정	공동체 소속감 경험	무하마드 유누스	중고교 시절 보이스카우트 활동으로 도덕심과 이웃에 대한 사랑 함양
		라이너스 폴링	수용소에서의 무자비한 학살과 원폭 투하를 목도하며 이에 대한 사명감을 느낌
		왕가리 마타이	아프리카의 대자연을 느끼며 자연에 대한 사랑을 키워나감
		장기려	종교적 믿음의 실천으로서 공동체에 기여하고자 함
		디디에 드록바	어린 시절부터 타향살이를 하며 조국에 대한 사랑과 소중함을 느낌
		밥 말리	토속종교인 라스타파리아니즘에 심취하여 조국에 대한 공동체의식 함양
		손양원 목사	기독교의 종교적 신념하에 주변 사람에게 예수의 사랑을 베풀고자 함

사례 공통사항	세부 요인	사례	주요 내용
		넬슨 만델라	대학생 때 친구가 백인에게 험한 모욕을 당하는 것을 보고 자신의 정체성에 대해 성찰
	분야 전문성 습득	무하마드 유누스	경제학 박사 학위를 취득하여 유명 대학의 교수가 됨
		라이너스 폴링	자연과학분야 학문연구의 흥미와 적성을 발견하여 연구자의 길 선택
		왕가리 마타이	자연과학분야 학자로의 진로를 선택함
		장기려	의대를 졸업하고 병원을 설립
		디디에 드록바	어린 시절부터 축구 선수가 되기 위한 훈련을 거듭
		밥 말리	어린 시절부터 동료들과 음악에 심취하여 예술적 영감을 주고받음
		손양원 목사	목사 안수를 받고 애양원 교회 목사로 부임
공동체 중요성 인식	사회 현안에 대한 민감성	무하마드 유누스	기근과 빈민들에 대한 차별과 편견으로 고통받는 국민들을 유심히 살펴봄
		라이너스 폴링	전쟁의 파괴성에 민감하게 반응하고 이에 대해 저항
		왕가리 마타이	미국에서의 유학 중 여러 사회적 문제에 민감하게 관심을 가짐
		장기려	한국 전쟁 당시 고통받는 이웃을 외면하지 않고 사랑을 베풂
		디디에 드록바	반군과 정부군 사이의 내전이 진행 중인 조국의 현실에 큰 관심을 가짐
		밥 말리	정치적으로 분열되어 반목을 거듭하는 사회에 큰 관심을 가짐
		손양원 목사	어린 시절의 타향살이 중 아버지가 독립운동으로 옥고를 치르게 됨
		넬슨 만델라	남아공의 인종차별정책인 '아파르트헤이트'가 본격적으로 시행되어 위기의식을 느낌
	영향력 있는 주변인	라이너스 폴링	사업가인 조부와 아버지의 삶에 감화 받음
		왕가리 마타이	마리아 테레사 수녀를 보고 새로운 삶의 가치를 배움
		장기려	종교적 신념을 강화시킨 아버지, 할머니
		밥 말리	부인과 어린 시절 동료들로부터 많은 영감을 받음
		손양원 목사	장로인 아버지와 집사인 어머니
		넬슨 만델라	함께 저항운동을 시작한 동료인 월터 시슬루
공동체지향목표 실천	자발성/자기 주도성	무하마드 유누스	현실적 어려움에도 불구하고 적극적으로 마이크로 크레디트를 시작하여 희망의 불씨를 지핌.
		라이너스 폴링	2차 세계대전 당시 원폭 개발을 위한 맨하탄 프로젝트 참여 요청 거절
		왕가리 마타이	사회적 문제를 개선하기 위한 다양한 활동에 적극적으로 참여
		장기려	한국 전쟁 당시 부산에서 가난한 이들을 위한 천막병원을 지어 자발적 봉사
		디디에 드록바	디디에 드록바 재단을 설립하여 여러 불우한 아이들을 도움
		밥 말리	음악적 명성이 높아짐에 따라 노래를 통해 평화와 화합의 메시지를 전달하고자 함
		손양원 목사	한센병 환자들이 다수 기거하는 애양원이 자발적으로 부임

사례 공통사항	세부 요인	사례	주요 내용
		넬슨 만델라	인종차별정책이 가시화되자 시슬루와 함께 저항 운동 전개
	삶의 방향성 인식	무하마드 유누스	자신이 가진 전문성을 자신의 영달이 아닌, 사회의 고질병을 해결하는 방향으로 발휘
		라이너스 폴링	전문분야 발전의 지향점이 인류의 평화를 위한 것이어야 한다는 신념을 굳힘
		왕가리 마타이	자신이 누린 기회와 자유를 아프리카를 위해 나눠주어야겠다는 생각
		장기려	종교적 신념에 의거하여 예수의 사랑을 베풀며 살기로 함
		디디에 드록바	자신의 재능을 개인적 영달이 아닌, 조국의 불우한 이웃을 위해 발휘함
		밥 말리	음악을 통해 분열된 조국을 하나로 화합시켜 평화의 시대를 이끌어가겠다는 꿈을 꿈
		손양원 목사	주변의 고통받는 이들에게 예수의 사랑을 베풀며 살기로 결심
		넬슨 만델라	조국에 만연한 차별을 철폐하고 평화의 시대를 이끌고자 함
	분야 전문성	무하마드 유누스	경제학 교수로서 빈민 구제를 위한 다양한 경제적 방안 마련
		라이너스 폴링	저명한 물리학자로서 각종 반전반핵운동에 참여
		왕가리 마타이	동아프리카 최초의 여성 박사로서 자연과학 분야의 전문가가 됨
		장기려	의료계의 전문가로서 국내에 최초로 의료보험조합 설립
		디디에 드록바	잉글랜드 프리미어 리그의 득점왕으로서 엄청난 인기를 누림
		밥 말리	음악이 전 세계적인 인기를 누리면서 그의 음악이 가지는 영향력이 강화됨
	공동체에 대한 가치 인식	무하마드 유누스	가난 및 가난한 사람들에 대한 편견을 타파하는 데 가장 큰 가치를 둠
		라이너스 폴링	개인 연구에만 몰두하지 않고 공동체의 평화를 위해 헌신
		왕가리 마타이	여성에게 차별적인 케냐의 생활상을 보고 권리를 찾기 위한 투쟁 지휘
		장기려	가난한 사람도 사랑과 보살핌을 받아야한다는 믿음의 실천
		디디에 드록바	축구를 즐기면서도 자신이 속한 세계의 고통 받는 사람을 위한 활동을 하고자 함
		밥 말리	자신의 노래에 고난받는 사람들의 고통과 평화의 메시지를 담아 호소하고자 함
		손양원 목사	주변인들에게 사랑을 베풀며 예수의 사랑을 실천하고자 함
		넬슨 만델라	저항운동을 지속하면서 조국을 위해 자신이 해야 할 일을 더욱 굳건히 함
	열정적 실천	무하마드 유누스	기존 은행 대출이 가진 한계의 벽을 허물어 가난을 벗어날 기회를 제공함
		라이너스 폴링	노벨상 수상자들와 공동으로 전쟁종식 요구 참여 및 청원서 유엔 제출, 반전 서적 출간
		왕가리 마타이	'지치지 않는 실천': 자신의 죽음으로 인한 나무의 위험마저도 염려함
		장기려	경제적으로 풍족치 않을 때에도 끊임없이 가난한 이들을 위한 사랑의 의술을 베풂
		디디에 드록바	국민에 대한 호소로 오랜 기간 지속되던 조국의 내전을 종식시킴

사례 공통사항	세부 요인	사례	주요 내용
		밥 말리	악화된 건강상태에도 불구하고 여러 평화콘서트에 참여
		손양원 목사	일제의 신사참배 강요에 굴하지 않아 여러 차례 옥살이를 함
		넬슨 만델라	여러 차례 반역죄로 체포되면서도 저항운동을 멈추지 않음
어려움과 극복	어려움 경험	무하마드 유누스	마이크로 크레디트 운동 시작 시 사회적 편견의 벽에 부딪힘
		라이너스 폴링	반미반국가적 인물로 분류되어 FBI의 수사를 받고 대학에서 사임하게 됨
		왕가리 마타이	독재정권하에서 교수직 상실, 수차례 체포되고 테러당함
		장기려	여러 의료봉사 과정에서 재정적인 어려움을 겪음
		밥 말리	괴한으로부터 총격을 받아 심각한 부상을 당하고 발가락에 암세포가 생겨 생명에 위협을 느낌
		손양원 목사	자신의 두 아들이 공산당원들에게 살해당함
		넬슨 만델라	체포와 출소를 거듭하던 중 종신형을 선고받아 27년간 복역
	주변 공동체의 지원을 통한 극복	무하마드 유누스	대출받은 빈민들의 적극적인 상환으로 편견을 타파
		왕가리 마타이	주변에 함께하는 이들과 세계인의 지지 속에서 어려움을 극복
		장기려	주위 여러 사람들의 도움을 통해 어려움 극복
		밥 말리	건강 악화 및 주변의 위협에도 불구하고 전 세계인의 부름에 답하여 활동을 멈추지 않음
		손양원 목사	자신의 아들을 죽인 자를 용서하고 자신의 양자로 삼음
		넬슨 만델라	감옥에 수감 중인 다른 죄수와 간수까지 감화시켜 뜻을 함께하게 됨
실천의 확장	사회를 향한 실천 교류 확장	무하마드 유누스	그라민 은행 프로젝트를 전 세계적으로 확산시킴
		라이너스 폴링	비이성적인 사회분위기에도 인류를 위한 올바른 방향을 제시하고 이를 실천
		왕가리 마타이	전 세계적으로 환경운동을 확산시키고 지속가능한 개발을 이슈화함
		장기려	각박한 사회에 사랑의 메시지를 전달
		디디에 드록바	조국의 내전을 종식시키고 고통 받는 이들에게 희망을 전달
		밥 말리	자메이카에 평화와 화합이 도래하게 되고 그의 생일은 자메이카의 국경일로 지정
		손양원 목사	'사랑의 원자탄'이라 불리며 진정한 사랑의 의미를 주변에 전파
		넬슨 만델라	남아공에 만연한 인종차별과 갈등 문제를 종식시키고 세계의 민주화와 평화를 위해 헌신

라. 소결

지금까지 문헌 분석을 통해 공동체지향목표가 각 인물에게서 어떻게 발현되고 실천되는지 살펴보았다. 분석 결과 이들에게 공동체지향목표와 관련된 핵심 축은 (1) 생애초기(청소년기)의 목표 설정, (2) 공동체 중요성 인식, (3) 공동체지향목표 실천, (4) 어려움과 극복, (5) 실천의 확장으로 나타났다.

먼저 각 인물이 생애초기에 나타내는 목표설정의 경우 자신이 속한 공동체에 대한 소속감을 경험하고 각 분야에서 자신이 발휘할 수 있는 전문성을 발휘하는 과정을 거쳐 확립되는 것을 확인할 수 있었다. 공동체지향목표를 실천한 인물은 어린 시절에 성장 환경이나 종교, 기타 주변을 둘러싼 여러 사건에 영향을 받으며 자신이 어떠한 공동체에 소속되어 있는지 성찰하고, 소속감과 함께 자신이 속한 공동체를 위해 어떻게 살아갈 수 있을지에 대한 고민을 시작했다. 이와 함께 구체적인 실천을 향해 나아가는 발판으로서 자신의 특출한 재능을 발휘할 수 있는 분야에 대한 전문성을 습득하는 것을 살펴볼 수 있다. 문헌 분석의 대상이 되었던 모든 인물에게서 이러한 경향이 나타나는 것은 아니지만, 대부분의 인물에게서 이와 같은 끊임없는 노력의 과정을 확인할 수 있다.

이에 덧붙여 공동체지향목표를 실천한 인물들은 자신이 속한 공동체의 중요성을 누구보다 강하게 인식하여 실천의 계기로 삼는 과정을 거쳤다. 이들은 자신을 둘러싸고 있는 사회 현안을 누구보다 민감하게 파악하고 이에 대해 반응하여 현재 문제가 되고 있는 것은 무엇이며 이 문제가 안고 있는 모순은 무엇인지, 스스로가 나아가야 할 길은 무엇인지에 대해 깊이 성찰하는 모습을 보였다. 또한 각 인물에게는 강력한 영향력을 행사하여 공동체지향목표 실천을 위한 영감을 불어넣어주는 주변인이 존재했다. 여기에는 부모님, 친구, 가까운 동료, 당대의 유명인 등 다양한 사람들이 포함된다.

공동체지향목표 실천에 있어서 공통적으로 나타나는 양상을 크게 다섯 항목으로 범주화할 수 있는데, 자발성(자기주도성), 삶의 방향성 인식, 분야 전문성, 공동체에 대한 가치 인식, 열정적 실천이 대표적인 항목이다. 공동체지향목표를 실천한 사람들은 삶에 있어서 수동적인 모습을 보이기보다 자신이 스스로 대항하는 문제에 대해 적극적으로 나서는 모습을 보여준다. 또한 공동체에 대한 가치 인식을 통해 개인의 영달보다 공동체에 기여하고 헌신하는 일에 큰 가치를 부여하며 이를 삶의 최고 목표로 삼는 모습을 보인다. 이렇게 공동체의 가치를 인식한 인물들은 명확한 삶의 방향성 인식과 분야 전문성을 통해 자신이 설정한 공동체지향목표를 구체적인 실천으로 나타내고, 이러한 실천의 모습은 매우 열정적이고 거침없는 모습으로 발현된다.

이와 같이 자신의 공동체지향목표를 적극적인 실천으로 옮긴 인물들이 삶의 과정 내내 승승장구하며 순탄한 삶을 영위하진 않는다. 이들에게는 일련의 고통의 순간이 찾아오기 마련이었고 이를 극복하는 과정을 통해 자신의 공동체지향목표 실천에 한 발짝 더 다가서는 성장의 모습을 나타낸다. 인물들이 겪는 어려움은 주변으로부터의 직접적인 위협에서부터 경제적 어려움, 가까운 사람의 죽음 등 여러 가지 모습으로 나타나며, 이러한 고통의 순간에 직면한 인물들은 주변 공동체로부터 경제적, 정서적 지원을 받아 이를 극복하고 한 단계 성장하는 계기로 삼는다.

이러한 과정을 거쳐 성장한 인물들은 실천을 보다 확장하여 자신이 속한 공동체 및 주변 사회에 강력한 파급력을 발휘함과 동시에 주변 사람들과 공동체지향목표 실천을 교류하는 모습을 보인다. 주변 공동체와의 교류 및 실천 확장을 통해 이들의 공동체지향목표 실천은 개인적 차원에서만 영향력을 가지는 것이 아니라 자신이 속한 공동체, 더 나아가서는 주변 사회에 까지 큰 영향을 미치는 것을 확인할 수 있다. 이렇게 공동체지향목표를 실천한 인물의 영향으로 사회 전체가 새로운 국면을 맞이하고 긍정적으로 변화하기도 한다.

2. 실천가들의 인터뷰 사례 분석

공동체지향목표의 구성 및 발달과정에 대한 이해를 위해 문헌연구와 더불어 실제 자신의 삶의 과정을 통해서 목표를 실현해 오고 있는 사례자들을 대상으로 인터뷰를 실시하였다. 인터뷰를 통해 각 사례 대상자에게 있어 공동체지향적인 삶이 어떤 의미를 가지고 있는지, 또 이와 같은 삶을 살게 된 계기가 무엇인지를 우선 확인하였다. 이후 활동 가운데 어떤 어려움을 겪고 있는지, 또 이 어려움을 어떻게 극복하고 있는지를 확인하였다. 이를 통해 공동체지향목표를 가지고 살아가는 것의 의미와 형성 · 유지 기제를 탐색적인 차원에서 분석하였다.

가. 연구 대상 선정

사례 분석 연구의 일차적 선정기준은 문헌연구를 통해 살펴본 '공동체지향목표의 개념에 부합하는 목표를 삶을 통해 성취해 오고 있거나 성취한 자'로 하였다. 또한 대상자 선정근거의 타당성을 보장하기 위해 관련한 공인분야 수상경력 등이 분명하거나 다수에 걸쳐서 활동의 공공성이 인정된 경우를 사례분석의 대상으로 삼을 수 있도록 하였다.

특히 인터뷰 대상자 선정을 위해서는 관련 보도 자료 및 문헌자료를 통해 대상을 발굴함과 더불어 '공동체지향목표를 실천하는 삶'과 관련되어 있다고 볼 수 있는 주요한 분야의 시상자들을 대상자를 검토하고 이들 중 인터뷰에 적합한 사례자들을 선발하고자 본 연구에서는 '서울시 복지상', '대한민국나눔대상', '아산상'수상자들을 검토하였다.

이러한 일차적 기준에 근거하여 본 연구진이 선정한 사례의 최종 적합성 여부는 본 연구진을 제외한 교육 및 심리학분야의 박사급 연구자 5인의 전문가 집단의 판정을 통해 확인하였다. 이때 전문가는 관련 분야 석사학위 취득 후 5년 이상의 연구경력을 가졌거나, 박사학위 수료 후 2년 이상의 연구경력을 가진 자로 하였는데, 5인의 전

〈표 III-4〉 인터뷰 대상

단체명	인터뷰 대상	주요 활동 내용
AMP Rotaract	이상태	봉사활동
독도레이서	김영주	독도홍보활동
블루크로스청소년의료봉사단	장지인	의료봉사활동
생명을 나누는 사람들	김홍기	장기기증활동
개인	임종근	헌혈봉사활동
생명경외클럽	홍준호 · 이화영	의료봉사활동
청소년폭력예방재단	김종기 · 안병택	학교폭력예방활동
대학연합교육봉사동아리 나래	김동현	봉사활동
구세군 서대문 사랑방	김도진	모금활동, 노숙인봉사활동
대학생연합봉사동아리 키즈유나이티드	장상범	봉사활동

문가가 모두 공통적으로 적합한 사례라고 인정한 사례를 대상으로 인터뷰 및 분석을 실시하였다. 인터뷰에 포함되는 대상자는 〈표 III-4〉와 같다.

나. 분석자료 및 방법

구조화된 면접을 통해 공동체지향목표를 실천하는 사람으로 선정된 사례를 분석하였다. 구체적으로 인터뷰 질문은 (1) 해당 활동이 각 개인의 삶에서 가지는 의미, (2) 해당 활동을 시작하게 된 계기, (3) 해당 활동을 하면서 만족스러웠던 경험과 어려웠던 경험, (4) 본인의 삶에 대한 평가, (5) 단체에 영향을 끼친 사람들, (6) 현재 삶에서 중요하게 생각하는 일, (7) 기타(인터뷰 제의 후 받은 느낌, 청소년에게 전하고 싶은 말 등)로 구성되었다.

자료의 분석은 문헌분석 재사례 방식과 동일하게 Glaser와 Strauss (2009)가 제시한 근거이론(Grounded theory)의 분석방법을 따랐다. 본 분석도 문헌분석과 마찬가지로 개방코딩, 축코딩, 선택코딩을 진행하였다. 분석 결과 핵심범주는 공동체지향목표가 개인의 삶에서 차지하는 의미, 공동체지향목표를 가지게 된 계기, 활동상에서 겪는 어려움, 현재 해당 일을 계속하게 하는 이유와 관련된 내용들로 도출되었다.

다. 분석결과

분석결과 실천가들의 공동체지향목표와 관련된 개념은 (1) 삶에서의 의미, (2) 계기, (3) 어려움, (4) 지속요인 범주로 나타났다. 분석결과를 바탕으로 도출한 모형은 〈표 III-5〉와 같다.

〈표 III-5〉 실천가의 공동체지향목표 관련 개념

삶에서의 의미	계기	어려움	지속 요인
사회적 의미 • 타인에게 도움 • 사회발전 개인적 의미 • 자신의 성장 • 만족감, 성취감	• 주변의 영향 • 가족의 영향 • 종교의 영향 • 개인적인 성찰독서 • 우연한 계기	• 심리적 회의감과 낙담 • 다른 생활과의 충돌 • 사회적 편견과 무관심 • 경제적 어려움 • 단체 내의 갈등	• 활동 자체에서 오는 기쁨 • 도움을 받는 상대로부터의 긍정적 피드백 • 삶에 대한 긍정적 태도와 자부심 • 주변의 지속적인 지지

1) 삶에서의 의미

분석결과 실천가들의 삶에서 공동체지향목표가 가지는 의미는 크게 사회적 의미와 개인적 의미로 나누어지는 것으로 나타났다. 사회적 의미에는 타인에게 도움이 된다는 점, 그리고 사회발전을 가져온다는 점이 포함되었고, 개인적 의미에는 자신의 성장, 만족감, 성취감이 포함되었다.

(1) 사회적 의미

실천가들은 공통적으로 공동체지향목표의 의미로 타인에게 도움이 된다는 점을 꼽았다. 실천가들은 자신의 헌신, 노력을 통해 타인의 삶이 보다 나아지는 것을 긍정적으로 평가하고 있었으며, 이를 자신의 삶의 가치의 하나로 인식하고 있었다. 또한 실천가들은 공동체지향적인 삶을 통해 사회 발전을 이룰 수 있다는 것을 중요한 의미로 생각하고 있었다.

자기 가족이 먹고 살고 누릴 만큼 뭔가를 가지고 있다면, 돈이든, 물질적인 것이든, 가치적인 것이든, 가지고 있다면 그것을 넘치는 건 좀

기부를 해가지고 좀 다 같이 잘 살 수 있는 나눔의 가치가 실현되어야 한다고 생각해요.

—이상태(AMP Rotaract)

이상태는 나눔의 가치를 실현하는 것을 활동의 가장 큰 의미로 꼽았다. 그에 따르면 나눔은 "먹고살 만한 사람"은 누구나 실천해야 하는 일이며, 그렇기에 나눔은 자신의 삶의 의미와 동떨어진 행동이 아니다. 즉 타인을 돕는 일은 자신 삶의 일부인 것이다.

(2) 개인적 의미

공동체지향목표를 추구하는 삶이 개인에게 사회적 의미만을 가지는 것은 아니다. 실천가들은 공통적으로 공동체지향적인 삶을 통해 자신이 얼마나 많은 것을 얻게 되었는지에 대해서 언급했다. 여기에는 활동을 통해 자신이 성장한다는 느낌, 활동을 통해 얻는 삶의 만족감 등이 포함된다.

내 손으로 무언가를 이루고 만들어 갈 수 있는 작은 조직의 활동들 속에서 함께 일하는 방법을 배웠고, 책임감을 배웠고, 소통하는 법을 배웠으며, 타인을 이끌고 함께하는 방법을 배웠습니다. 그리고 무엇보다도 나와 함께하는 이들 덕분에, 내가 하지 않은 것들로부터도 자긍심을 가질 수 있는 축복을 배웠습니다. 우리가 만든 변화들이 타인의 삶에 영향을 끼칠 수 있다는 긍정적 믿음을 가지게 되었습니다. 이 같은 배움의 축복들이 제 삶에 큰 자산임을 믿어 의심치 않습니다.

—김동현(대학연합교육봉사동아리 나래)

편한 것만 추구하는 세상에 몸이 좀 힘들어도 이런 일을 하면은 뭔가를 이루었다는 성취감, 삶의 촉진제가 되고 활력제가 된다는 거죠.

—임종근

열심히 그냥 친구들이랑 재미있게 하다보니까 회장을 하면서도 되게 재미있는 일도 많았고 격주마다 복지관 올 때마다 할머니들 웃으시는 거 보고 그러면 나름 '아 그래도 뿌듯하다'라는 생각을 할 수 있어서, 처음에 왔을 때는 좀 부담스럽기도 했는데, 이제 일상의 일부가 되서 여기 친구들도 그렇고 여기에 격주로 오는 활동도 그렇고, 이제 행복한 일상이 된 거 같아요. 의미는 큰 거 같습니다. 나름 제 학생 생활에서 큰 의미를 차지한다고 볼 수 있는.

—홍준호 · 이화영(생명외경클럽)

김동현은 공동체지향적인 삶이 자신에게 어떤 의미냐는 질문에 대한 답으로 자신이 활동을 통해 어떤 것을 배웠는지에 대해서 이야기한다. 그는 이 활동을 통해 '타인과 함께 일하는 법', '책임감', '소통하는 법' 그리고 '자신의 변화가 타인의 삶에 영향을 끼칠 수 있다는 긍정적 믿음'을 가지게 되었다고 고백한다. 이런 점에서 공동체지향적인 삶은 그것을 실천하는 개인에게 하나의 성장의 기회가 된다는 점을 확인할 수 있다. 임종근과 홍준호 · 이화영은 공동체지향적인 삶이 자신에게 주는 성취감, 만족감에 주목한다. 그들의 고백에 따르자면 공동체지향적인 삶은 흔히 생각하듯 마냥 희생하기만 하는 삶은 아니다. 오히려 공동체지향적인 삶은 개인에게 기쁨이자 만족감의 근원이 된다. 이는 공동체지향목표와 관련하여 주목해야 할 사실 중 하나이다.

선행연구들 또한 공동체지향적인 삶이 사회발전뿐만 아니라 개인의 삶에 있어서도 만족감을 높인다는 사실에 주목한다. 이는 이 과정에서 개인들이 느끼는 행복감과 관련이 있다. 사람은 타인을 도움으로써 자신의 존재가치를 느끼고, 자신의 삶의 의미를 찾게 된다. 이런 점에서 보자면 공동체지향적인 삶을 사는 것은 개인의 웰빙과도 밀접한 관련이 있다.

2) 계기

분석의 두 번째 축은 실천가들이 공동체지향적인 삶을 살게 된 계기와 관련이 있다. 이들은 어떤 계기로 공동체지향적인 삶을 살게 되었을까? 실천가들은 공통적으로 공동체지향적인 삶을 살게 된 계기에 대해 언급했지만, 이 계기가 모두 동일한 것은 아니었다. 실천가들은 서로의 삶의 결이 다른 것만큼이나 다양한 계기를 통해 공동체지향적인 삶을 살게 되었다.

(1) 주변의 영향

다양한 계기 중 가장 많은 빈도를 보인 것은 주변의 영향이었다. 여기에는 직접적으로 주변 사람이 활동을 추천한 경우도 있었고, 간접적으로 주변 사람의 활동을 관찰하고 호기심이 생겨 참가하게 된 경우도 있었다.

> 당시에 같이 이야기를 많이 나눌 수 있는 친한 형이랑 같이 살고 있었는데, 그 형이 자기가 소속된 동아리에서 독도레이서라는 프로젝트를 한다면서 이제 저를 거두고 같이 독도레이서를 해보지 않겠느냐 제안을 했던 것이 계기가 됐어요.
>
> —김영주(독도레이서)

> 제가 싸이클을 되게 좋아해요. 자전거 동아리도 들고 그랬는데, 자전거 인들이 자주 사용하는 커뮤니티가 있는데, 거기에 딱 글이 올라온 거예요. 버스 정류장 보면 노선도가 나와 있는데 현재 위치가 빨간색으로 붙어 있고, 버스가 가는 방향이 화살표로 되어 있잖아요. 들어보셨겠지만, 그걸 개인이 3년 동안 자전거 타고 다니면서 다 붙인 거래요. 그래서 그게 자전거 커뮤니티에 다 알려져서, 그분이 이제 서울시 표창도 받으시고 좋은 일을 하신 분인데, 그런 걸 보면서, 제가 좋아하는 게 자전거기도 하고, 나도 이런 사람을 도울 순 없을까, 그렇다면 나도 이 사람처럼 공익에 기여하는 뭔가를 해보자. 그러한 계기로 만들게 된 거예요.
>
> —이상태(AMP Rotaract)

그는 따르고 지내던 형의 권유로 활동을 시작한 사례로, 본 연구에서 전형적으로 나타난 경우였다. 이 외에도 여러 사람들이 중요한 타인들의 권유가 이 일을 하게 되는 데 큰 영향을 끼쳤다고 언급했다. 이상태는 주변 사람들의 실천하는 모습을 우연히 알게 된 것이 활동을 시작하게 된 원인이 되었다고 말한다. 한 온라인 카페에서 다른 사람의 실천담을 접한 것이 그가 모임을 만들고 공동체지향적인 행동을 하게 된 첫 출발이 되었다.

주변 사람 중 가장 빈번히 언급된 사람 중 하나는 가족이었다. 여기에는 가족의 죽음과 같은 충격적인 사건에서부터 일상적인 부모의 실천의 영향까지 다양한 형태가 있었다. 청소년폭력예방재단 이사장인 김종기가 청소년폭력예방 문제에 본격적인 관심을 두게 된 결정적인 계기는 학교폭력으로 인해 아들의 죽음을 경험하게 된 것이 가장 컸다.

내 아들이 자살해서 죽었어요. 간단히 얘기하면. 내 아들이 학교폭력으로 죽었어요. 18년 전에. 그래서 모든 내 삶을 바꾸고 운명을 바꿔서 이 일을 하기 시작한 거예요.

—김종기(청소년예방재단)

장상범의 경우는 실천하는 가족을 보고 자란 것이 영향을 끼친 경우이다.

활동을 하게 된 계기는, 가족 중 한 분이 이 활동을 하고 있었는데, 그분이 활동하던 사진들을 보니 병원에서 휠체어를 타고, 주사바늘을 달고 다니는 아이들이 자신이 만든 작품을 들고 해맑게 웃는 모습을 보고 굉장히 순수하고 행복한 웃음 같아보여서 한참을 보았습니다. 원래 아이들을 좋아하던 저로서는 일반인들은 잘 만나지 못할 환아들의 순수한 웃음을 위해 얼마 없는 재능을 기부해야겠다는 생각이 들어 시작하게 되었습니다.

—장상범(키즈유나이티드)

(2) 종교의 영향

종교 또한 활동을 시작하게 되는 중요한 계기로 작용을 했다. 비록 참여자들의 종교는 다양했지만, 종교 활동에서의 경험이 공동체지향적인 삶을 사는 데 끼친 영향은 동일했다. 종교의 삶은 본래적으로 공동체지향적일 수밖에 없다. 위대한 종교의 스승들은 공통적으로 타인을 위한 삶을 가르치기 때문이다. 이런 점에서 본다면 종교가 공동체지향적인 삶에 영향을 끼친다는 사실은 수긍이 가는 측면이 있다.

그래서 그때쯤에 가톨릭 영세를 받으면서 저한테 그 말씀에 수녀님이 평생 스스로 다짐을 해보라 하시더라고요. 한 가지를, 그 당시에 제가 헌혈을 세 번 정도 했었는데 가치가 있다고 생각했어요. 조금 아프더라도, 내가 잠깐 아프면 누군가 혜택을 볼 수 있는 것이니까요. 그걸 깨달았어요. 그때 스스로 다짐을 했어요. 종교적으로 보면 하나님한테 다짐을 한 거고, 저는 스스로에게 평생 이걸 하겠다. 평생 이것을 지키기 위해 노력하겠다.

—임종근

저는 그냥 맨 처음에는 98년도에 일을 하다가.. 회사를 그만두고 이 일을 시작했고요. 어렸을 때부터 교회를 다녔어요. 구세군 교회를 다녔거든요. 다니면서 가장 좋았던 거는 자선냄비에요. 그런 활동을 하는 것이 너무 좋았어요.

—김도진(구세군 서대문 사랑방)

(3) 개인적인 성찰 · 독서

주변의 영향보다는 적었지만 성찰 · 독서를 통해 활동을 시작하게 된 경우도 나타났다. 그러나 이 또한 전적으로 개인의 노력만으로 가능한 것은 아니었다. 성찰 · 독서의 계기 또한 외부에서 주어지는 경우가 많았기 때문이다.

그때 한국과 동아시아라는 수업을 들었어요. 물론 저는 수업에 대한 전반적인 이해가 무척 부족했지만 교수님이 추천하시는 도서들이 꽤 있었어요. 이런 것이 되게 큰 인상을 줬었고, 이것이 너희들에게 큰 영향을 미칠 것이라 이런 식으로 추천을 해주셨는데, 그중에 인상 깊었던 것이 조영래 변호사가 쓰신 '전태일 평전'이었거든요. 그때에 읽으면서 좀 여러 생각이 들더라고요. 공부를 하는 것도 매우 중요하고 잘하는 것도 중요한데, 다른 사람을 위해 사는, 그런 삶의 모습이 굉장히 부럽더라고요. 자신이 느끼고 있고, 자신이 중요하다고 느끼던 것을, 본인이 문제가 있다고 생각하는 사항에 대해서 끊임없이 걸어가고. 거기에 자신의 삶을, 내가 마주하고 있는 문제를 적극적으로 해결하고자 하는 모습이 사회에 영향을 주었고, 영향을 미쳤구나, 이런 모습을 보면서, 내가 지금 가장 크게 느끼고 있는 문제를 파악하고 거기서 시작을 하는 것이 큰 도움이 될 수 있겠구나 이런 생각을 했어요.

—김영주(독도레이서)

김영주의 경우가 대표적인 경우이다. 김영주는 선배의 권유에 따라 활동을 시작했지만, 그 전에도 공동체지향적인 삶에 대한 나름의 고민이 있었다. 여기에는 수업시간에 추천받은 몇 권의 책이 중요한 역할을 한다. 공동체지향적인 삶을 산 대표적인 인물인 전태일의 삶을 그린 책을 통해 그는 공동체지향적인 삶에 대해서 고민하고 성찰하는 시간을 가질 수 있었다. 이는 사회 문제에 대한 그의 관심과 맞닿게 된다.

(4) 우연한 계기

공동체지향적인 삶을 살게 된 계기와 관련하여 주변의 영향보다 더 빈번히 언급된 단어는 사실 '우연'이었다. 많은 참여자들은 계기를 설명하는 과정에서 '우연히' 이런 계기를 가지게 되었다는 사실을 강조했다.

저 또한 마찬가지입니다. 학생회의 경우 우연한 기회에 선거관리위원회 위원을 맡게 되면서 만난 당시 학생회장 누나가 들려준 이야기와 사람들에 끌려서 시작하였습니다. 나래의 경우, 후배의 손에 이끌려간

오리엔테이션 자리에서 들은 이야기와 모습들에 끌려 시작하게 되었습니다.

—김동현(대학연합교육봉사동아리 나래)

김동현의 예에서 김동현이 대학연합교육봉사동아리에 가입하게 된 과정은 우연의 연속이다. 우연히 선거관리위원회에 들어가게 되었고, 거기서 우연히 교육봉사동아리 활동을 하는 선배를 만나게 되었고, 그 일이 인연이 되어 활동을 하게 된 것이다. 물론 이를 순전히 우연으로 인한 것으로만 설명할 수는 없을 것이다. 동일하게 우연적인 일을 겪었더라도 다른 사람이라면 지금과 같은 삶을 추구하지 않았을 수도 있기 때문이다. 그러나 이와 같은 우연한 사건이 없었더라면 지금과 같은 일을 하고 있었을지에 대해서는 장담할 수 없다는 점에서 우연 또한 공동체지향적인 삶을 살아가는 데 중요한 역할을 담당한다는 것은 분명하다. 앞서 언급한 많은 계기들과 마찬가지로 우연 또한 다른 요소와 서로 상호작용하는 하나의 요소이다.

3) 어려움

공동체지향목표를 실천하는 일이 항상 행복한 것만은 아니다. 타인을 위한 삶을 사는 과정은 자신을 위한 삶을 사는 과정보다 훨씬 더 많은 희생과 어려움을 야기하기 때문이다. 분석 결과 참여자들 또한 공동체지향목표를 실천하는 과정에서 다양한 어려움을 경험하는 것으로 나타났다. 여기에는 개인 내적인 어려움과 다른 개인들과의 관계에서 겪는 어려움 그리고 단체 수준에서 겪는 어려움들이 복합적으로 나타났다.

(1) 심리적 회의감과 낙담, 다른 역할과의 충돌

다른 일상적인 활동과 마찬가지로 공동체지향목표를 추구하는 과정에서도 개인은 심리적 회의감과 낙담을 겪곤 한다. 특히 상대적으로 열악한 처지는 이런 심리적 회의감과 낙담을 높이는 데에 중요한 역할을 한다.

> 꼭 현재의 법인이 아니더라고 모든 사회복지 및 비영리영역에서 겪게 되는 가장 큰 어려움은 '소진'과 '회의감' 그리고 '처우'가 되겠지요. 상대적으로 열악하고 소규모인 근무현장과 Work가 아닌 Practice의 속성을 가지고 근무하다 보면 쉽게 소진되기도 하고, 영리영역처럼 이윤을 목적으로 하는 것이 아니라 '가치'와 '실현'을 목적으로 하다 보니 미묘한 부분에서 갈등이 생겨나기도 합니다. 간혹 클라이언트로부터 상처를 받기도 하구요. 마지막으로 '처우'는 가장으로서 직업유지에 대해 늘 진지하게 고민하게 만드는 요소입니다.
>
> —김홍기(생명을 나누는 사람들)

김홍기의 사례에서는 가장으로서의 역할과 공동체지향적인 삶 간의 충돌에 대한 설명이 나온다. 가장으로서 경제적 책임을 져야 하는 역할과 '가치 실현'을 위해 낮은 처우를 견뎌야 하는 역할을 병행하는 과정에서 때로 갈등을 경험하는 것이다. 만약 활동을 전업으로 삼는 경우가 아니면 다른 활동과 공동체지향적인 활동 사이에 균형을 잡는 것이 중요해진다. 특히 학생의 경우 다른 활동과의 병행이 더욱 버거울 수 있다. 장지인의 사례가 이를 잘 보여준다.

> 시간 관리입니다. 아직 학생이라 해야 할 것들이 많은데.. 일반학교에서는 학교 외 활동을 인정받기가 힘듭니다. 봉사단 활동뿐 아니라 학

교 내 활동도 활발히 하고 있고, 성적관리도 하려면 정말 시간 관리를 잘해야 합니다. 또한 1학년 때 성적이 떨어지면서, 어머니는 강하게 봉사단활동을 반대하셨습니다. 저는 포기하려는 생각을 해 본 적은 없지만, 어떻게 이 난관을 피해갈까 고민은 했었습니다.

—장지인(블루크로스 청소년의료봉사단)

장지인은 학생임에도 불구하고 학교 밖에서 활발히 봉사활동을 하지만 봉사활동 경험을 모두가 인정해주는 것은 아니다. 여전히 봉사활동보다 성적이 중요한 현실에서 자칫 성적이 떨어질 경우 봉사활동은 그만둬야 할 것이 되며, 이에 따라 개인은 봉사활동을 지속하기 위해서는 성적을 유지해야 한다는 압박에 시달리게 된다. 이 또한 활동의 어려움의 일부이다.

(2) 사회적 편견과 무관심

공동체지향목표는 사회를 변화시키고자 하는 열망과 관련이 있다. 이들이 낮은 처우에도 불구하고 이 목표를 추구해 가는 이유는 이것이 사회적으로 의미가 있다는 것을 믿고 있기 때문이다. 그렇기 때문에 이들이 활동에서 가장 크게 스트레스를 받는 것은 자신이 하는 활동을 세상이 인정하지 않거나, 이 활동에 대해 왜곡된 시선을 보낼 때이다.

학교폭력 문제는 국가가 10년 동안 거부했던 일이에요. 학교폭력이 없다고. 학교폭력이 없는데 당신이 왜 시끄럽게 하느냐, 이럴 때 굉장히 힘이 들었어요. 학교 폭력 용어가 인정된 게 2004년도죠, 내 아들이 죽은 게 95년이고, 그만큼 국가나 사회나 말도 안 되게 했죠.

—김종기(청소년폭력예방재단)

편견이죠. 세상의 편견. 뭐냐면, 일반인들이 노숙인을 바라볼 때, 그리고 장애인을 바라볼 때 가장 심각한 게 뭐냐면, 다들 봉사활동을 해야 한다고 하면서 막상 자기 집 근처에 복지 시설이 들어온다고 하면 다들 난리가 나요. 사실 그런 시설이 없으면 자원봉사를 할 수가 없잖아요. 근데 다들 그런 시설이 들어오면 다들 싫어해요. 땅값 떨어지고 집값 떨어진다고. 저는 자원봉사를 한다는 거 자체를 중요하게 생각하진 않아요. 이런 편견이 없어지면 같이 더불어 공동체생활을 할 수 있게 되는 거죠. 인식 자체가 노숙인이라고 하면 '어우 지저분해', '쟤네는 일 안 해', 이런 생각을 하죠. '우리한테 해코지 할지도 몰라'.

—김도진(구세군 서대문 사랑방)

사회적인 편견이 있죠. 헌혈에 대해 부정적인 인식이 있어서, 왜 너만 헌혈을 하냐? 이런 식으로 쳐다보는 거죠. 잘 먹지도 못하고 공장 다니는 주제에, 이런 식으로 비아냥거리면서.

—임종근

김종기는 아들의 죽음 이후 오랫동안 학교폭력 문제를 해결하기 위해 노력했지만, 관련 당사자들로부터 인정을 받지 못했고 이는 그의 활동에 있어 가장 큰 어려움이었다. 김도진은 노숙인을 바라보는 다른 사람들의 편견에 찬 태도가 활동에 있어 가장 큰 어려움이라 말한다. 그가 활동을 하는 중요한 이유 중 하나는 이런 편견을 줄이기 위해서이지만 마음처럼 쉽지는 않다. 이 과정에서 그는 심리적으로 상처를 받곤 한다. 임종근은 선의로 하는 자신의 헌혈이 타인에게 왜곡된 모습으로 비춰졌을 때 상처를 받았다고 고백한다. 특히 자신의 행동을 행동 그 자체로 보지 않고, 자신이 가진 이면의 배경에 의해 재단 받았던 경험이 그에게 큰 상처로 남았고, 이는 활동을 지속하는

데 심리적인 부담으로 작용했다.

(3) 경제적 어려움

앞서 언급했듯 공동체지향목표를 추구하는 개인, 사회는 경제적으로 열악한 처지에 처할 때가 많다. 활동 자체가 수익을 목적으로 하지 않기 때문이기도 하지만, 활동 과정에서 경제적으로 풍족한 대접을 받는 것에 대해 내・외에서 경계의 시선을 보내기 때문이다. 그 결과 이들은 항상 경제적 어려움에 시달린다.

> 또 경제적인 부분? 왜냐면 저희가 활동할 때 사실상 거의 지원을 못 받고 나갔었거든요. 거의 600만 원 정도? 1인당 600만 원씩 들였어요. 친구들을 설득시킬 때 좀 힘들었죠.
>
> —김영주(독도레이서)

> 정부 지원금 없이 독립적으로 조직을 운영하는 점이 어렵습니다.
>
> —안병택(청소년폭력예방재단)

김영주는 독도 홍보 활동 비용을 전적으로 자비로 부담했어야 했다. 이는 대학생 수준에서는 부담되는 비용이었지만, 그는 활동의 당위성을 바탕으로 주위 친구들을 설득해 나갔다. 안병택 또한 정부 지원금 없이 활동을 하는 것의 어려움을 이야기한다. 그동안 정부가 하지 못했던 청소년폭력예방이란 공익적 일을 하고 있지만, 이에 대해 정부의 지원금을 받지는 못하고 있는 것이다. 물론 이들이 경제적 이유로 활동을 벌이는 것은 아니지만, 활동을 위해서는 최소한의 경비는 필요하다. 그러나 이를 마련하는 일은 쉬운 일이 아니며 이는 활동을 유지하는 데 큰 어려움으로 작용한다.

(4) 단체 내의 갈등

본 연구 사례의 경우 대다수가 단체 수준에서 공동체지향목표를 추구하고 있었다. 단체 활동은 결집의 효과를 내기도 하지만, 동시에 단체 내 갈등의 가능성을 항상 가지고 있을 수밖에 없다. 이들 또한 다양한 형태의 단체 내 갈등을 경험해왔으며, 이 갈등이 활동에 있어 큰 어려움 중 하나라고 토로했다. 여기에는 김영주의 사례처럼 단체 성립 초기에 아직 서로에 대한 이해가 부족해서 발생하는 경우도 있고, 장상범의 경우처럼 활동의 진정성에 있어 개인 간 차이와 같이 보다 미묘한 문제로 인해 발생하는 경우도 있었다.

> 제일 힘들었던 건 친구들하고 함께 활동하는 것이 힘들었죠. 왜냐면, 저희가 오랫동안 서로 알아왔던 친구들이 아니라서, 전체적으로 팀이 꾸려진 게, 아웃라인이 그려진 게 출발하기 네 달 전이었었고, 그러다 보니까 팀 빌딩을 하는 데 여러 애로사항이 있었죠.
>
> —김영주(독도레이서)

> 진정으로 누군가를 위해 봉사하는 사람이 얼마나 될지 생각이 들기도 했습니다. 단체의 시선으로 봤을 때 이렇게 점점 개인주의처럼 돌아가는 봉사자들의 자세로 인해 잠시나마 동아리가 어려움을 겪었었습니다.
>
> —장상범(키즈유나이티드)

4) 지속요인

공동체지향목표를 추구하는 것이 어려움을 야기한다고 해서 참여자들이 이런 삶을 더 이상 추구하지 않는 것은 아니었다. 이들은 이런 어려움에도 불구하고 지속적으로 공동체지향목표를 실천하는 삶을 이어가고 있었다. 무엇이 이러한 실천의 지속을 가능하게 했을까? 공동체지향목표와 관련된 네 번째 축은 지속요인과 관련이 있다. 지속요인은 목표를 지속적으로 추구하는 것과 관련이 있다는 점에서 공동체지향목표를 가지게 된 계기와는 구분된다. 어떤 행동을 지속하기 위해서는 처음 그 행동을 시작하게 된 계기와는 다른 요인이 필요하다.

(1) 활동 자체에서 오는 기쁨 · 도움을 받는 상대로부터의 긍정적 피드백

첫 번째 범주는 활동 자체에서 오는 기쁨과 관련이 있다. 어려움에도 불구하고 이들은 활동 자체에서 '보람'과 '성취감'을 느끼고, 이런 긍정적인 피드백을 바탕으로 활동을 지속해 갈 힘을 얻게 된다. 장상범은 도움을 준 아이가 자신을 기억해줬다는 사실에서 행복감을 느꼈다고 말한다. 이를 통해 그는 자신의 행동이 아이에게 끼친 긍정적 영향을 확인하고, 자신의 하는 일의 가치를 새삼 확인할 수 있었다. 김홍기 또한 유사한 경험을 이야기한다. 그는 낮은 처우에도 불구하고 이 일을 계속 할 수 있는 힘을 도움을 준 상대로부터 받은 감사의 인사에서 찾는다.

> 오랜만에 본 아이가 자주 보지 못하는 저를 기억하고 반가워하는 것도 너무 좋았고, 함께 뭔가를 만들고 그리는 것 자체에 재미를 느끼고, 완성된 작품을 보고 너무 행복해 하는 모습에 '아이들을 위해 무언가를

해줬다는 그 자체'가 너무 만족스러웠습니다. 제가 타인에게 행복을 줄 수 있다는 그 자체만으로도 저 또한 기분이 좋아지고 마음이 뿌듯해지는 게 저도 같이 마음이 편안해지는 점이 만족스럽게 해줬던 것 같습니다.

—장상범(키즈유나이티드)

클라이언트, 즉 지원 대상자가로부터 진심이 담긴 감사의 인사를 들었을 때입니다. 다른 직업에 비해 급여 등의 처우 수준이 낮다는 점에서 결국 '보람'과 '성취감'이라는 요소가 직업 만족도에 커다란 영향을 미칠 수밖에 없지요.

—김홍기(생명을 나누는 사람들)

이처럼 활동의 어려움에도 불구하고 자신이 의미 있는 일을 하고 있다는 사실을 새삼 발견하게 해주는 경험을 통해 이들은 활동을 지속해 갈 힘을 얻는다. 이는 활동에 어려움을 야기하는 사회적 편견과 무관심을 반증하는 사례이자, 경제적 어려움 등을 극복하는 심리적 에너지로 작용하기 때문이다.

(2) 삶에 대한 긍정적 태도와 자부심

활동에서 오는 기쁨, 도움을 받는 상대로부터의 긍정적 피드백이 외적인 요인이라면 삶에 대한 긍정적 태도와 자부심은 내적인 요인이라 할 수 있다. 공동체지향적인 삶을 지속적으로 이어가는 사람들은 공통적으로 자신의 삶과 활동에 대한 긍정적 태도와 신념, 자부심을 가지고 있었다. 이들은 삶에 대한 긍정적인 태도와 자부심을 바탕으로 활동에서 부딪히는 문제들에 적극적으로 대처하고 있었다.

이상태는 열등감을 느낄 때마다 자신에게 도움이 되는 방향이 무엇인지에 대해 생각함으로써 열등감에서 벗어나고자 노력한다. 홍준호와 이화영은 남을 돕는다는 것에 자부심을 느끼고, 정작 팀 내의 다른 사람을 돕지 못하는 현실을 안타까워하고 해결하고자 노력한다. 이는 자신에 대한 긍정과 자신이 하는 일에 대한 자부심이 없이는 어려운 일이다. 이런 점에서 이들이 가지고 있는 개인적 특징 또한 이 활동을 유지하는 데 중요한 영향을 끼치고 있음을 확인할 수 있다.

> 그래서 그런 면에서 보면 불만은 없는 거 같아요. 물론 사람이 자기보다 나은 사람을 보면 물론 당연히 열등감도 느끼고 저렇게 되고 싶다 이런 걸 느끼지만 고등학교 때 본 그 책이 너무 크게 와 닿아가지고, 맨날 이렇게 보면 1등 아닌 사람들은 전부 다 불행해야 하나? 이런 생각이 들더라구요. 이런 생각을 가지는 것은 사회에도 도움이 안 되고 저한테도 도움이 안 되고, 그런 생각이 들어서 저는 삶에서 만족하고 살려고 노력하고 있습니다.
>
> —이상태(AMP Rotract)

> 불화는 없는 편인 거 같아요. 일단 저희가 하는 게 남을 돕는 거잖아요 기본적으로는, 그 생각하면서 같이 일하는 사람들끼리 서로 힘들어도 이해를 하자 이런 분위기라. 가끔 날이 설 때도 있긴 하지만요.
>
> —홍준호 · 이화영(생명외경클럽)

(3) 주변의 지속적인 지지

처음 공동체지향목표를 가지게 될 때부터 강하게 영향을 끼쳤던 주변의 영향은 활동을 지속하는 데 있어서도 지속적으로 중요한 영향을 끼쳤다. 사실 공동체지향목표를 추구하는 과정은 끊임없이 타인을 만나는 과정이다. 여기에는 단순히 자신이 도움을 주는 상대만이 아니라, 이외에 자신이 책임져야 할 사람들, 자신에게 의미 있는 타자들 또한 포함된다. 공동체지향목표가 개인의 경제적 희생을 일정 정도 요구한다는 점에서 가족과 같은 후자의 사람들이 지속적으로 지지를 보여주는지 여부는 활동을 지속하는 데 중요한 역할을 담당한다. 김홍기의 사례는 이를 잘 보여준다. 그는 딸이 자신의 활동을 지지한다는 데서 큰 힘을 얻는다고 말한다.

> 개인적으로는 첫째 아이, 큰 딸입니다. 4~5년전쯤 이직(영리분야)에 대해 큰 고민을 할 때, 딸 아이가 어린이 집에서 친구들에게 '우리 아빠는 많이 아픈 친구들이 잘 치료 받을 수 있게 도와준다'고 자랑스럽게 설명하는 모습에서 감동의 쓰나미가 몰려오더군요. 지금까지 비영리분야 일을 계속하게 된 건 120% 딸 아이 덕분입니다.
>
> –김홍기(생명을 나누는 사람들)

라. 소결

지금까지 실천가들과의 인터뷰를 통해 공동체지향목표를 실천하는 과정이 이들에게 의미하는 것이 무엇인지를 분석했다. 분석 결과 이들에게 공동체지향목표와 관련된 핵심 축은 (1) 삶의 의미, (2) 계기, (3) 어려움, (4) 지속 요인으로 나타났다. 삶의 의미에서는 타인에게 도움, 사회발전과 같은 사회적 의미와 함께 자신의 성장, 만족감, 성취감과 같은 개인적 의미가 나타났다.

계기의 경우 가족을 비롯한 주변의 영향력, 종교의 영향, 개인적인 성찰・독서가 중요한 계기인 것으로 나타났다. 단, 이때 각 계기들이 서로 독립적으로 영향을 끼치기보다는 서로 교차적으로 영향을 끼치고 있었다. 특히 각 계기들은 우연적인 측면을 반영하고 있었다. 개인들이 활동을 시작하게 된 계기는 내정된 필연적인 운명보다는 우연히 일어난 사건에 가까웠다.

활동 중에 겪는 어려움으로는 심리적 회의감과 낙담, 다른 생활과의 충돌, 사회적 편견과 무관심, 경제적 어려움, 단체 내의 갈등이 주요 범주로 나타났다. 각각은 공동체지향목표가 사회에서 어떻게 인식되고, 지원받고 있는지와 관련된 경우가 많았다. 즉 사회적으로 이들 활동에 대한 인식이 낮거나, 지원의 정도가 미미한 경우 이와 같은 어려움을 더 많이 겪는 것으로 보인다.

이런 어려움에도 불구하고 이들은 공동체지향적인 삶의 목표를 지속적으로 추구하고 있었다. 여기에는 활동 자체에서 오는 기쁨, 도움을 받는 상대로부터의 긍정적 피드백, 삶에 대한 긍정적 태도와 자부심, 그리고 주변의 지속적인 지지가 영향을 끼치고 있었다. 이들은 이런 요인을 바탕으로 자신이 하는 일의 의미를 재확인하고, 지속적인 실천의지를 다질 수 있었다.

본 연구에서 흥미로운 것 중 하나는 공동체지향목표의 실천이 단순히 사회에만 도움이 되는 것은 아니라는 점이다. 참여자들은 공통적으로 공동체지향목표의 실천이 자신의 삶의 만족을 높이고, 성장에 기여한다는 사실을 강조했다. 이는 공동체지향목표의 실천이 사회적으로 의미 있을 뿐만 아니라, 개인에게도 의미 있다는 것을 뜻한다. 따라서 우리는 공동체지향목표를 강조함으로써 사회의 발전을 도모할 수 있을 뿐만 아니라 개인의 행복한 성장 또한 가능하게 할 수 있다. 이는 향후 공동체지향목표의 교육과 관련해서 보다 강조될 필요가 있다. 즉 우리가 쉽게 생각하듯 공동체지향목표는 개인의 희생을 필요로 하는 고통스러운 행위가 아니라는 사실을 보다 부각시킬 필요가 있다.

또한 공동체지향목표를 가지게 된 계기에 있어 주변이 큰 영향을 끼친다는 사실에도 주목할 필요가 있다. 본 연구에서 드러난 사실만으로 추론한다면, 공동체지향목표는 타고난 소수의 사람들이 추구하는 목표가 아니다. 오히려 특정한 계기를 통해 생겨나는 것으로 이해하는 것이 더 옳으며, 여기에는 주변 사람들이 어떻게 행동하느냐가 중요한 영향을 끼친다. 이는 공동체지향목표를 실천하는 과정에서 겪는 어려움 및 유지요인과 함께 이해되어야 한다.

공동체지향목표를 실천하는 과정에서 겪는 어려움의 대다수는 주변에서 이 활동을 얼마나 인정하고 지원하느냐와 관련되어 있었다. 따라서 우리 사회가 공동체지향목표를 추구하는 개인들을 격려하기 위해서는 이들을 둘러싼 외부 환경들을 보다 우호적으로 만들어야 한다. 공동체지향목표에 우호적인 환경은 그 자체로 공동체지향목표를 추구하는 개인들의 어려움을 덜 뿐만 아니라 이들이 이 목표를 지속적으로 추구하는 과정에도 영향을 끼칠 수 있다. 또한 우호적인 환경은 새롭게 공동체지향목표를 가지게 되는 계기로도 작용할 수 있다. 공동체지향목표의 가치에 대한 사회적 차원의 인정과 관심, 심리적, 경제적 지원의 형태가 그 일례가 될 수 있을 것이다.

IV

한국 청소년들의 공동체지향목표 인식 실태 조사

Ⅳ. 한국 청소년들의 공동체지향목표 인식 실태 조사

1. 1차년도 공동체지향목표 인식 실태 조사

가. 조사개요

공동체지향목표에 대한 개념적인 검토를 바탕으로 우리나라 청소년들이 가지고 있는 공동체지향 목표 인식 수준을 조사하고자 중·고·대학생을 대상으로 조사연구를 실시하였다.

청소년의 범위는 '청년과 소년'을 아우르는 말로 '청소년 기본법'에서, 9세 이상 24세 이하인 사람을 일컫는데 이 중 본 연구에서는 청소년의 범위를 청소년 기본법에서 지정하는 '중·고·대'학생만을 조사에 포함하였다.

응답자는 서울 및 수도권에 거주하는 중학생과 고등학생 그리고 대학의 학부생들로서, 조사 결과 본 설문에 포함된 대상은 총 1,357명으로 중학생 440명, 고등학생 590명, 대학생 327명이었으며 이 중 응답이 불성실하거나 이상 체크를 한 응답자를 제외하고 1,340명을 분석에 포함하였다. 이후 성별에 응답하지 않은 24명을 제외한 남학생 632명(48.0%), 여학생 684명, 총 1,316명을 최종 분석에 포함하였다.

〈표 IV-1〉 학교급별 응답자 분포

	빈도(명)	%
중학교	432	32.2
고등학교	581	43.4
대학교	327	24.4
합계	1,340	100.0

〈표 IV-2〉 성별 응답자 분포

구분	빈도(명)	%
남	632	47.2
여	684	51.0
합계	1,316	98.2

〈표 IV-3〉 학교급/성별 응답자 분포

구분			성별		전체
			남	여	
학교급	중학교	빈도	307	113	420
		(%)	73.1%	26.9%	100.0%
	고등학교	빈도	172	402	574
		(%)	30.0%	70.0%	100.0%
	대학교	빈도	153	169	322
		(%)	47.5%	52.5%	100.0%
전체		빈도	632	684	1,316
		(%)	48.0%	52.0%	100.0%

나. 조사방법

1) 조사도구

청소년들의 공동체지향 목표와 관련된 인식 실태 조사를 위한 조사도구는 앞서 진행된 문헌연구 및 사례분석을 통해 검토된 '공동체지향목표'의 특성을 확인할 수 있도록 스토리텔링 방식의 문항으로 구성된 조사도구를 개발하였다. 스토리텔링 방식의 문항들은 '문제상황'을 설정하고 해당 경우에 어떤 선택을 할 것인지를 고르도록 하여 이를 통해 학생들이 가진 '공동체지향목표'의 특성을 확인할 수 있도록 개발된 것이었는데, 이를 통해 학생이 가진 삶의 목표 범위, 공동체지향목표 유형, 공동체지향목표의 내재화 수준 및 파급 범위에 대한 학생들의 인식 수준을 측정하였다. 조사문항은 총 12문항으로 구성하였으며, 응답형태는 문항에 따라 선택형과 자유응답형 모두를 사용하였다.

본 조사에 포함된 문항의 세부구성은 〈표 IV-4〉와 같다.

〈표 IV-4〉 조사 도구의 구성 및 문항 내용

유형	주요 내용	문항수
선택형	삶의 목표 선정 시 고려 범주	1
	공동체지향목표 유형	4
	공동체지향 삶에 대한 견해	1
	공동체 소속감 및 실천의지 정도	1
	개인 삶의 사회 파급력 기대	1
자유응답형	개인의 삶의 목표	1
	공동체지향목표 실천방법	1
	공동체지향목표 실천가/ 그들에 대한 견해	1

2) 조사절차

본 연구의 조사는 2013년 6월 20일부터 3주간 실시되었다. 중고생 대상의 조사는 대상 학교의 교사에게 본 조사의 목적과 내용을 충분히 안내한 후 이에 대한 동의 절차를 획득하여 교사의 도움을 통해 오프라인으로 설문이 실시되었다.

대학생의 경우에는 조사대상자의 조사 방법 선호 유형 및 조사시기의 특성(방학기간)으로 인해서 오프라인 조사와 더불어 'Google Docs'을 이용한 온라인 조사를 동시에 진행하였다.

다. 주요 조사결과

1) 삶의 목표 선정 시 고려 범주 분석

우선 개인이 삶의 목표를 선정할 때 우선적으로 고려하는 범주가 어디까지 포함되어 있는가를 알아보기 위해 다음과 같은 상황문을 제시하고 이 중 개인이 고려하는 목표범주의 유형을 선택하도록 하였다.

> Q. 어느 날 밤에 좋은 꿈을 꾼 당신은 갑작스럽게 복권에 당첨되어 어마어마한 액수의 돈을 받게 되었다. 평생 동안 부귀영화를 누릴 수 있을 정도의 엄청난 액수의 당첨금이 생긴 나는 다음 중에 어느 선택을 할 것인가?

문항에 대한 보기로 연구진은 '내가 하고 싶었던 일들을 확인하고 하나씩 한다', '나와 주변 가족들이 행복을 누리는 것에 우선순위를 둔다', '내가 속한 사회 및 공동체의 행복을 위해 할 수 있는 일을 생각해본다'의 세 가지를 제시하였다.

삶의 목표 선정 시 고려 범주와 관련된 본 문항의 분석 결과 학생들이 목표 설정 범주로 선택한 것은 '나와 주변가족(50.3%), 나(44.5%), 사회/공동체(5.2%)' 순이었다. 이러한 선택의 순서는 남학생과 여학생에서 동일하게 나타났으나, 남학생과 여학생 집단별 선택의 빈도차이는 통계적으로 유의하였다.

또한 학교급별로 살펴보면 중학교, 대학교에서는 '나와 주변가족'을 삶의 목표 설정의 범주로 지정하는 비율이 각각 51.4%, 53.4%로 가장 높게 나타났다. 그런데 고등학생들의 경우 중학생이나 대학생에 비해서 '나'만을 삶의 목표의 범주로 선택하는 비율이 다소 더 높게 나타나는 결과를 보임을 확인할 수 있었다. 그러나 이러한 빈도의 차이가 학교급에 따라서 통계적으로 유의한 수준은 아닌 것으로 나타났다.

개별 학교급 내에서 성별에 따른 선택 범주 빈도를 살펴보면 모든 학교급에서 여학생에 비해 남학생이 삶의 목표 범주를 선택함에 있어서 '사회/공동체'를 선택하는 비율이 높았지만, 이러한 성별에 따른 차이가 통계적으로 유의한 수준은 아니라는 점을 확인할 수 있었다.

〈표 IV-5〉 성별 목표설정 고려 범주

성별		목표 설정 범주			전체	χ^2
		나	나와 주변 가족	사회/공동체		
남	빈도	271	318	43	632	6.33*
	(%)	(42.9)	(50.3)	(6.8)	(100.0)	
여	빈도	314	344	26	684	
	(%)	(45.9)	(50.3)	(3.8)	(100.0)	

$^*p<.05$, $^{**}p<.01$

〈표 Ⅳ-6〉 학교급별 목표설정 고려 범주

학교급		목표 설정 범주			전체	χ^2
		나	나와 주변가족	사회/공동체		
중학교	빈도	178	216	26	420	4.80
	(%)	(42.4)	(51.4)	(6.2)	(100.0)	
고등학교	빈도	273	274	27	574	
	(%)	(47.6)	(47.7)	(4.7)	(100.0)	
대학교	빈도	134	172	16	322	
	(%)	(41.6)	(53.4)	(5.0)	(100.0)	

$*p<.05$, $**p<.01$

〈표 Ⅳ-7〉 학교급별 목표설정 고려 범주 남녀차이

학교급/성별			목표 설정 범주			전체	χ^2
			나	나와 주변가족	사회/공동체		
중학교	남	빈도	126	159	22	307	2.27
		(%)	(41.0)	(51.8)	(7.2)	(100.0)	
	여	빈도	52	57	4	113	
		(%)	(46.0)	(50.4)	(3.5)	(100.0)	
고등학교	남	빈도	80	81	11	172	1.57
		(%)	(46.5)	(47.1)	(6.4)	(100.0)	
	여	빈도	193	193	16	402	
		(%)	(48.0)	(48.0)	(4.0)	(100.0)	
대학교	남	빈도	65	78	10	153	1.82
		(%)	(42.5)	(51.0)	(6.5)	(100.0)	
	여	빈도	69	94	6	169	
		(%)	(40.8)	(55.6)	(3.6)	(100.0)	

$*p<.05$, $**p<.01$

2) 공동체지향목표 유형 분석

공동체지향목표의 유형 및 구조에 대한 문헌연구 및 사례연구를 바탕으로 본 조사에서는 공동체지향목표와 관련한 유형을 Moran

(2009)의 분류 체계를 기반하여 크게 '무목적형, 자기지향형, 공동체관심형, 사회적 목적형'으로 구분하고 제시된 상황에 대한 응답자의 선택에 따라서 '공동체지향목표 유형'을 확인하도록 하였다. 본 연구에서 각 유형이 의미하는 바는 다음과 같다.

우선 무목적형은 삶의 목표선정이나 실천에 있어서 공동체지향목표에 대한 고려나 흥미가 없는 경우로 더불어 전반적으로 목표 있는 삶에 대한 관심이 저하되어 있는 상황인 경우를 의미한다. 자기지향형은 삶에 있어서 '자신'이 중심이 되며 이에 에너지를 몰입하는 경우로 공동체지향 목표나 삶에 대해서도 단순한 호기심이나 관심 정도만 가지고 있는 유형으로 고려한다. 공동체관심형의 경우는 공동체와 더불어 사는 것이나 관련된 목표에 관심과 흥미가 있으나 이를 적극적으로 실천하는 데는 이르지 못하는 유형이며, 마지막으로 사회적 목적형의 경우는 공동체와 더불어 사는 삶의 의미를 공감하며 이를 삶을 통해 적극적으로 실천하는 것에 가치를 두고 실행하고자 하는 유형을 의미한다.

본 조사에서는 이와 같이 공동체지향목표의 유형을 구분하고 응답자들의 특성을 알아보기 위해 총 4개의 상황문을 제시하였다. 제시한 상황은 학생들의 삶에서 실제 일어날 수 있는 상황에서의 갈등선택 상황으로 구성하여 제시하였다. 상황 문항별 내용은 〈표 IV-8〉과 같다.

〈표 IV-8〉 공동체지향목표 유형 선택 관련 문항 구성 및 내용

문항번호	문항내용	선택유형	선택지 내용
2	학기를 마치고, 곧 여름방학이 시작되는 때에 나의 눈에 재능기부와 유사하게 다양한 형태로 진행되는	무목적형	그다지 관심 없고, 하고 싶지 않다.

	봉사활동에 참여할 자원봉사자를 모집한다는 홍보물이 눈에 띄었다. 이 활동에 참여하면 막연히 생각 중이던 나의 방학계획을 실행하지 못할 수도 있지만, 어쩌면 큰 의미가 있는 활동이 될 수도 있다는 생각이 든다. 이러한 상황에서 나는 이 활동에 ________.	자기지향형	참여하는 것보다 나의 계획을 우선시 하고 싶다.
		공동체관심형	흥미를 가지고 한번 살펴보고 싶다.
		사회적목적형	관심을 가지고 직접 참여해보고 싶다.
3	한 TV프로그램에서 불치병에 걸렸으나 돈이 없어 치료하지 못하는 환자들을 위해 공연을 하고 모금을 하는 것을 보게 되었다. 프로그램의 진행자는 눈물을 흘리며 '비록 내가 아니더라도 우리 주변의 사람들이 아프지 않고 건강히 행복하게 사는 것이 중요하다'라며 도움을 구한다는 말을 전하고 있다. 이 말에 어떤 생각이 드는가?	무목적형	별 관심이 없다.
		자기지향형	자신의 일은 자신이 책임지는 것이 필요하며, 이러한 생각이 더 의미가 있다.
		공동체관심형	진행자의 말에 심정적으로 이해가 되지만 내 문제는 아니라는 생각이 든다.
		사회적목적형	진행자의 말에 전적으로 동감하며 내가 할 수 있는 도움을 제공하고 싶다.
4	방학에 늦잠을 자고 일어났는데, 아침 방송에서 독도가 우리 땅임을 홍보하고 세계에 널리 알리는 활동을 하는 학생들의 이야기가 나온다. 평소에 큰 관심이 있거나 그런 활동에 흥미를 가지고 있지는 않아 채널을 돌리려는데 인터뷰를 하고 있는 청(소)년들 사이로 내 친구의 얼굴이 보이고, 자막으로 단체관련 연락처가 나온다. 당신은?	무목적형	별 관심 없다. 그러려니 하고 채널을 돌린다.
		자기지향형	어떤 활동인지 궁금해진다. 호기심이 생긴다.
		공동체관심형	친구의 활동이 자랑스러워보였다. 나도 활동에 동참하고 싶다.
		사회적목적형	친구활동에 감명 받았다. 동참하고 싶어 전화를 걸어본다.
8	귀가하던 길에 지난여름 엄청난 위력의 태풍으로 인해 수해를 입은 수재민들을 돕기 위한 봉사활동 참여자를 모집하고 모금활동을 벌이고 있는 모습을 보았다. 내가 살고 있는 지역에서는 태풍으로 인해 그리 큰 피해를 보지 않았기에 이를 보면서 여러 가지 생각이 들었다. 당신은 어떤 생각을 하겠는가?	무목적형	관심 없다.
		자기지향형	그들의 삶과 나의 삶은 별개의 것이기 때문에 신경이 쓰이진 않는다.
		공동체관심형	수해로 인해 피해로 힘들겠다는 생각이 들고 사람들이 도와주어야겠다는 생각이 든다.
		사회적목적형	수해로 인해 입었을 피해가 걱정이 되며, 모금이나 봉사활동에 참여해야겠다는 생각이 든다.

(1) 성별 및 학교급별 유형 선택 결과 분석

학교급별 공동체지향목표 유형 선택의 결과를 살펴본 결과 문항에서 제시하는 상황에 따라서 선택하는 유형에 다소 차이가 있는 것으로 나타났으나 공통적으로 3번 상황과 8번 상황의 경우에 '공동체관심형과 사회적 목적형'을 선택하는 경우가 다른 상황에 비해서 높은 것으로 나타났다. 이는 실천 가능성이나 참여 가능성, 상황에 대한 개인적인 관심과 공감의 차이 때문일 것으로 판단된다.

남녀 간의 차이를 살펴본 결과, 무목적형에는 남학생들이, 사회적 목적형에는 여학생 비율이 상대적으로 높음을 확인할 수 있었다.

또한 공동체지향목표 유형의 선택에 있어서 문항별로 다소 차이가 있기는 하나 공통적으로 학교급이 상승됨에 따라, 무목적형이나 자기지향형을 선택하는 비율이 문항별로 감소하고, 반대로 공동체관심형이나 사회적 목적형의 선택 비율은 높아지는 것을 확인할 수 있었다.

〈표 IV-9〉 성별 공동체지향목표 유형

성별			공동체지향목표 유형				전체	χ^2
			무목적형	자기 지향형	공동체 관심형	사회적 목적형		
문항 2	남	빈도	156	157	220	99	632	98.72**
		(%)	(24.7)	(24.8)	(34.8)	(15.7)	(100.0)	
	여	빈도	54	124	385	121	684	
		(%)	(7.9)	(18.1)	(56.3)	(17.7)	(100.0)	
문항 3	남	빈도	73	55	202	302	632	17.15**
		(%)	(11.6)	(8.7)	(32.0)	(47.8)	(100.0)	
	여	빈도	46	36	230	372	684	
		(%)	(6.7)	(5.3)	(33.6)	(54.4)	(100.0)	
문항 4	남	빈도	172	266	142	52	632	33.83**
		(%)	(27.2)	(42.1)	(22.5)	(8.2)	(100.0)	
	여	빈도	99	320	199	66	684	
		(%)	(14.5)	(46.8)	(29.1)	(9.6)	(100.0)	
문항 8	남	빈도	97	89	357	89	632	31.48**
		(%)	(15.3)	(14.1)	(56.5)	(14.1)	(100.0)	
	여	빈도	47	72	444	121	684	
		(%)	(6.9)	(10.5)	(64.9)	(17.7)	(100.0)	

*$p<.05$, **$p<.01$

〈표 IV-10〉 학교급별 공동체지향목표 유형

학교급			공동체지향목표 유형				전체	χ^2
			무목적형	자기 지향형	공동체 관심형	사회적 목적형		
중학교	문항 2	빈도	132	95	144	49	420	135.20**
		(%)	(31.4)	(22.6)	(34.3)	(11.7)	(100.0)	
	문항 3	빈도	56	44	112	208	420	
		(%)	(13.3)	(10.5)	(26.7)	(49.5)	(100.0)	
	문항 4	빈도	133	167	85	35	420	
		(%)	(31.7)	(39.8)	(20.2)	(8.3)	(100.0)	
	문항 8	빈도	87	62	218	53	420	
		(%)	(20.7)	(14.8)	(51.9)	(12.6)	(100.0)	
고등학교	문항 2	빈도	68	124	278	104	574	44.02**
		(%)	(11.8)	(21.6)	(48.4)	(18.1)	(100.0)	
	문항 3	빈도	55	29	201	289	574	
		(%)	(9.6)	(5.1)	(35.0)	(50.3)	(100.0)	
	문항 4	빈도	103	251	158	62	574	
		(%)	(17.9)	(43.7)	(27.5)	(10.80	(100.0)	
	문항 8	빈도	52	69	354	99	574	
		(%)	(9.1)	(12.0)	(61.7)	(17.2)	(100.0)	
대학교	문항 2	빈도	10	62	183	67	322	61.03**
		(%)	(3.1)	(19.3)	(56.8)	(20.8)	(100.0)	
	문항 3	빈도	8	18	119	177	322	
		(%)	(2.5)	(5.6)	(37.0)	(55.0)	(100.0)	
	문항 4	빈도	35	168	98	21	322	
		(%)	(10.9)	(52.2)	(30.4)	(6.5)	(100.0)	
	문항 8	빈도	5	30	229	58	322	
		(%)	(1.6)	(9.3)	(71.1)	(18.0)	(100.0)	

$^*p<.05$, $^{**}p<.01$

(2) 공동체지향유형과 관련 변인 분석

공동체지향목표의 유형선택과 관련하여 본 연구에서는 유형선택 결과를 점수화하는 방법을 통해 다양한 변인과의 관련성을 검토해 보고자 하였다. 이를 위해 '유형'을 선택하는 4개 문항의 각 선택지별로 점수를 부여하고 4개의 문항의 유형별 점수를 합산하였다.

예컨대 2번 문항의 보기 1은 무목적형, 보기 2는 자기지향형, 보기 3은 공동체관심형, 보기 4는 사회적 목적형인데, 문항별로 이 4가지 분류별 더미코딩을 실시하여 유형별 점수를 산출하고 개인별 4가지 유형 점수를 산출한 결과와 관련 변인과의 관계성 분석을 실시하였고 그 결과는 다음과 같다.

a. 학교급별 유형점수 결과

우선, 학교급별로 유형점수를 살펴본 결과, 모든 학교급에서 '공동체관심형'이 가장 높게 나타났다. 중학생의 경우에는 그 다음으로 무목적형, 자기지향형, 사회적목적형 순으로, 대학생과 고등학생은 사회적목적형, 자기지향형, 공동체관심형으로 나타났고, 그 정도가 고등학교에 비해 대학의 경우 점수가 다소 높게 나타났다.

자기지향형을 선택하는 경우를 제외하고 모든 유형에서 학교급별 점수의 차이는 유의미한 것으로 나타났는데, 특히 무목적형의 경우 중학생의 점수가 다른 집단에 비해 높은 것과, 공동체관심형과 사회적목적형의 점수가 대학생 집단에서 가장 높게 그 다음으로 고등학생, 중학생 순으로 나타난 것은 공동체지향목표의 발달 가능성과 관련된 결과로 보인다.

〈표 IV-11〉 학교급별 공동체지향 목표 선택 유형 분포

	중학생 (n=440)		고등학생 (n=590)		대학생 (n=327)		합계 (n=1,357)		*F*
	M	SD	M	SD	M	SD	M	SD	
무목적형	0.97	1.16	0.50	0.88	0.19	0.48	0.58	0.96	*73.55*****
자기지향형	0.88	0.84	0.82	0.80	0.86	0.76	0.85	0.81	*.63*
공동체관심형	1.32	0.98	1.71	1.00	1.96	0.95	1.64	1.01	*42.13*****
사회적목적형	0.82	0.89	0.95	0.97	0.99	0.92	0.92	0.94	*3.95**

*p<.05, **p<.01

b. 성별 유형점수 결과

성별에 따른 유형점수를 살펴본 결과 남녀 모두 공동체관심형 점수가 가장 높게 나타났고, 무목적형이 가장 낮게 나타났다. 남자의 경우에는 그 다음으로 자기지향형, 사회적목적형, 무목적형 순으로, 여자는 사회적목적형, 자기지향형, 무목적형으로 나타났다.

학교급별 특성과 동일하게 개인주의 유형에서 성별 집단 간 차이는 유의하지 않았으나, 다른 유형의 경우에는 집단별 차이가 유의하게 나타났다. 여학생의 경우에는 남학생에 비해서 공동체관심형이나 사회적지향형의 점수가 유의미하게 높았고 남학생이 무목적형의 경우 여학생에 비해서 점수가 유의하게 높음을 확인할 수 있었다.

〈표 IV-12〉 성별 공동체지향 목표 선택 유형 분포

	남(n=642)		여(n=687)		전체(n=1,329)		*t*
	M	SD	M	SD	M	SD	
무목적형	0.80	1.12	0.36	0.71	0.57	0.95	*8.56 *****
자기지향형	0.89	0.84	0.81	0.77	0.85	0.81	*1.92*
공동체관심형	1.45	1.01	1.84	0.98	1.65	1.01	*-7.10*****
사회적목적형	0.85	0.90	0.99	0.97	0.92	0.94	*-2.77*****

*p<.05, **p<.01

c. 관련 변인과 유형 점수 간 상관

본 연구에서 학생들의 공동체지향목표 유형과 학생들의 주요 변인들과의 관련성을 알아보았는데, 학교생활만족도의 경우에는 무목적형과는 유의한 부적상관을, 공동체관심형이나 사회적 목적형과는 유의한 정적 상관을 나타내고 있었다. 즉 공동체지향적일수록 학교생활에 대한 만족이 높아지고 있음을 확인할 수 있었다. 이러한 경향성은 학생이 지각한 자신의 성적과의 관계 분석에서도 동일한 패턴으로 나타나고 있는데, 성적이 높다고 응답한 학생일수록 무관심 점수는 낮게, 공동체관심이나 공동체지향의 점수는 높게 나타났다.

〈표 IV-13〉 관련 변인과 유형 점수 간 상관

	학교생활만족도	지각된 성적
무목적형	-.17**	-.17**
자기지향형	-.05	.02
공동체관심형	.09**	.07*
사회적목적형	.12**	.09**

*$p<.05$, **$p<.01$

3) 공동체지향 삶에 대한 견해

공동체지향 삶에 대한 응답자 개인의 직접적인 견해를 확인하기 위해 제시한 문항과 보기는 아래와 같으며 그 결과는 다음과 같다.

Q. 나만이 아닌 다른 사람들과 더불어 사는 삶을 사는 것이 나만을 위해 사는 것보다 나에게 ______________.

A. ① 손해다 ② 관심 없다 ③ 이익이다 ④ 중요한 생활의 일부다

공동체지향 삶에 대해 직접적으로 학생들의 견해를 물어본 결과, 전체 학생들의 응답에서 '중요한 생활의 일부다'라고 응답한 경우 50.2%로 가장 높게 나타났고, 그 다음으로 '이익이다, 관심 없다, 손해다'의 순으로 나타났다. 이러한 패턴은 모든 학교급에서 동일하게 나타났다. 다만 응답한 비율에 있어서 보다 공동체지향적인 선택지('이익이다, 중요한 생활의 일부다')의 경우 대학생, 고등학생, 중학생의 순으로 비율이 높게 나타나고 공동체지향적이지 못한 응답('손해다, 관심 없다')의 경우에는 중학생, 고등학생, 대학생 순으로 그 응답비율이 높게 나타나는 것을 확인할 수 있었다.

또한 성별 응답결과를 살펴본 결과, 남녀 모두 '중요한 생활의 일부(남 48.3%, 여 52.0%)라고 응답한 비율이 가장 높았고, 다음으로 '이익이다', '관심 없다', '손해다'로 응답하였는데, 남학생들에 비해서 여학생이 공동체지향적인 응답이라 볼 수 있는 '중요한 생활의 일부다'와 '이익이다'라고 응답한 비율이 다소 높았으며 이는 통계적으로 유의한 차이임을 확인할 수 있었다. 또한 이는 중학교와 고등학교에서 유사한 패턴으로 나타났다. 그러나 대학생의 경우에는 여학생에 비해 '중요한 생활의 일부'라고 응답한 남학생이 더 높은 비율인 것으로 나타났다. 학교급을 고정하고 집단별로 남녀의 항목별 응답비율은 고등학생인 경우에만 통계적으로 유의하게 나타났다.

〈표 IV-14〉 성별 공동체지향 삶에 대한 견해

성별		공동체지향 삶에 대한 견해				전체	χ^2
		손해다	관심 없다	이익이다	중요한 생활의 일부다		
남	빈도	26	121	180	305	632	9.58*
	(%)	(4.1)	(19.1)	(28.5)	(48.3)	(100.0)	
여	빈도	22	91	215	356	684	
	(%)	(3.2)	(13.3)	(31.4)	(52.0)	(100.0)	

$*p<.05$, $**p<.01$

〈표 IV-15〉 학교급별 공동체지향 삶에 대한 견해

학교급		공동체지향 삶에 대한 견해				전체	χ^2
		손해다	관심 없다	이익이다	중요한 생활의 일부다		
중학교	빈도	23	100	125	172	420	54.09**
	(%)	(5.5)	(23.8)	(29.8)	(41.0)	(100.0)	
고등학교	빈도	21	87	175	291	574	
	(%)	(3.7)	(15.2)	(30.5)	(50.7)	(100.0)	
대학교	빈도	4	25	95	198	322	
	(%)	(1.2)	(7.8)	(29.5)	(61.5)	(100.0)	

*$p<.05$, **$p<.01$

〈표 IV-16〉 학교급별 공동체지향 삶에 대한 견해 남녀차이

학교급/성별			공동체지향 삶에 대한 견해				전체	χ^2
			손해다	관심 없다	이익이다	중요한 생활의 일부다		
중학교	남	빈도	16	73	89	129	307	0.69
		(%)	(5.2)	(23.8)	(29.0)	(42.0)	(100.0)	
	여	빈도	7	27	36	43	113	
		(%)	(6.2)	(23.9)	(31.9)	(38.1)	(100.0)	
고등학교	남	빈도	10	37	48	77	172	11.90**
		(%)	(5.8)	(21.5)	(27.9)	(44.8)	(100.0)	
	여	빈도	11	50	127	214	402	
		(%)	(2.7)	(12.4)	(31.6)	(53.2)	(100.0)	
대학교	남	빈도	0	11	43	99	153	4.43
		(%)	(.0)	(7.2)	(28.1)	(64.7)	(100.0)	
	여	빈도	4	14	52	99	169	
		(%)	(2.4)	(8.3)	(30.8)	(58.6)	(100.0)	

*$p<.05$, **$p<.01$

4) 공동체 소속감 및 실천의지 정도

공동체지향목표에 대한 이론적 모형 구축에서 살펴본 바와 같이 공동체지향목표의 구성 및 발달과정에 있어서 공동체에 대한 소속감의 이해와 이의 실천은 필수적이라고 볼 수 있다. 이와 관련하여 학생들의 인식 수준을 알아보기 위해 아래와 같은 상황질문을 제시하였고 그 분석 결과는 다음과 같다.

Q. 우리나라를 대표하여 뛰고 있는 국가대표 선수들의 경기를 보며 다 같이 기뻐하고 슬퍼하는 것을 보면 대한민국이라는 공동체가 실제로 존재하는 것처럼 느껴지다가도 평소엔 이와 같은 특별한 의식이 별로 느껴지지 않기도 하는데, 평상시 당신은 얼마나 국가나 사회와 같은 공동체와 스스로가 관련이 있다고 느끼는가?

A ① 공동체에 소속되어 있다는 것을 그다지 느끼지 못한다.
② 공동체에 소속되어 있지만 내 평소 생활과는 관련이 없다.
③ 공동체에 소속되어 있으며 내 평소 생활에도 이를 실천하고 싶다는 생각을 가지고 있다.
④ 공동체에 소속되어 있으며 내 평소 생활에도 이를 실천하고 있다.

공동체에 대한 소속감과 실천의지와 관련된 문항에 대해 '공동체에 소속되어 있으며 평소에도 실천하고 싶다'는 의견에 40.6%로 가장 많이 응답하였고, 그 다음으로 '공동체에 소속이 되어 있기는 하나 평소 생활과는 관련이 없다(38.1%)', '공동체에 소속되어 있음을 그다지 느끼지 못한다(11.6%)', '소속되어 있고 실천하고 있다(9.6%)'의 순으로 응답이 나타났다. 이러한 경향은 중학교와 대학교에서는 공통적으로 나타나나 고등학교에서는 '공동체에 소속이 돼 있음은 느끼나 평소 생활과는 관련이 없다'는 응답이 좀 더 높은 비율로 나타났다. 소속감과 실천의지와 관련하여 소속감은 모든 학교급에서 약 90%

이상이 소속감을 느끼는 것으로 응답함을 확인할 수 있었으나, 생활에서 실천 정도는 그에 비해 상대적으로 낮은 편임을 확인할 수 있었다.

성별에 따른 응답결과를 살펴보면, 여학생에 비해 남학생이 실제 생활에서 실천하고 있다는 의지를 더 보이는 선택을 한 비율이 더 높은 것을 확인할 수 있었다. 특히, 대학생 집단에서 그러한 특성의 차이는 두드러졌다.

〈표 IV-17〉 성별 공동체 소속감 및 실천의지 정도

성별		공동체 소속감 & 목표실천				전체	χ^2
		공동체에 소속되어 있다는 것을 그다지 느끼지 못한다	공동체에 소속되어 있지만 내 평소 생활과는 관련이 없다	공동체에 소속되어 있으며 내 평소 생활에도 이를 실천하고 싶다는 생각을 가지고 있다	공동체에 소속되어 있으며 내 평소 생활에도 이를 실천하고 싶다		
남	빈도	84	218	246	84	632	24.77**
	(%)	(13.3)	(34.5)	(38.9)	(13.3)	(100.0)	
여	빈도	69	285	287	43	684	
	(%)	(10.1)	(41.7)	(42.0)	(6.3)	(100.0)	

*$p<.05$, **$p<.01$

〈표 IV-18〉 학교급별 공동체 소속감 및 실천의지 정도

학교급		공동체 소속감 및 실천의지 정도				전체	χ^2
		공동체에 소속되어 있다는 것을 그다지 느끼지 못한다	공동체에 소속되어 있지만 내 평소 생활과는 관련이 없다	공동체에 소속되어 있으며 내 평소 생활에도 이를 실천하고 싶다는 생각을 가지고 있다	공동체에 소속되어 있으며 내 평소 생활에도 이를 실천하고 있다		
중학교	빈도	72	137	163	48	420	29.05**
	(%)	(17.1)	(32.6)	(38.8)	(11.4)	(100.0)	
고등학교	빈도	61	236	232	45	574	
	(%)	(10.6)	(41.1)	(40.4)	(7.8)	(100.0)	
대학교	빈도	20	130	138	34	322	
	(%)	(6.2)	(40.4)	(42.9)	(10.6)	(100.0)	

*$p<.05$, **$p<.01$

〈표 IV-19〉 학교급별 공동체 소속감 및 실천의지 정도 남녀차이

학교급/성별			공동체 소속감 및 실천의지 정도				전체	χ^2
			공동체에 소속되어 있다는 것을 그다지 느끼지 못한다	공동체에 소속되어 있지만 내 평소 생활과는 관련이 없다	공동체에 소속되어 있으며 내 평소 생활에도 이를 실천하고 싶다는 생각을 가지고 있다	공동체에 소속되어 있으며 내 평소 생활에도 이를 실천하고 있다		
중학교	남	빈도	50	99	115	43	307	7.71
		(%)	(16.3)	(32.2)	(37.5)	(14.0)	(100.0)	
	여	빈도	22	38	48	5	113	
		(%)	(19.5)	(33.6)	(42.5)	(4.4)	(100.0)	
고등학교	남	빈도	25	70	63	14	172	4.44
		(%)	(14.5)	(40.7)	(36.6)	(8.1)	(100.0)	
	여	빈도	36	166	169	31	402	
		(%)	(9.0)	(41.3)	(42.0)	(7.7)	(100.0)	
대학교	남	빈도	9	49	68	27	153	19.12**
		(%)	(5.9)	(32.0)	(44.4)	17.6)	(100.0)	
	여	빈도	11	81	70	7	169	
		(%)	(6.5)	(47.9)	(41.4)	(4.1)	(100.0)	

*$p<.05$, **$p<.01$

5) 개인 삶의 파급력 기대

공동체지향목표는 자신과 공동체의 타인 간에 연계되어 있으며 서로 영향을 주고받을 수 있다는 점에 대한 이해를 바탕으로 하고 있고 이에 자신의 삶의 결과 역시도 타인에게 미칠 수 있다는 생각에서 비롯한다고 볼 수 있기 때문에 학생들이 자신의 삶이 사회에 미칠 파급력에 대해 어떻게 생각하는지 알아보고자 아래와 같은 문항을 제시하였다.

Q. 몇몇 인물, 예컨대 간디의 자서전을 살펴보면 자신이 추구하는 생각이나 가치가 당시의 사회 상황과 매우 큰 관련이 있으며, 이를 실현함으로써 사회에 큰 영향을 미쳐 올바른 목표를 실현하는 데에 크게 기여할 것으로 보았다. 그렇다면 당신의 경우는 어떠한가? 당신의 생각에 따르면 당신이 추구하는 생각과 가치는 ______________.

A ① 사회와 관련이 없고 영향을 미치지도 못할 것이다.
② 사회와 관련은 있지만 영향을 미치지는 못할 것이다.
③ 사회와 관련이 있고 어느 정도 영향을 미칠 수 있을 것이다.
④ 사회와 관련이 있고 큰 영향력을 미칠 수 있을 것이다.

이에 대한 응답결과는 다음과 같다. 우선 개인의 삶의 사회파급력에 대해 어떤 기대를 가지고 있는지 알아본 결과, '사회와 관련이 어느 정도 있고 영향을 미칠 수 있을 것이다(50.7%)'가 가장 높은 순으로 나타났고, 그 다음으로 '관련은 있으나 영향을 미치지는 못할 것이다(28.1%)', '사회와 관련이 있고 큰 영향력을 미칠 수 있을 것이다(13.4%)', '사회와 관련이 없고 영향을 미치지도 못할 것이다(7.8%)'의 순으로 응답이 나타났다. 이는 모든 학교급에서 동일한 패턴으로 나타났다.

성별에 따른 응답을 살펴보면, 남녀 모두 '사회와 관련 있고 어느 정도 영향을 미칠 수 있다, 관련 있으나 영향을 미치지는 못할 것, 관련도 있고 큰 영향도 미칠 것, 관련도 없고 영향을 미치지도 못할 것'의 순의 응답이 나타났다. 남학생에 비해서 여학생의 경우에 '관련성이 있고 다소 영향을 미칠 것이라는 것'의 응답 비율이 높았는데 이러한 경향은 모든 학교급에서 동일한 패턴으로 나타났다. 그런데, '관련이 있고 큰 영향을 미칠 것'이라는 응답의 경우 중학생과 대학생의 경우 남학생의 응답 비율이 여학생에 비해서 다소 높게 나타나는 경향성을 확인할 수 있었다.

〈표 IV-20〉 성별 개인 삶의 사회파급력 기대

성별		개인 삶의 사회파급력: 사회와 관련이 없고 영향을 미치지도 못할 것이다	사회와 관련 있으나 영향을 미치지는 못할 것이다	사회와 관련이 있고 어느 정도 영향을 미칠 수 있을 것이다	사외와 관련이 있고 큰 영향력을 미칠 수 있을 것이다	전체	χ^2
남	빈도	62	183	298	89	632	9.87*
	(%)	(9.8)	(29.0)	(47.2)	(14.1)	(100.0)	
여	빈도	41	187	369	87	684	
	(%)	(6.0)	(27.3)	(53.9)	(12.7)	(100.0)	

*p<.05, **p<.01

〈표 IV-21〉 학교급별 개인 삶의 사회파급력 기대

학교급		개인 삶의 사회파급력 기대: 사회와 관련이 없고 영향을 미치지도 못할 것이다	사회와 관련 있으나 영향을 미치지는 못할 것이다	사회와 관련이 있고 어느 정도 영향을 미칠 수 있을 것이다	사외와 관련이 있고 큰 영향력을 미칠 수 있을 것이다	전체	χ^2
중학교	빈도	46	117	198	59	420	24.63**
	(%)	(11.0)	(27.9)	(47.1)	(14.0)	(100.0)	
고등학교	빈도	49	172	282	71	574	
	(%)	(8.5)	(30.0)	(49.1)	(12.4)	(100.0)	
대학교	빈도	8	81	187	46	322	
	(%)	(2.5)	(25.2)	(58.1)	(14.3)	(100.0)	

*p<.05, **p<.01

〈표 IV-22〉 학교급별 개인 삶의 사회파급력 기대 남녀차이

학교급/성별			개인 삶의 사회 파급력 기대				전체	χ^2
			사회와 관련이 없고 영향을 미치지도 못할 것이다	사회와 관련 있으나 영향을 미치지는 못할 것이다	사회와 관련이 있고 어느 정도 영향을 미칠 수 있을 것이다	사회와 관련이 있고 큰 영향력을 미칠 수 있을 것이다		
중학교	남	빈도	38	90	133	46	307	7.23
		(%)	(12.4)	(29.3)	(43.3)	(15.0)	(100.0)	
	여	빈도	8	27	65	13	113	
		(%)	(7.1)	(23.9)	(57.5)	(11.5)	(100.0)	
고등학교	남	빈도	22	56	78	16	172	8.34*
		(%)	(12.8)	(32.6)	(45.3)	(9.3)	(100.0)	
	여	빈도	27	116	204	55	402	
		(%)	(6.7)	(28.9)	(50.7)	(13.7)	(100.0)	
대학교	남	빈도	2	37	87	27	153	4.12
		(%)	(1.3)	(24.2)	(56.9)	(17.6)	(100.0)	
	여	빈도	6	44	100	19	169	
		(%)	(3.6)	(26.0)	(59.2)	(11.2)	(100.0)	

*$p<.05$, **$p<.01$

6) 개인이 가지고 있는 삶의 목표

본 연구에서는 학생들이 가지고 있는 삶의 목표에 대해서 자유롭게 응답을 하도록 문항을 개발하여 우리나라 청소년들의 개인적 삶의 목표의 내용이 어떤 것인지 분석해보고자 했다. 응답결과의 분석을 위해 우선 모든 응답내용을 기록하고 이의 내용을 크게 '무관심, 개인지향, 공동체지향'으로 구분하여 유형별로 정리하여 학생들이 가진 개인의 삶의 목표의 내용을 확인한 결과는 다음과 같다.

〈표 Ⅳ-23〉 중학생 삶의 목표 응답 결과(굵은 글씨는 다수 중복응답임)

무관심	개인 및 주변 지향	공동체 지향
- 아직 정한 적이 없다 **- 그냥 평범하게 살자** **- 독립하기** - 사후에 천국에 가고 싶다 - 매일 잠만 자고 싶다	**- 내 꿈과 목표 이루어 행복하게 살기** **- 행복한 가정과 안정된 삶** **- 좋은 대학교과 안전한 직장** **- 자유롭게 사는 것** - 감정에 치우치지 않는 선택을 하는 삶 **- 효도하기** **- 경제적으로 풍족한 삶** **- 내가 원하는 것을 하면서 다른 사람을 돕는 것** - 오직 나만을 위해 살기 **- 내가 원하는 일을 하면서 살기** **- 사람들이 우러러보는 삶** **- 세계 여행하기** **- 내 배를 먼저 채우고 남을 돕는다** - 내가 원하는 이상적인 사회 만들기	**- 서로 도우며 살아가고 어려운 이웃을 돕기** **- 사회에 기부하기** - 나뿐만 아니라 여러 사람이 행복한 삶 **- 내가 가진 재능으로 다른 사람을 돕고 영향을 미치기** **- 사람들과 잘 어우러져 살아가기** **- 도덕적이면서 성공적이고 사회에 도움이 되는 삶** **- 자원봉사자가 되어 전 세계의 고아를 돕기** - 북한이 남침하지 못할 강력한 국방력 키우기 **- 남에게 피해를 끼치지 않기**

〈표 Ⅳ-24〉 고등학생 삶의 목표 응답 결과(굵은 글씨는 다수 중복응답임)

무관심	개인 및 주변 지향	공동체 지향
- 최소한의 에너지로 최대의 결과를 내는 삶 - 냉정하게 생각하면서 살기 - 하고 싶은 대로 살자 **- 정한 적이 없다** - 사고 싶은 거 다 사는 것 - 다른 사람과 라이벌인 세상 **- 그저 평범하게 사는 것** - 항상 폐인처럼 놀면서 살기 - 무소유 **- 독립하기**	**- 내가 이루고자 하는 목표를 성취하는 것** **- 하고 싶은 일을 하면서 나의 행복을 누리기** **- 내가 원하는 직업을 가지기** **- 경제적인 풍요와 안정** **- 좋은 대학에 들어가는 것** - 건강하게 사는 것 **- 남에게 인정받고 유명해지기** **- 부모 공경 및 효도** - 절제하는 삶 - 올바른 마음가짐을 가지고 살아가기 **- 주변 사람과 나의 행복** **- 얽매이지 않는 자유로운 삶 살기** - 만족감과 성취감을 느끼는 삶 **- 봉사하는 삶이지만 내 삶이 우선시** - 평생 함께할 수 있는 친구 사귀기 - 더 나은 외모를 가지는 것 - 기부하기 **- 내 분야에서 세계 최고가 되기**	- 올바른 생각으로 글을 씀으로써 그 글로 사람들을 움직여 이상적 사회 만들기 **- 남에게 피해를 끼치지 않기** **- 기부하기** **- 나의 직업을 통해서 공동체에 헌신하고 남을 돕기** **- 이웃을 사랑하기** **- 나의 꿈을 이뤄 사회에 기여하기** **- 어려운 환경에 처한 사람들을 도와준다** - 돈 걱정이 없는 사회 구현하기 **- 사람들의 생활에 긍정적인 영향을 미치는 사람이 되는 것** **- 믿음과 사랑의 실천** **- 법을 바꿔서 더욱 행복한 나라를 만들기** - 리드하지만 혼자 가진 않는 리더의 삶 - 세상의 1명이라도 더 살릴 수 있는 사람이 되기 **- 자발적인 봉사활동하기** - 상대가 나를 필요로 할 때 넉넉하게 도와주는 삶 **- 다 같이 더불어 사는 세상** - 사회 이슈에 대한 적극적 참여 및 기여 **- 국가의 영원한 번영 기리기**

〈표 IV-25〉 대학생 삶의 목표 응답 결과(굵은 글씨는 다수 중복응답임)

무관심	개인 및 주변 지향	공동체 지향
- **평범하게 살다 가기** - 물처럼 살고 싶다	- **목표 성취와 명예와 안녕** - 주위 내 사람들을 도울 수 있는 능력 - **돈을 많이 벌기** - **나의 행복** - **내가 원하는 일을 하고 사는 것** - **나와 주변 가족이 함께하고 싶은 것을 하면서 행복 누리기** - **안정적인 삶** - **효도하기** - 나의 연구분야에서 중요한 업적 남기기 - **개인주의, 사회기여보다 내 주변의 안위가 우선이다** - 사랑하는 사람을 만나 영원히 사는 것 - 명상 수행을 통해 불교교리 체험 - **내가 잘 되어야 다른 사람을 도울 수 있다** - 인생 속에 존재하는 어떤 가치를 깨닫기 - 취직, 학점 등의 현실적인 결과물 성취 - 같이 있으면 기분 좋은, 의미 있는 사람이 되는 것 - 나의 자아를 실현하는 것 - **일단은 내가 할 일을 제대로 해야 사회가 잘 돌아간다**	- **나의 전공을 살려 공동체에 도움이 되는 일** - **남에게 피해주지 않고 살기** - **내가 가진 재능을 살려 국가에 기여하기** - **어려운 삶을 사는 이웃을 도우며 살기** - **공동체 속에서 나의 능력을 발휘하여 자아실현을 하는 것** - 종교적 목표 - 정의를 실현하는 것 - **아가페 실현** - **세상에 꼭 필요한 사람이 되는 것** - 세상의 평화 - **주위 사람들과 어우러지는 삶** - **대한민국의 성장** - 이기심을 버리고 공동의 선을 추구하는 삶을 살기 - **교육과 정치의 혁신 달성하기** - **주변 사람을 우선시하며 살자** - 소시민들의 후생을 증진시키기 - NGO단체를 통해 어려움에 처한 사람들을 돕는 사회적 비즈니스 실시하기 - 장학재단 설립 - **선교와 봉사에 몸담는 삶** - 장애인들에게도 동일한 대우와 인정을 하는 사회 구현

삶의 목표에 대한 응답결과를 살펴본 결과 전반적으로 중학교, 고등학교, 대학교에 관계없이 서로 중복되는 응답이 많았는데, 연령이 증가할수록 그 내용이 보다 구체적이고 특수한 영역에 해당하는 진술이 증가하는 것이 확인되었다. 공통적으로는 모든 집단에서 '개인 및 주변지향'에 해당하는 진술이 가장 많았으며, 연령이 높은 집단에서 점차 공동체지향적 응답의 내용이 많아지는 경향을 발견할 수 있었다. 특히 대학생의 경우에는 '공동체지향목표'와 관련된 진술내용이 '개인/주변'지향 관련 내용의 진술 빈도와 유사한 수준으로 나타났다.

세부 학교 급별로 살펴보면 중학생의 경우에는 의견이 다른 학교급에 비해서 수적으로도 적은 편이었고 공동체지향목표와 관련된 응답 내용도 상대적으로 매우 낮은 편이었다. 이들의 응답은 전반적으로 매우 일반적이고 추상적인 내용으로 구성되어 있음을 확인할 수 있었는데 이 중 일부 특이한 응답으로 나타난 것들에는 '오직 나만을 위한 삶 살기', '내가 원하는 이상적 사회 만들기' 등과 같이 자기중심적 관점이 보이는 내용들임을 확인할 수 있었다.

고등학생의 경우에는 중학생에 비해서 삶의 목표의 내용이 보다 구체적이고 다양한 편이었으나 다른 집단에 비해 상대적으로 '무관심' 유형에 해당하는 다소 무책임한 내용의 응답이 많았다. 이는 이들이 현재 처한 입시라는 상황이 이러한 응답의 결과에 영향을 미쳤을 것이기 때문이라 보이며 실제로 내용의 대부분도 '공부, 대학진학, 취업'과 관련된 현실적인 문제와 관련된 응답이 매우 많았다. 고등학생이 보이는 응답 중 특징적인 것으로는 '평생 함께할 수 있는 친구 사귀기', '더 나은 외모를 가지는 것'과 같이 이 시기 청소년의 특징을 반영하는 것들이 있었다.

대학생의 경우에는 무관심 유형에 속하는 응답이 거의 나타나지 않았고 공동체지향 유형에 속하는 응답이 많아지고 그 내용들도 다양하고 구체화된 것을 확인할 수 있었다. 응답의 내용 중에는 '자아실현, 종교적 목표 실현, 정의사회 구현, 불교교리체험, 세계의 평화'와 같이 추상적이고 심층적인 목표부터 '사회적 비즈니스, NGO단체, 장애인에 대한 처우 및 복지 개선'과 같이 구체적인 현장변화와 관련된 내용도 포함되어 있음을 확인할 수 있었다.

7) 공동체기여 방법

본인이 공동체에 기여할 수 있는 방법에 대해 자유기재식 응답을 하도록 문항('귀하는 장차 본인이 어떤 방식으로 본인이 속한 공동체의 발전을 위해 참여할 수 있을 것이라고 생각하십니까?')을 개발하고 앞서 분석의 방법과 동일하게 응답결과의 분석을 위해 우선 모든 응답내용을 기록한 후 이의 내용을 크게 '무관심, 개인지향, 공동체지향'으로 구분하여 유형별로 정리하여 학생들이 가진 개인의 삶의 목표의 내용을 확인하였다. 그 결과는 다음과 같다.

〈표 IV-26〉 중학생 공동체기여 방법 응답 결과(굵은 글씨는 다수 중복응답임)

무관심	개인 및 주변 지향	공동체 지향
- **모르겠다** - 절대 안 된다 - **관심 없다** - 공동체에 대한 생각이 없다 - **딱히 참여할 생각이 없다**	- **직업이 생기면 열심히 일하고 봉사에 참여한다** - **다른 사람을 위한 연구 진행** - 내가 하는 일을 열심히 하기 - **내가 성공한 후에 내 재능을 사회에 기부**	- **기부** - **어려운 사람을 도와준다** - **정치를 통해 기여** - **사회봉사 단체 활동** - **자연을 파괴하는 자들을 사로잡는다** - **리더가 되어 공동체 발전에 앞장선다** - **규칙을 잘 지키는 것** - **불치병을 앓고 있는 환자들을 위해 자선 공연** - **재능기부** - **강력한 국방력 구축** - **타인을 배려하고 이해하기**

〈표 IV-27〉 고등학생 공동체기여 방법 응답 결과(굵은 글씨는 다수 중복응답임)

무관심	개인 및 주변 지향	공동체 지향
- **참여해봤자 별 도움이 안 된다** - **참여하지 않을 것 같다** - 내 할 일에 바쁠 것 같다 - **참여하고 싶지 않다** - 별로 발전할 것이라는 생각이 들지 않는다	- **내 자신의 능력을 키우는 것이 공동체 발전에 도움이 된다** - **나의 재능을 표출하기** - 나의 사상으로 남들을 감화시키기 - **먼저 내가 잘 사는 것이 중요하다** - **평범한 사회구성원으로서 조용히 살기** - 공동체에 소속되었다는 것만으로도 발전에 참여하는 것이다	- 보이지 않는 방식으로 공동체에 도움주기 - **공동체의 이익을 위해 최선을 다하기** - **기부** - **봉사활동** - 글과 교육을 통해 - 일자리 창출로 국가 발전에 참여 - **시민단체를 운영한다** - **재능기부** - **리더가 되어 공동체의 의견을 수렴** - 긍정의 힘으로 - **예술을 통해서** - **납세와 선거의 의무 수행** - **국가의 발전을 위한 정책 펼치기** - **생태계를 보호한다** - **공동체에 소속된 사람들의 의견 조화** - 사람들이 풀지 못하는 문제를 해결함으로써 - **인터넷과 같은 매체를 활용하여 공익이 되는 일을 홍보** - 내가 할 수 있는 일을 통해서

〈표 IV-28〉 대학생 공동체기여 방법 응답 결과(굵은 글씨는 다수 중복응답임)

무관심	개인 및 주변 지향	공동체 지향
- **나는 능력이 안 돼서 못한다** - 나를 희생하긴 싫다 - 방법을 잘 모르겠다	- **내가 종사하는 직업 활동을 열심히 함을 통해 사회 발전에 기여** - **내가 하고 있는 연구가 잘 진행됨을 통해서 사회에 기여** - **내 분야에 최선을 다하고 개인적 목표를 달성함을 통해서** - **그저 일원으로 살아가는 것** - **피해주지 않고 조용히 살기** - 능력 범위 안에서만 참여	- **문화로서 기여한다** - **봉사활동을 통해서** - **재능기부** - **열린 대화를 통해 마음의 상처 치료** - **언론 매체를 활용하여 더 나은 사회 지향** - **납세 및 선거의 의무를 통해** - 주인의식을 가지고 적극적으로 살기 - **국가안보 및 사회질서 확립에 기여** - 사회구조의 근본적 변화를 노린다 - 장기기증 - **모금 활동 및 기부** - **공동체원을 위해 헌신하는 마음으로** - 교회에 봉사함으로써 - 멘토링 - 국가 간 커뮤니케이션을 긴밀하게 함으로써 - 유니세프와 같은 단체 활동을 통해 - 나눔과 상생의 가치 되새기기 - **지도자가 되어 사회에 변화 일으키기** - 사회적 약자를 위한 도제형 기숙학교 설립 - 작가로서 글을 씀으로써 - 종교적인 진리를 탐구 - 장애를 가진 이들에게 도움을 주고 희망을 주기 - **시민단체 참여** - **음악과 미술과 같은 예술 활동을 통해서** - **내가 가진 직업을 통해서 자연스럽게**

공동체 참여 방법에 대한 응답결과 학교급에 상관없이 공통적으로 중복되는 응답이 많았는데, 특히 중학생의 경우 특이응답이 거의 없었다. 이들의 응답내용을 살펴보면 연령이 증가할수록 응답의 양이 많아지는 것을 확인할 수 있었는데 특히 공동체 지향과 관련된 응답이 크게 증가했다. 또한 연령이 증가할수록 응답의 내용 역시 보다 구체적이고 다양한 영역을 포괄하는 점은 '삶의 목표'에 대한 응답패턴과 유사했다.

가장 빈번한 응답은 '개인적 성공과 지위 획득 이후 공동체를 위해 살겠다' 혹은 '내가 성취하는 것이 공동체에 기여하는 것'이라는 내용의 응답이었고, 중학생과 고등학생의 경우 '무관심 유형'에 속하는 응답이 많았는데 이는 고등학생 집단에서 더욱 두드러졌다.

학교급별 특성을 살펴보면 중학생들의 경우 응답 내용이 많지 않았으며, 그 내용이 다른 집단에 비해 매우 추상적이고 일반적이라는 특성이 보였다. 고등학생의 경우에는 공동체 관련 활동에 대한 회의적인 응답이 다수 등장했고(해봤자 도움이 안 된다, 할 필요성을 느끼지 못한다 등) 또한 자기중심적인 응답, 예컨대 '나의 사상으로 사람들을 감화시키기', '공동체 소속된 것만으로 발전에 참여하는 것'이 많다는 특징을 보였다. 대학생들의 경우에는 공동체 지향 목표와 관련하여 응답의 내용이 가장 많았고 구체적이었으며, 그 내용 또한 사회구조의 변혁, 국가 간 커뮤니케이션 등과 같이 보다 넓은 차원의 공동체와 관련된 응답부터 '나눔과 상생의 가치', '종교적 진리 탐구' 등과 같은 추상적인 가치를 추구하는 응답, 유니세프, 멘토링, 교회 봉사, 도제형 기숙학교 등에서의 활동과 같이 구체적인 응답까지 다양하게 나타났다.

8) 공동체 헌신 인물

공동체에 기여했거나 헌신했다고 생각하는 인물에 대한 응답결과는 〈표 IV-29〉와 같다.

응답결과를 살펴보면 다른 질문들과 마찬가지로 학교급과 상관없이 서로 중복되는 의견이 다수 존재했는데, 공통적으로는 타인의 삶과 공동체를 위해 헌신하는 구체적인 인물에 대한 정보에 근거해 응답했기보다는 각종 언론매체 등을 통해 이슈가 되는 유명인들(한비야, 빌게이츠, 김연아 등)을 응답한 경우가 상당수였다. 물론 부모님, 선생님,

〈표 IV-29〉 공동체 기여 인물에 대한 응답 결과(굵은 글씨는 다수 중복응답임)

중학생	고등학생	대학생
-부모님 **-선생님** **-대통령** **-간디** **-환경미화원** **-소방관** **-사회복지사** **-아이돌** **-박근혜** **-이태석 신부** **-봉사활동 단체** **-김장훈** **-경찰** -유니세프 **-재능기부하는 가수들** **-안중근** **-션/정혜영 부부** -연예인 **-유관순** -장애인 도우미 **-빌게이츠** **-테레사 수녀** -국가대표 **-의사** -슈바이처 **-목사님** **-차인표** **-반기문** -국회의원 **-군인** -싸이	**-환경미화원** **-사회 봉사단원** **-부모님** **-이태석 신부** **-의사** -김대중 **-목사님** -간호사 **-소방관** **-김수환 추기경** **-경비아저씨** **-한비야** -조일희 **-경찰관** **-기부하는 사람들** -무료급식 자원 봉사자 -한지민 **-선생님** -링컨 -헌혈하는 사람들 **-서경덕 교수** **-안철수** -기업가, 노동자 -이명박 -오세훈 **-독립투사** -민주화 투사 **-김연아** **-폐지를 모아 기부한 할머니** -이영락 목사 **-최선임 승무원** **-군인** **-김장훈** **-션/정혜영 부부** **-스님, 수녀 등의 종교인** **-사회복지사** **-반기문** -송일국 -버스 운전사 **-자원 봉사자** **-빌 게이츠** -닉부이치치 -이건희 **-선교사** **-박원순** **-대통령** **-안중근**	-교수님 -노동운동가 -멘토링 멘토 **-봉사활동가** -의료봉사자 **-사회복지사** **-부모님** -교육봉사자 **-박근혜** **-경찰** **-소방관** **-환경미화원** **-빌게이츠** **-션 부부** **-승무원** -개그맨 **-시민단체** **-김연아** **-기부자** -검사 -변호사 **-한비야** -문재인 **-독립운동가** **-교사** -NGO활동가 **-이태석 신부** **-교회 봉사자** **-김수환 추기경** **-전 재산을 기부한 할머니** **-박원순** -이종환 -장기려 **-서경덕 교수** -김해영 **-목사님** **-간디** **-차인표** -개리 **-재능기부자** **-테레사 수녀** **-안철수** -자연보호단체 관계자 -드록바 -시각장애인 봉사단 -독도알리미 단체 -감정 노동자 -김경란 -연구자 **-전교조 교사**

환경 미화원, 소방관, 경찰 등 주변에서 흔히 볼 수 있는 직업군에 속하는 인물들을 언급한 경우도 다수 존재하였다.

이 질문에 대한 응답 역시 연령이 증가함에 따라서 더 다양한 분야의 인물을 응답하는 경우가 많아졌다. 중학생의 경우에 아이돌, 연예인들을 언급하는 경향성이 많았고 경우에 따라 유명 정치인을 언급하는 경우도 나타났다.

9) 공동체 헌신 인물에 대한 개인적 견해

공동체에 기여했거나 헌신했다고 생각하는 인물에 대한 의견을 정리한 결과는 〈표 IV-30〉과 같다.

공동체 헌신 인물에 대한 개인적 견해에 대한 응답 결과를 살펴보면 전반적으로 모든 학교급에서 '존경스럽다', '대단하다', '따라하고 싶다'와 같은 긍정적이지만 피상적인 응답이 빈번히 등장하였다. 그러나 이와 동시에 중학교와 고등학교에서 '왜 하는지 이해가 안 된다', '멋있어 보이지만 내가 하고 싶진 않다'처럼 공동체 목표에 대해 헌신하는 인물에 대해 회의적인 시각을 나타내는 응답 또한 다수 존재하였다. 이러한 경향성은 특히 고등학교에서 더욱 강하게 나타난다. 대학교 역시 비슷한 경향성을 확인할 수는 있지만 중학교 및 고등학교와는 달리 공동체에 헌신하는 인물들이 겪게 되는 현실적 어려움이나 비참할 수 있는 삶의 모습을 안타까워하며 걱정하는 응답을 확인할 수 있다.

공동체에 헌신하는 인물에 대한 개인적 견해를 질문에서도 다른 질문들에서 나타난 경향성과 마찬가지로 중학교에서 고등학교, 고등학교에서 대학교로 올라갈수록 전반적인 응답의 양이 증가하며, 보다

〈표 IV-30〉 공동체 기여 인물에 대한 견해(굵은 글씨는 다수 중복응답임)

중학생	고등학생	대학생
- 나를 돌봐준다 **- 착하고 배려심 깊다** **- 열심히 산다** **- 감사하다** **- 매우 가치 있다** **- 대단하다** **- 감동스럽다** **- 왜 하는지 이해가 안 된다** **- 나도 열심히 해야겠다** **- 돕고 싶다는 생각이 든다** **- 별 관심 없다** **- 존경한다** **- 나는 못할 것 같다** - 이러한 삶은 누구도 따라 할 수 없다 **- 타인과 사회를 위해서 일하는 것보다 스스로를 위해 일하기도 하는 것이 좋다는 생각** - 경제적으로 부유하니까 하는 것 같다 - 이미지 관리하는 것일 수도 있다 - 어차피 망할 세상 이렇게 해봤자 소용없다 **- 힘들 것 같다**	**- 같이 해보고 싶기도 하다** **- 정말 대단하다** **- 사회에 큰 도움이 된다** **- 도저히 이해가 안 된다** **- 힘들 것 같다** **- 헌신적인 멋진 삶 같다** **- 자신의 신념과 가치에 따른 행동이다** **- 다른 사람을 위해 사는 것도 좋지만 자신의 인생은 즐겨야 한다** - 특별한 사람들이 아니며 나도 이렇게 될 수 있다 - 나는 이기적이라서 이렇게 헌신할 수 없다 **- 사회의 발전에 도움이 될 것이다** **- 멋있어 보이지만 내가 하고 싶진 않다** - 결국은 자기만족을 위한 것이다 **- 나도 적극적 관심을 보이고 참여하고 싶다** **- 자랑스럽고 존경스럽다** - 진정한 한계에 마주치는 순간에도 그 일을 계속할 수 있을지 의문이 든다 - 봉사의 중요성이 지나치게 부풀려진 것은 아닌가 하는 생각이 든다. 나와 가정을 챙기는 것이 우선 아닌가? - 후손을 위해 덕이 되는 일이다 - 기본적인 마인드 자체에 차이가 있는 것 같다	**- 생각으로만 하고 있던 것을 실천해서 대단하다고 생각한다** - 이러한 활동의 결과는 자신에게도 돌아오고, 결국 서로 상생하는 것이다 **- 마음은 있지만 실천으로 옮기기 어렵다** **- 존경스럽다** - 하나의 혁명이라 할 수 있다 - 얼마나 외롭고 고된 길일지 안쓰럽다 **- 나도 이런 모습을 닮고 동참하고 싶다** - 그들 덕에 웃을 수 있어서 감사한다 **- 그냥 별 생각 안 든다** - 오로지 사회를 위해서만 헌신하는 것은 존재할 수가 없다 - 노블레스 오블리주 **- 의미 있는 활동이지만 내가 하고 싶진 않다** - 그들이 보여주는 희생이 숭고하다고 느낀다 - 봉사활동의 가치를 더 높게 평가해야 한다 - 저렇게까지 할 필요가 있나 싶다 - 화려한 겉모습 뒤에 비참한 개인적 삶이 있을 것 같다 - 자기 것을 못챙기고 헌신만 하는 사람은 한심해 보인다 - 삶의 여유가 느껴진다 - 자신이 사랑하는 일을 하고 있다는 느낌이 강하게 든다 - 사회적 헌신도 결국 개인적인 목적의 달성의 일부일 수가 있다 - 사회를 위해 헌신하는 사람의 삶은 보통 매우 힘들어서 본받고 길을 따라가기가 힘든 것 같다(현실적 문제) **- 나에겐 아주 작은 기여지만 남에게 큰 기쁨을 줄 수도 있다** - 진정성을 가진 사람은 없다고 생각한다. 자기 이미지와 스펙을 위한 것이다 **- 내가 할 수 없는 일을 하기에 더욱 대단하다고 느끼게 된다**

구체적이고 심층적인 응답을 하는 경향성을 보였다. 또한 같은 학교급 내에서도 상반된 응답이 나타남을 아울러 확인할 수 있는데, 고등학교의 경우에 공동체목표를 실천하는 사람에 대해 '나와 크게 다르

지 않다'는 응답과 '기본적 마인드 자체가 다르다'라는 응답이 동시에 존재함을 확인할 수 있으며 대학교의 경우에도 공동체 헌신 인물에 대한 극단적인 긍정적 시각과 회의적 시각이 공존하는 것을 확인할 수 있다.

라. 1차년도 실태조사 연구 소결

공동체지향목표에 대한 이론모형 연구 및 사례분석 결과를 바탕으로 우리나라 청소년들의 공동체지향목표에 대한 인식 실태를 알아보기 위해 실시한 중·고·대학생 총 1,340명의 인식조사의 주요 결과와 시사점은 다음과 같다.

우선 우리나라 청소년들이 가지고 있는 삶과 관련된 목표 설정의 범주와 내용이 대부분 '나, 혹은 나와 우리 가족(주변)'의 안정되고 풍요로운 삶에 치우쳐 있는 것으로 나타났는데, 이는 이들이 선택하는 삶의 목표 범주가 거의 대다수 '나와 주변'이었고, 학생들이 자유롭게 기술한 삶의 목표와 관련된 내용 역시도 학교급, 즉 연령에 상관없이 공통적으로 개인주의적 견해를 보여주는 응답이 가장 빈번히 나타났다는 점을 통해서 확인할 수 있었다. 이들의 이러한 경향성은 향후 자신이 공동체를 위해서 헌신할 수 있는 방법이나 내용에 대한 응답 결과를 통해서도 나타났는데 어떻게 공동체에 공헌할 수 있을 것인가에 대해서 학생들이 공통적으로 '나의 꿈을 실현하면, 내가 성공하면, 내가 돈을 벌면, 내가 취직하면, 내가 내 일을 하면' 등 자신이 기능하면 사회/공동체가 저절로 발전할 것이라는 응답을 가장 많이 하였다.

그러나 1차년도 연구 결과는 이들의 목표가 향후 공동체지향의 방향으로 더욱 나아갈 수 있을 것이라 기대할 수 있는 긍정적인 결과들도 제시하고 있는데, 대부분의 학생들이 '공동체지향목표'의 기본적인 요소이자 공동체지향목표의 필수조건으로서 '사회/공동체에 대한 소속감'을 경험하며 자신이 사회에 어느 정도 영향을 줄 수 있을 것이라고 생각하고 있었다. 또한 대다수의 학생들이 '공동체지향 삶'에 대해 자신이 실천은 못하더라도 관심이 있고 해보고 싶다는 의견을 나타내고 있었다.

다만, 아직은 구체적이고 적극적인 실천의지의 수준이기보다는 막연한 수준에 그치고 있는 것으로 나타났으나 이는 아직 발달과정 중의 학생들이 공동체지향목표를 지향하는 삶의 내용과 의의에 대한 이해 부족과 관련되어 있는 것으로 판단된다. 실제로 학생들이 공동체에 헌신할 수 있는 방법이나 관련 인물들에 대해 직접 작성한 내용을 살펴볼 때 연령이 낮아질수록 응답의 수와 응답내용의 구체성 등이 상대적으로 부족했다.

그런데 이러한 결과는 공동체지향목표가 연령에 따라 발달하거나 변화할 수 있음을 지지하는 결과로도 살펴볼 수 있다. 특히 학교급이 상승함에 따라, 무관심하거나 개인지향적인 선택비율이 감소하고, 반대로 공동체관심지향적이거나 실천지향적인 모습을 보이는 경향성을 보이는 결과는 이와 같은 발달가능성을 강하게 뒷받침해주고 있다고 파악되었다.

공동체지향목표와 관련한 남녀차이는 크게 두드러지지는 않았으나 공동체지향목표 유형과 관련하여 여학생의 경우에는 남학생에 비해서 공동체관심지향이나 공동체실천지향의 점수가 유의미하게 높았다. 그런데 이는 '목표범주'의 설정에 있어서 여학생에 비해 남학생이 '사회/공동체' 범주를 선택하는 경향이 높았던 것과는 다소 차이가 있는 결과인데, 즉 여학생의 경우에는 목표를 설정함에 있어서는 남학생에 비해 '사회/공동체' 범주를 선택하는 경우가 낮더라도 실제 상황에서 보다 공동체에 관심을 가지고 실천하는 편일 수 있음을 보여주는 것이다. 그러나 소속감과 실천의지에 대한 질문에서는 다시 남학생이 좀 더 실천의지를 보이는 것으로 나타났는데, 이를 종합하면 '문항'을 통해서 직접적으로 목표범주나 실천의지를 물어보는 경우에 응답은 남학생이 보다 적극성을 띠는 결과를 보이나, 구체적인 상황을 제시하고 상황에서 공동체지향행동 유형을 선택한 결과에서는 여학생이 좀 더 공동체지향적인 응답을 나타낸다는 특성을 보이는 것으로 나타났다. 성별에 따른 이러한 특성에 대한 추가적인 검토가 이루어져야 할 것으로 보인다.

2. 2차년도 공동체지향목표 인식 실태 조사

가. 조사대상

본 조사는 1차년도에 실시한 공동체지향목표에 대한 인식조사 결과를 바탕으로 우리나라 청소년들이 공동체지향목표에 대한 일반적인 견해, 공동체지향목표 유형, 공동체지향목표에 대한 중요도와 실천도 인식 수준을 파악하기 위해 실시되었다.

응답자는 서울 및 수도권에 거주하는 중학생과 고등학생이며 조사 결과 본 설문에 포함된 대상은 총 2,477명(남 1,243명, 여 1,234명)으로 중학생 948명, 고등학생 1,522명(일반계 고등학생 614명, 특성화 고등학교 학생 348명, 특목고 및 자사고 학생 567명)이었다. 이 중 응답이 불성실하거나 이상 체크를 한 응답자를 제외하고 최종 2,468명을 분석에 포함하였다.

〈표 IV-31〉 학교급별 응답자 분포

학교급	빈도(명)	비율(%)
중학교	946	38.3
고등학교	1,522	61.7
합계	2,468	100.0

〈표 IV-32〉 성별 응답자 분포

성별	빈도(명)	비율(%)
남	1,235	50.0
여	1,233	50.0
합계	2,468	100.0

〈표 IV-33〉 학교급/성별 응답자 분포

학교급			성별		전체
			남	여	
학교급	중학교	빈도	520	426	946
		(%)	(55.0)	(45.0)	(100.0)
	고등학교	빈도	715	807	1522
		(%)	(47.0)	(53.0)	(100.0)
전체		빈도	1235	1233	2,468
		(%)	(50.0)	(50.0)	(100.0)

나. 조사방법

1) 조사도구

2차 조사는 한국 청소년들의 공동체지향목표 유형 확인과 한국 청소년들이 공동체지향목표에 대한 중요도와 실천도 인식 수준 확인을 위해 실시된 것으로 조사의 목적에 맞추어 1차 조사 도구를 수정 보완하여 조사도구를 개발하였다. 조사지는 총 3부로 구성되어 있으며 〈표 IV-34〉와 같다.

〈표 IV-34〉 2차년도 조사 도구의 구성

	구분	주요 내용	비고
1부	공동체지향목표 일반	공동체지향목표 관련 일반	- 공동체의식조사문항 - 선다형 문항 - 17문항
	공동체지향목표 유형	상황별 선택유형	
2부	공동체지향목표의 내용 (가치(중요도) & 실천의지)	공동체지향목표에 대한 중요도 인식수준 및 실천정도	- 신규 추가 문항 - 리커트 척도 - 가치(중요성) 실천의지 - 36문항
3부	관련 특성 조사	변인 측정 내용 - MPQ, 삶의 만족도 등	- 관련 변인 측정 문항 - 리커트 척도 - 47문항

① 1부 조사지의 구성

본 조사지의 구성 중 1부에 해당되는 문항의 내용을 보다 상세히 나타내면 아래와 같은데, 1차 조사와 비교할 때, 유형 확인을 위한 검사로의 구성을 위해 공동체지향목표의 유형 확인을 위한 문항을 추가하고, 1차 조사에서 실시한 문항 중 자유응답형 문항들을 1차 조사의 응답결과를 바탕으로 유목화하여 '선다형'문항으로 변경하여 구성하였다.

이 중 유형 탐색을 위한 문항은 1차 조사에서 실시한 것과 동일하게 문헌연구 및 사례분석을 통해 검토된 '공동체지향목표'의 특성을 확인할 수 있도록 스토리텔링 방식으로 개발하였다. 스토리텔링 방식의 문항들은 '문제상황'을 설정하고 해당 경우에 어떤 선택을 할 것인지를 고르도록 하여 이를 통해 학생들이 가진 '공동체지향목표'의 특성을 확인할 수 있도록 개발된 것이다. 이러한 문항 유형은 측정학적으로는 ipsative 문항으로 볼 수 있는데 ipsative 문항 형식은 개인의 내적특성을 보다 분명히 드러낸다는 장점을 가지고 있는 문항 형식으로, 개인의 '공동체지향목표' 유형을 보다 명확하게 드러낼 수 있게 하는 장점을 가진다.

② 2부 조사문항 구성

2부와 3부의 문항들은 2차 조사 시 신규 포함된 내용으로 2부의 내용은 학생들이 생각하는 공동체지향목표에 대해 얼마나 중요하게 생각하는지의 수준과 이를 어느 정도 실천하고 있는지의 정도를 5점 리커트 척도로 응답하도록 구성하였다. 문항들은 학생들의 실제 생활 속에서 경험하는 '공동체지향목표'의 활동과 관련된 것으로 작성하였다.

〈중요도 문항 예〉

■ 문항에 제시된 삶의 내용을 잘 읽고, 해당 삶의 내용이 자신에게 얼마나 중요한지의 정도를 표시(○)하세요.

예컨대, '다른 사람을 도와준다'라는 문항을 읽고, 해당 삶의 내용이 자신에게,	전혀 중요하지 않음	중요하지 않음	그저 그런 편	중요함	매우 중요함
'전혀 중요하지 않다'고 생각되면	①	2	3	4	5
'중요하지 않다'고 생각되면	1	②	3	4	5
'그저 그렇다'고 생각되면	1	2	③	4	5
'중요하다'고 생각되면	1	2	3	④	5
'매우 중요하다'고 생각되면	1	2	3	4	⑤

〈실천도 문항 예〉

■ 문항에 제시된 삶의 내용을 잘 읽고, 해당 행동을 평상시 자신이 얼마나 실천하는지의 정도를 표시(○)하세요.

예컨대, '나는 다른 사람들을 돕는다'라는 문항을 읽고,	전혀 그렇지 않다	그렇지 않다	보통이다	그렇다	매우 그렇다
'전혀 그렇지 않다'라고 생각되면	①	2	3	4	5
'그렇지 않다'라고 생각되면	1	②	3	4	5
'보통이다'라고 생각되면	1	2	③	4	5
'그렇다'라고 생각되면	1	2	3	④	5
'매우 그렇다'라고 생각되면	1	2	3	4	⑤

③ 3부 조사문항 구성

3부의 문항들은 1부에서 구성한 공동체지향목표의 유형의 타당성 확인을 위해 포함된 것으로, 공동체지향목표를 측정하는 척도 중 하나인 '삶의 의미척도(Meaning in life Questionnaire: MLQ)'의 문항과, '삶의 만족도 척도' 등이 포함되어 있다.

• 삶의 의미 척도(Meaning in Life Questionnaire: MLQ)

Steger 등(2006)이 개발한 '삶의 의미 척도(Meaning in Life Questionnaire: MLQ)'는 삶에서 개인이 의미를 추구하려는 정도를 측정하는 척도이다. 공동체지향목표의 측정을 위해 활용되는 것으로 본 연구에서는 총 10개 문항 중 7개 문항을 포함하였으며 포함된 문항의 Cronbach' α는 .90이었다.

• 삶의 만족도 척도

삶의 만족도는 척도는 Diener 등(1985)이 개발한 척도로, 자신의 삶에 대한 만족의 정도를 측정한다. 본 연구에서는 이 중 5개의 문항을 포함하였으며 포함된 문항의 Cronbach's α는 .86으로 나타났다.

2) 조사절차 및 방법

본 연구의 2차 조사는 우선 2013년 12월부터 약 한 달간 실시되었다. 중고생 대상의 조사는 대상 학교의 교사에게 본 조사의 목적과 내용을 충분히 안내한 후 이에 대한 동의 절차를 획득하여 교사의 도움을 통해 오프라인으로 설문이 실시되었다. 1차 수거 결과 응답자 수가 부족하여 방학기간이 지난 후 추가적인 조사를 실시하였다.

다. 공동체지향목표관련 기초 조사 결과

1) 공동체지향목표 일반-삶의 목표 선정 시 고려 범주 분석

우선 개인이 삶의 목표를 선정할 때 우선적으로 고려하는 범주가 어디까지 포함되어 있는가를 알아보기 위해 다음과 같은 상황문을 제시하고 이 중 개인이 고려하는 목표범주의 유형을 선택하도록 하였다.

> Q. 어느 날 밤에 좋은 꿈을 꾼 당신은 갑작스럽게 복권에 당첨되어 어마어마한 액수의 돈을 받게 되었다. 평생 동안 부귀영화를 누릴 수 있을 정도의 엄청난 액수의 당첨금이 생긴 나는 다음 중에 어느 선택을 할 것인가?

문항에 대한 보기로 연구진은 '내가 하고 싶었던 일들을 확인하고 하나씩 한다(개인범주)', '나와 주변 가족들이 행복을 누리는 것에 우선 순위를 둔다(가족범주)', '내가 속한 사회 및 공동체의 행복을 위해 할 수 있는 일을 생각해본다(공동체범주)'의 세 가지를 제시하였다.

삶의 목표 선정 시 고려 범주와 관련된 본 문항의 분석 결과 가족 및 주변을 삶의 범주로 선택하는 경우가 52.5%로 가장 많았고 그 다음으로 개인, 사회 및 공동체를 선택하는 것으로 나타났다. 이러한 패턴은 중학교와 고등학교 학교급별이나 성별에 따라서도 동일한 패

〈표 IV-35〉 삶의 목표 선정 시 고려 범주

삶의 목표 선정 시 고려 범주	빈도(명)	비율(%)
개인	1,013	41.2
가족 및 주변	1,290	52.5
사회 및 공동체	154	6.3
합계	2,457	100.0

〈표 IV-36〉 성별/학교급별 목표 선정 시 고려 범주

성별/학교급			목표 설정 고려 범주			전체	χ^2
			개인	가족 및 주변	사회 및 공동체		
성별	남자	빈도	508	638	88	1,234	3.25
		(%)	(41.2)	(51.7)	(7.1)	(100.0)	
	여자	빈도	505	652	66	1,223	
		(%)	(41.3)	(53.3)	(5.4)	(100.0)	
학교급	중학교	빈도	369	503	64	936	2.42
		(%)	(39.4)	(53.7)	(6.8)	(100.0)	
	고등학교	빈도	644	787	90	1,521	
		(%)	(42.3)	(51.7)	(5.9)	(100.0)	

*p<.05, **p<.01

〈표 IV-37〉 학교급별 목표 선정 시 고려 범주 남녀차이

학교급/성별			목표 설정 고려 범주			전체	χ^2
			개인	가족 및 주변	사회 및 공동체		
중학교	남자	빈도	196	276	47	519	9.26**
		(%)	(37.8)	(53.2)	(9.1)	(100.0)	
	여자	빈도	173	227	17	417	
		(%)	(41.5)	(54.4)	(4.1)	(100.0))	
고등학교	남자	빈도	312	362	41	715	.93
		(%)	(43.6)	(50.6)	(5.7)	(100.0)	
	여자	빈도	332	425	49	806	
		(%)	(41.2)	(52.7)	(6.1)	(100.0)	

*p<.05, **p<.01

턴으로 나타났으나, 그 빈도의 차이가 성별에 따라서 혹은 학교급별에 따라서 통계적으로 유의하게 나타나지는 않았다.

다만 학교급을 고정하고 성별에 따른 설정 범주를 확인하였을 때 중학교에서 목표를 설정하는 범주에 있어서 성별에 따른 통계적으로 유의미한 차이가 나타났다. 중학교의 경우 여학생이 남학생보다 개인

목표를 더 많이, 남학생이 여학생보다 사회 및 공동체목표를 더 많이 선택하는 것으로 나타났다.

2) 공동체지향 삶에 대한 견해

공동체지향 삶에 대한 응답자 개인의 직접적인 견해를 확인하기 위해 제시한 문항과 보기는 아래와 같다.

Q. 나만이 아닌 다른 사람들과 더불어 사는 삶을 사는 것이 나만을 위해 사는 것보다 나에게 ____________.

A. ① 손해다 ② 관심 없다 ③ 이익이다 ④ 중요한 생활의 일부다

공동체지향 삶에 대한 견해에 대한 전체 학생의 응답결과는 '중요한 생활의 일부다(41.7%), 이익이다(38.5%), 관심 없다(16.7%), 손해다(3.1%)'의 순으로 나타났다.

학교급별로 살펴보면 중학생의 경우에는 '이익이다, 중요한 생활의 일부다, 관심 없다, 손해다'의 순으로, 고등학생의 경우에는 '중요한 생활의 일부다, 이익이다, 관심 없다, 손해다'의 순으로 나타났는데

〈표 IV-38〉 공동체 지향 삶에 대한 견해

공동체 지향 삶에 대한 견해	빈도(명)	비율(%)
손해다	75	3.1
관심 없다	411	16.7
이익이다	946	38.5
중요한 생활의 일부다	1,026	41.7
합계	2,458	100.0

'이익이다'와 '중요한 생활의 일부다'라는 응답을 공동체지향 삶에 대한 긍정적인 견해로 보았을 때 '공동체지향 삶'에 대해 학생들은 매우 긍정적이고 중요하게 생각하고 있음을 확인할 수 있었다.

성별 응답결과를 살펴본 결과, 전체응답자를 대상으로 살펴보면 남학생의 경우에는 '이익이다, 중요한 생활의 일부다, 관심 없다, 손해다'의 순으로, 여학생은 '중요한 생활의 일부다, 이익이다, 관심 없다, 손해다'의 순으로 나타났고, 이러한 응답은 통계적으로도 유의미한 차이를 나타내는 것으로 나타났다.

학교급을 고정하고 학교급별로 성별에 따른 응답의 차이를 확인한 결과, 중학생과 고등학생 집단 모두 해당 집단에 한정하여 성별의 차이를 확인할 경우에도 그 차이가 통계적으로 유의미하게 나타나는 것을 확인할 수 있었다.

고등학생의 경우에는 남녀 모두 '중요한 생활의 일부다'라는 응답 비율이 가장 높았고 '이익이다, 관심 없다, 손해다'의 순으로 나타나 중학생에 비해 고등학생의 경우 보다 구체적으로 생활의 중요한 측면으로 인식하고 있는 경향성을 살펴볼 수 있었다.

〈표 IV-39〉 성별/학교급 공동체지향 삶에 대한 견해

성별/학교급			공동체지향의 삶을 사는 것은…				전체	χ^2
			손해다	관심 없다	이익이다	중요한 생활의 일부다		
성별	남자	빈도	59	237	494	438	1,228	58.10**
		(%)	(4.8)	(19.3)	(40.2)	(35.7)	(100.0)	
	여자	빈도	16	174	452	588	1,230	
		(%)	(1.3)	(14.1)	(36.7)	(47.8)	(100.0)	
학교급	중학교	빈도	29	181	385	349	944	15.98**
		(%)	(3.1)	(19.2)	(40.8)	(37.0)	(100.0)	
	고등학교	빈도	46	230	561	677	1,514	
		(%)	(3.0)	(15.2)	(37.1)	(44.7)	(100.0)	

*$p<.05$, **$p<.01$

〈표 IV-40〉 학교급별 공동체지향 삶에 대한 견해 남녀차이

학교급/성별			공동체지향의 삶을 사는 것은…				전체	χ^2
			손해다	관심 없다	이익이다	중요한 생활의 일부다		
중학교	남	빈도	25	109	224	161	519	26.07**
		(%)	(4.8)	(21.0)	(43.2)	(31.0)	(100.0)	
	여	빈도	4	72	161	188	425	
		(%)	(.9)	(16.9)	(37.9)	(44.2)	(100.0)	
고등학교	남	빈도	34	128	270	277	709	30.63**
		(%)	(4.8)	(18.1)	(38.1)	(39.1)	(100.0)	
	여	빈도	12	102	291	400	805	
		(%)	(1.5)	(12.7)	(36.1)	(49.7)	(100.0)	

*p<.05, **p<.01

3) 공동체 소속감 및 실천의지 정도

공동체지향목표에 대한 이론적 모형 구축에서 살펴본 바와 같이 공동체지향목표의 구성 및 발달과정에 있어서 공동체에 대한 소속감의 이해와 이의 실천은 필수적이라고 볼 수 있다. 이와 관련하여 학생들의 인식 수준을 알아보기 위해 아래와 같은 상황질문을 제시하였고 그 분석 결과는 다음과 같다.

Q. 우리나라를 대표하여 뛰고 있는 국가대표 선수들의 경기를 보며 다 같이 기뻐하고 슬퍼하는 것을 보면 대한민국이라는 공동체가 실제로 존재하는 것처럼 느껴지다가도 평소엔 이와 같은 특별한 의식이 별로 느껴지지 않기도 하는데, 평상시 당신은 얼마나 국가나 사회와 같은 공동체와 스스로가 관련이 있다고 느끼는가?

A ① 공동체에 소속되어 있다는 것을 그다지 느끼지 못한다.
② 공동체에 소속되어 있지만 내 평소 생활과는 관련이 없다.
③ 공동체에 소속되어 있으며 내 평소 생활에도 이를 실천하고 싶다는 생각을 가지고 있다.
④ 공동체에 소속되어 있으며 내 평소 생활에도 이를 실천하고 있다.

공동체에 대한 소속감과 실천의지와 관련된 문항에 대한 응답결과, '공동체에 소속되어 있으며 평소에도 실천하고 싶다(41.1%)'는 의견이 가장 많았고, 그 다음으로 '공동체에 소속이 되어 있기는 하나 평소 생활과는 관련이 없다(33.2%)', '공동체에 소속되어 있음을 그다지 느끼지 못한다(12.3%)', '소속되어 있으며 실천하고 있다(13.4%)'의 순으

〈표 IV-41〉 공동체 소속감 및 실천의지 정도

내용	빈도(명)	비율(%)
공동체에 소속되어 있다는 것을 그다지 느끼지 못한다	303	12.3
공동체에 소속되어 있지만 내 평소 생활과는 관련이 없다	815	33.2
공동체에 소속되어 있으며 내 평소 생활에도 이를 실천하고 싶다는 생각을 가지고 있다	1,009	41.1
공동체에 소속되어 있으며 내 평소 생활에도 이를 실천하고 있다	330	13.4
합계	2,457	100.0

〈표 IV-42〉 성별/학교급별 공동체 소속감 및 실천의지 정도

성별/학교급			공동체 소속감 및 실천의지 정도				전체	χ^2
			공동체에 소속되어 있다는 것을 그다지 느끼지 못한다	공동체에 소속되어 있지만 내 평소 생활과는 관련이 없다	공동체에 소속되어 있으며 내 평소 생활에도 이를 실천하고 싶다는 생각을 가지고 있다	공동체에 소속되어 있으며 내 평소 생활에도 이를 실천하고 있다		
성별	남자	빈도	187	385	488	166	1,226	20.20**
		(%)	(15.3)	(31.4)	(39.8)	(13.5)	(100.0)	
	여자	빈도	116	430	521	164	1,231	
		(%)	(9.4)	(34.9)	(42.3)	(13.3)	(100.0)	
학교급	중학교	빈도	143	284	400	115	942	16.68**
		(%)	(15.2)	(30.1)	(42.5)	(12.2)	(100.0)	
	고등학교	빈도	160	531	609	215	1,515	
		(%)	(10.6)	(35.0)	(40.2)	(14.2)	(100.0)	

$^{*}p<.05$, $^{**}p<.01$

〈표 Ⅳ-43〉 학교급별 공동체 소속감 및 실천의지 정도 남녀차이

학교급/성별			공동체 소속감 및 실천의지 정도				전체	χ^2
			공동체에 소속되어 있다는 것을 그다지 느끼지 못한다	공동체에 소속되어 있지만 내 평소 생활과는 관련이 없다	공동체에 소속되어 있으며 내 평소 생활에도 이를 실천하고 싶다는 생각을 가지고 있다	공동체에 소속되어 있으며 내 평소 생활에도 이를 실천하고 싶다		
중학교	남	빈도	91	137	220	69	517	10.71*
		(%)	(17.6)	(26.5)	(42.6)	(13.3)	(100.0)	
	여	빈도	52	147	180	46	425	
		(%)	(12.2)	(34.6)	(42.4)	(10.8)	(100.0)	
고등학교	남	빈도	96	248	268	97	709	13.35**
		(%)	(13.5)	(35.0)	(37.8)	(13.7)	(100.0)	
	여	빈도	64	283	341	118	806	
		(%)	(7.9)	(35.1)	(42.3)	(14.6)	(100.0)	

*$p<.05$, **$p<.01$

로 나타났다. 이러한 경향은 중학교 및 고등학교 학교급별로 공통적으로 나타났다.

소속감과 실천의지와 관련하여 소속감의 경우 중학교의 경우 84.8%, 고등학교의 경우 89.4%가 소속감을 느끼는 것으로 확인되었으나(‘공동체에 소속되어 있다는 것을 그다지 느끼지 못한다’를 제외한 응답의 합) 실천 정도의 의지에 이르고 있는 경우는 이에 비해 낮은 편임을 확인할 수 있었다.

또한 성별에 따른 응답결과를 살펴보면, 여학생에 비해 남학생이 실제 생활에서 실천하고 싶다는 의지를 나타내는 응답지(‘공동체에 소속되어 있으며 내 평소 생활에도 실천하고 싶다는 생각을 가지고 있다’)의 선택 비율이 더 높은 것을 확인할 수 있었고 이러한 차이는 통계적으로도 유의한 것으로 나타났다.

이러한 성별에 따른 응답결과의 차이는 학교급을 고정하고 학교급

별 성별의 차이를 확인한 분석결과에서도 동일하게 유의한 것으로 나타났다.

4) 개인 삶의 파급력 기대

공동체지향목표는 자신과 공동체의 타인 간에 연계되어 있으며 서로 영향을 주고받을 수 있다는 점에 대한 이해를 바탕으로 하고 있고 이에 자신의 삶의 결과 역시도 타인에게 영향을 미칠 수 있다는 생각에서 비롯된다고 볼 수 있기 때문에 학생들이 자신의 삶이 사회에 미칠 파급력에 대해 어떻게 생각하는지 알아보고자 아래와 같은 문항을 제시하였다.

Q. 몇몇 인물, 예컨대 간디의 자서전을 살펴보면 자신이 추구하는 생각이나 가치가 당시의 사회 상황과 매우 큰 관련이 있으며, 이를 실현함으로써 사회에 큰 영향을 미쳐 올바른 목표를 실현하는 데에 크게 기여할 것으로 보았다. 그렇다면 당신의 경우는 어떠한가? 당신의 생각에 따르면 당신이 추구하는 생각과 가치는 ______________.

A ① 사회와 관련이 없고 영향을 미치지도 못할 것이다.
② 사회와 관련은 있지만 영향을 미치지는 못할 것이다.
③ 사회와 관련이 있고 어느 정도 영향을 미칠 수 있을 것이다.
④ 사회와 관련이 있고 큰 영향력을 미칠 수 있을 것이다.

개인의 삶의 사회파급력에 대해 기대와 관련하여 '사회와 관련이 어느 정도 있고 영향을 미칠 수 있을 것이다(44.8%)'라는 응답이 가장 높은 순으로 나타났고, 그 다음으로 '관련은 있으나 영향을 미치지는 못할 것이다(28.1%)', '사회와 관련이 있고 큰 영향력을 미칠 수 있을 것이다(17.1%)', '사회와 관련이 없고 영향을 미치지도 못할 것이다

(10.0%)'의 순으로 응답하였다.

이는 모든 학교급에서 동일한 패턴이었는데 특히 '특목고/자사고'의 경우 다른 학교급에 비해 자신의 삶의 파급력을 기대하는 비율이 높은 것으로 응답되었다. 개인의 삶의 사회파급력에 대한 기대에 있어서 남녀 모두 '사회와 관련 있고 어느 정도 영향을 미칠 수 있다', '관련 있으나 영향을 미치지는 못할 것', '관련도 있고, 큰 영향도 미칠

〈표 IV-44〉 개인 삶의 사회파급력 기대

개인 삶의 파급력 기대	빈도(명)	비율(%)
사회와 관련이 없고 영향을 미치지도 못할 것이다	247	10.0
사회와 관련 있으나 영향을 미치지는 못할 것이다	691	28.1
사회와 관련이 있고 어느 정도 영향을 미칠 수 있을 것이다	1,102	44.8
사회와 관련이 있고 큰 영향력을 미칠 수 있을 것이다	422	17.1
합계	2,462	100.0

〈표 IV-45〉 성별/학교급별 개인 삶의 사회파급력 기대

성별/학교급별			개인 삶의 사회 파급력 기대				전체	χ^2
			사회와 관련이 없고 영향을 미치지도 못할 것이다	사회와 관련 있으나 영향을 미치지는 못할 것이다	사회와 관련이 있고 어느 정도 영향을 미칠 수 있을 것이다	사회와 관련이 있고 큰 영향력을 미칠 수 있을 것이다		
성별	남자	빈도	148	359	524	199	1230	14.79**
		(%)	(12.0)	(29.2)	(42.6)	(16.2)	(100.0)	
	여자	빈도	99	332	578	223	1232	
		(%)	(8.0)	(26.9)	(46.9)	(18.1)	(100.0)	
학교급	중학교	빈도	104	272	426	142	944	5.76
		(%)	(11.0)	(28.8)	(45.1)	(15.0)	(100.0)	
	고등학교	빈도	143	419	676	280	1,518	
		(%)	(9.4)	(27.6)	(44.5)	(18.4)	(100.0)	

*$p<.05$, **$p<.01$

〈표 IV-46〉 학교급별 개인 삶의 사회파급력 기대 남녀차이

학교급/성별			개인 삶의 사회파급력 기대				전체	χ^2
			사회와 관련이 없고 영향을 미치지도 못할 것이다	사회와 관련 있으나 영향을 미치지는 못할 것이다	사회와 관련이 있고 어느 정도 영향을 미칠 수 있을 것이다	사회와 관련이 있고 큰 영향력을 미칠 수 있을 것이다		
중학교	남	빈도	71	151	221	76	519	9.23*
		(%)	(13.7)	(29.1)	(42.6)	(14.6)	(100.0)	
	여	빈도	33	121	205	66	425	
		(%)	(7.8)	(28.5)	(48.2)	(15.5)	(100.0)	
고등학교	남	빈도	77	208	303	123	711	6.20
		(%)	(10.8)	(29.3)	(42.6)	(17.3)	(100.0)	
	여	빈도	66	211	373	157	807	
		(%)	(8.2)	(26.1)	(46.2)	(19.5)	(100.0)	

*$p<.05$, **$p<.01$

것', '관련도 없고, 영향을 미치지도 못할 것'의 순으로 응답하였다.

남학생에 비해서 여학생의 경우에 자신의 삶이 '영향을 미칠 수 있다'('어느 정도 영향을 미칠 수 있다', '큰 영향력을 미칠 수 있다')고 응답하는 정도가 더 높게 나타났는데 이는 중학교, 일반계고, 특목고의 학교급에서 유사하였다. 그러나 특성화고의 경우 남학생들이 여학생에 비해 자신의 삶의 파급력을 기대하는 응답이 더 높은 비율로 나타났다.

5) 개인이 가지고 있는 삶의 목표

본 조사 결과는 1차 인식조사에서 학생들이 가지고 있는 삶의 목표에 대해서 자유기술 방식으로 응답한 결과를 다음의 12가지 내용으로 유목화한 것을 보기로 하여 실시된 조사내용을 분석한 것이다.

분석 결과 '나와 가족의 행복(27.2%), 원하는 대학가기/직업 갖기

〈표 IV-47〉 개인이 가지고 있는 삶의 목표

구분	빈도(명)	비율(%)
없음	22	.9
아직 정하지 못함	54	2.3
평범하게 살기	98	4.1
독립하기	56	2.3
원하는 대학가기/직업 갖기	588	24.7
돈 많이 벌기	333	14.0
나와 가족의 행복	647	27.2
남에게 피해주지 말기	80	3.4
어려운 이웃 도우며 살기(기부)	**36**	**1.5**
나의 재능으로 타인/사회에 기여	**110**	**4.6**
국가에 기여	**33**	**1.4**
사람들과 행복하게 살기	**326**	**13.7**
합계	2,383	100.0

(24.7%)'와 같이 개인적인 성취와 가족수준의 행복을 삶의 목표로 응답한 비율이 전체의 과반수 이상을 차지하고 있었다. 타인이 포함된 목표의 내용으로서 '어려운 이웃 도우며 살기, 나의 재능으로 타인과 사회에 기여, 국가에 기여, 사람들과 행복하게 살기'에 응답한 비율의 합은 21.2%를 보이고 있었다. 이러한 타인을 포함한 목표에 대한 응답비율은 성별에 따라서는 남학생의 경우 18.5%, 여학생의 경우 23.7%로 나타났고, 학교급별로는 중학생의 경우 14.4%, 고등학생의 경우 25.3%인 것으로 나타나 남학생에 비해 여학생이 그리고 중학생보다 고등학생이 더욱 삶의 목표 내용에 있어서 '공동체'를 포함한 응답을 선택하고 있는 것으로 확인되었다.

〈표 IV-48〉 성별/학교급별 개인이 가지고 있는 삶의 목표

구분	성별			학교급		
	남자	여자	χ^2	중학교	고등학교	χ^2
	빈도(%)	빈도(%)		빈도(%)	빈도(%)	
없음	18(1.5)	4(.3)		14(1.6)	8(.5)	
아직 정하지 못함	37(3.1)	17(1.4)		38(4.2)	16(1.1)	
평범하게 살기	65(5.5)	33(2.7)		43(4.8)	55(3.7)	
독립하기	33(2.8)	23(1.9)		24(2.7)	32(2.2)	
원하는 대학가기/직업 갖기	283(24.0)	305(25.4)		247(27.5)	341(23.0)	
돈 많이 벌기	202(17.1)	131(10.9)		133(14.8)	200(13.5)	
나와 가족의 행복	277(23.5)	370(30.8)	69.54**	239(26.6)	408(27.5)	70.20**
남에게 피해주지 말기	46(3.9)	34(2.8)		30(3.3)	50(3.4)	
어려운 이웃 도우며 살기(기부)	**14(1.2)**	**22(1.8)**		**11(1.2)**	**25(1.7)**	
나의 재능으로 타인/사회에 기여	**47(4.0)**	**63(5.2)**		**26(2.9)**	**84(5.7)**	
국가에 기여	**17(1.4)**	**16(1.3)**		**10(1.1)**	**23(1.5)**	
사람들과 행복하게 살기	**141(11.9)**	**185(15.4)**		**83(9.2)**	**243(16.4)**	
합계	1,180(100.0)	1,203(100.0)		898(100.0)	1,485(100.0)	

*$p<.05$, **$p<.01$

〈표 IV-49〉 학교급별 개인이 가지고 있는 삶의 목표 남녀차이

구분	중학교			고등학교		
	남자	여자	χ^2	남자	여자	χ^2
	빈도(%)	빈도(%)		빈도(%)	빈도(%)	
없음	12(2.5)	2(.5)		6(.9)	2(.3)	
아직 정하지 못함	28(5.7)	10(2.4)		9(1.3)	7(.9)	
평범하게 살기	28(5.7)	15(3.7)		37(5.3)	18(2.3)	
독립하기	13(2.7)	11(2.7)		20(2.9)	12(1.5)	
원하는 대학가기/직업 갖기	119(24.4)	128(31.2)		164(23.7)	177(22.3)	
돈 많이 벌기	82(16.8)	51(12.4)		120(17.3)	80(10.1)	
나와 가족의 행복	119(24.4)	120(29.3)	23.79*	158(22.8)	250(31.5)	49.96**
남에게 피해주지 말기	18(3.7)	12(2.9)		28(4.0)	22(2.8)	
어려운 이웃 도우며 살기(기부)	6(1.2)	5(1.2)		8(1.2)	17(2.1)	
나의 재능으로 타인/사회에 기여	14(2.9)	12(2.9)		33(4.8)	51(6.4)	
국가에 기여	7(1.4)	3(.7)		10(1.4)	13(1.6)	
사람들과 행복하게 살기	42(8.6)	41(10.0)		99(14.3)	144(18.2)	
합계	488(100.0)	410(100.0)		692(100.0)	793(100.0)	

*$p<.05$, **$p<.01$

6) 공동체 기여 방법

공동체 기여 방법에 대한 문항은 1차 인식조사에서 학생들이 자유기술한 응답내용을 유목화하여 선택지로 구성하고 응답하게 하였다.

응답 결과 '나의 성공 후에 재능기부(22.9%), 내 할 일 열심히 하기(21.3%), 나의 능력을 키우기(17.1%)'와 같이 개인의 성취를 통한 기여를 대부분의 학생들이 공동체 기여 방법으로 우선 선택하고 있는 것으로 나타났다. 내용에 공동체와 관련한 소속감이나 실천이 포함되어 있는 응답내용들로, '나의 성공 후에 재능기부'와 '기부하기', '어려운 사람 도와주기', '국민으로서 의무를 다하기', '리더가 되어 공동체 발전에 앞장서기'를 고려해 볼 수 있는데 해당 응답내용들에 대한 선택비율에 있어서 '국민으로서 의무를 다하기'를 제외하고 대부분 남학생에 비해 여학생이, 그리고 중학생에 비해 고등학생이 더 높은 응답비율을 보였다.

〈표 IV-50〉 공동체 기여 방법

구분	빈도(명)	비율(%)
관심 없음	78	3.3
참여하고 싶지 않음	32	1.3
능력이 안 돼서 못함	36	1.5
참여할 여력이 없음	14	.6
내 할 일 열심히 하기	507	21.3
나의 능력을 키우기	406	17.1
나의 성공 후에 재능 기부	**545**	**22.9**
내가 잘살기	109	4.6
기부하기	**98**	**4.1**
어려운 사람 도와주기	**196**	**8.2**
국민으로서의 의무를 다하기	**189**	**7.9**
리더가 되어 공동체 발전에 앞장서기	**171**	**7.2**
합계	2,381	100.0

〈표 IV-51〉 성별/학교급별 공동체 기여 방법

구분	성별		χ^2	학교급		χ^2
	남자	여자		중학교	고등학교	
	빈도(%)	빈도(%)		빈도(%)	빈도(%)	
관심 없음	56(4.8)	22(1.8)		44(4.9)	34(2.3)	
참여하고 싶지 않음	16(1.4)	16(1.3)		18(2.0)	14(.9)	
능력이 안 돼서 못함	22(1.9)	14(1.2)		20(2.2)	16(1.1)	
참여할 여력이 없음	6(.5)	8(.7)		8(.9)	6(.4)	
내 할 일 열심히 하기	264(22.5)	243(20.1)		199(22.2)	308(20.8)	
나의 능력을 키우기	243(20.7)	163(13.5)		167(18.6)	239(16.1)	
나의 성공 후에 재능 기부	**216(18.4)**	**329(27.3)**	78.76**	**177(19.7)**	**368(24.8)**	62.40**
내가 잘 살기	66(5.6)	43(3.6)		44(4.9)	65(4.4)	
기부하기	35(3.0)	63(5.2)		31(3.5)	67(4.5)	
어려운 사람 도와주기	**86(7.3)**	**110(9.1)**		**77(8.6)**	**119(8.0)**	
국민으로서의 의무를 다하기	**96(8.2)**	**93(7.7)**		**80(8.9)**	**109(7.3)**	
리더가 되어 공동체 발전에 앞장서기	**69(5.9)**	**102(8.5)**		**32(3.6)**	**139(9.4)**	
합계	1,175(100.0)	1,206(100.0)		897(100.0)	1,484(100.0)	

*$p<.05$, **$p<.01$

〈표 IV-52〉 학교급별 개인이 가지고 있는 삶의 목표 남녀차이

구분	중학교		χ^2	고등학교		χ^2
	남자	여자		남자	여자	
	빈도(%)	빈도(%)		빈도(%)	빈도(%)	
관심 없음	32(6.6)	12(2.9)		24(3.5)	10(1.3)	
참여하고 싶지 않음	11(2.3)	7(1.7)		5(.7)	9(1.1)	
능력이 안 돼서 못함	13(2.7)	7(1.7)		9(1.3)	7(.9)	
참여할 여력이 없음	4(.8)	4(1.0)		2(.3)	4(.5)	
내 할 일 열심히 하기	105(21.6)	94(22.9)		159(23.1)	149(18.7)	
나의 능력을 키우기	99(20.3)	68(16.6)		144(20.9)	95(11.9)	
나의 성공 후에 재능 기부	81(16.6)	96(23.4)	20.06*	135(19.6)	233(29.3)	59.92**
내가 잘 살기	28(5.7)	16(3.9)		38(5.5)	27(3.4)	
기부하기	12(2.5)	19(4.6)		23(3.3)	44(5.5)	
어려운 사람 도와주기	41(8.4)	36(8.8)		45(6.5)	74(9.3)	
국민으로서의 의무를 다하기	46(9.4)	34(8.3)		50(7.3)	59(7.4)	
리더가 되어 공동체 발전에 앞장서기	15(3.1)	17(4.1)		54(7.8)	85(10.7)	
합계	487(100.0)	410(100.0)		688(100.0)	796(100.0)	

*$p<.05$, **$p<.01$

7) 공동체 헌신 인물

공동체에 헌신한 인물로 청소년들은 어떤 사람들을 생각하고 있는지에 대해서도 1차 인식조사의 자유기술 응답의 결과를 유목화하여 선택지로 구성하고 응답하게 하였다.

응답결과 '남을 돕는 직업인(31.8%), 부모님(18.3%), 사회봉사단체 단원(17.4%), 자신의 재능으로 기여하는 사람들(15.4%)' 등의 순으로 높은 응답을 보였다. 이러한 응답의 경향은 학교급에 따라서는 유의한 차이가 나타나지 않았다.

하지만 성별에 따라서는 응답에 유의한 차이가 있는 것으로 나타났다. 또한 이러한 성별의 차이를 학교급을 고정하고 살펴볼 때, 중학교에서는 성별차이가 통계적으로 유의하지 않았지만, 고등학교급에서는 성별에 따른 응답 차이가 통계적으로 유의한 것으로 나타났다. 남학생들은 부모님을 여학생들은 남은 돕는 직업인을 더 많이 선택하였다.

〈표 IV-53〉 공동체 헌신 인물

구분	빈도(명)	비율(%)
부모님	437	18.3
선생님	62	2.6
남을 돕는 직업인(소방관, 경찰, 군인 등)	757	31.8
사회복지 활동가	151	6.3
사회봉사단체 단원	415	17.4
종교인	34	1.4
자신의 재능으로 기여하는 사람들	368	15.4
(재산)기부하는 사람들	127	5.3
기타	32	1.3
합계	2,383	100.0

〈표 Ⅳ-54〉 성별/학교급별 공동체 헌신 인물

구분	성별		χ^2	학교급		χ^2
	남자	여자		중학교	고등학교	
	빈도(%)	빈도(%)		빈도(%)	빈도(%)	
부모님	243(20.6)	194(16.1)	27.10**	180(20.0)	257(17.3)	10.63
선생님	40(3.4)	22(1.8)		26(2.9)	36(2.4)	
남을 돕는 직업인(소방관, 경찰, 군인 등)	348(29.5)	409(33.9)		266(29.6)	491(33.0)	
사회복지 활동가	66(5.6)	85(7.0)		55(6.1)	96(6.5)	
사회봉사단체 단원	196(16.6)	219(18.1)		155(17.2)	260(17.5)	
종교인	22(1.9)	12(1.0)		17(1.9)	17(1.1)	
자신의 재능으로 기여하는 사람들	180(15.3)	188(15.6)		131(14.6)	237(15.9)	
(재산)기부하는 사람들	64(5.4)	63(5.2)		53(5.9)	74(5.0)	
기타	20(1.7)	12(1.0)		15(1.7)	17(1.1)	
합계	1,179(100.0)	1,204(100.0)		898(100.0)	1,485(100.0)	

*$p<.05$, **$p<.01$

〈표 Ⅳ-55〉 학교급별 개인이 가지고 있는 삶의 목표 남녀차이

구분	중학교		χ^2	고등학교		χ^2
	남자	여자		남자	여자	
	빈도(%)	빈도(%)		빈도(%)	빈도(%)	
부모님	106(21.7)	74(18.0)	16.90	137(19.9)	120(15.1)	19.09*
선생님	19(3.9)	7(1.7)		21(3.0)	15(1.9)	
남을 돕는 직업인(소방관,경찰, 군인 등)	144(29.4)	122(29.8)		204(29.6)	287(36.0)	
사회복지 활동가	28(5.7)	27(6.6)		38(5.5)	58(7.3)	
사회봉사단체 단원	72(14.7)	83(20.2)		124(18.0)	136(17.1)	
종교인	12(2.5)	5(1.2)		10(1.4)	7(.9)	
자신의 재능으로 기여하는 사람들	64(13.1)	67(16.3)		116(16.8)	121(15.2)	
(재산)기부하는 사람들	34(7.0)	19(4.6)		30(4.3)	44(5.5)	
기타	10(2.0)	5(1.2)		10(1.4)	7(.9)	
합계	489(100.0)	409(99.8)		690(100.0)	795(100.0)	

*$p<.05$, **$p<.01$

8) 공동체 헌신 인물에 대한 개인적 견해

공동체 헌신 인물에 대한 개인적 견해 역시 1차년도 조사 시 개방형 문항으로 확인한 결과를 항목으로 변환하여 다시 한번 확인해보았다.

조사 결과 공동체에 헌신하는 인물에 대해 '감동적이며 존경한다(38.0%)'의 응답이 가장 많았고, 다음으로 '열심히 사는 것 같다(21%), 나도 해보고 싶다(15.1%)' 등의 순으로 응답이 나타났다. 응답결과 공동체에 헌신하는 인물에 대한 긍정적인 견해가 지배적이었으나, 본인의 실천의지를 표현하는 응답('나도 같이 해보고 싶다') 비율은 15%에 그치고 있음을 확인할 수 있었다.

실천성을 내포하고 있는 '나도 같이 해보고 싶다'는 응답의 경우 남학생(10.9%)에 비해 여학생(19.2%)이, 중학생(12.8%)에 비해 고등학생(16.4%)이 더 높은 비율의 응답을 나타내고 있었고 이는 통계적으로도 유의한 차이를 보이는 것으로 나타났다.

〈표 IV-56〉 공동체 헌신 인물에 대한 개인적 견해

구분	빈도(명)	비율(%)
별 관심이 없다	97	4.0
왜 하는지 이해가 안 된다.	23	1.0
나는 못할 것 같다	84	3.5
열심히 사는 것 같다	503	21.0
감동적이다/존경한다	911	38.0
멋있어 보이지만 내가 하고 싶진 않다	183	7.6
나도 마음은 있지만 실천할 수는 없다	237	9.9
나도 같이 해보고 싶다	362	15.1
합계	2400	100.0

〈표 IV-57〉 성별/학교급별 공동체 헌신 인물에 대한 개인적 견해

	성별		χ^2	학교급		χ^2
	남자	여자		중학교	고등학교	
	빈도(%)	빈도(%)		빈도(%)	빈도(%)	
별 관심이 없다	75(6.3)	22(1.8)	92.21**	59(6.5)	38(2.5)	15.98**
왜 하는지 이해가 안 된다.	15(1.3)	8(.7)		10(1.1)	13(.9)	
나는 못할 것 같다	49(4.1)	35(2.9)		30(3.3)	54(3.6)	
열심히 사는 것 같다	292(24.5)	211(17.4)		212(23.5)	291(19.4)	
감동적이다/존경한다	395(33.2)	516(42.6)		307(34.0)	604(40.3)	
멋있어 보이지만 내가 하고 싶진 않다	98(8.2)	85(7.0)		67(7.4)	116(7.7)	
나도 마음은 있지만 실천할 수는 없다	136(11.4)	101(8.3)		102(11.3)	135(9.0)	
나도 같이 해보고 싶다	130(10.9)	232(19.2)		116(12.8)	246(16.4)	
합계	1,190(100.0)	1,210(100.0)		903(100.0)	1,497(100.0)	

*$p<.05$, **$p<.01$

〈표 IV-58〉 학교급별 개인이 가지고 있는 삶의 목표 남녀차이

	중학교		χ^2	고등학교		χ^2
	남자	여자		남자	여자	
	빈도(%)	빈도(%)		빈도(%)	빈도(%)	
별 관심이 없다	45(9.1)	14(3.4)	31.37**	30(4.3)	8(1.0)	63.44**
왜 하는지 이해가 안 된다.	8(1.6)	2(.5)		7(1.0)	6(.8)	
나는 못할 것 같다	19(3.9)	11(2.7)		30(4.3)	24(3.0)	
열심히 사는 것 같다	125(25.4)	87(21.2)		167(23.9)	124(15.5)	
감동적이다/존경한다	153(31.1)	154(37.5)		242(34.7)	362(45.3)	
멋있어 보이지만 내가 하고 싶진 않다	38(7.7)	29(7.1)		60(8.6)	56(7.0)	
나도 마음은 있지만 실천할 수는 없다	59(12.0)	43(10.5)		77(11.0)	58(7.3)	
나도 같이 해보고 싶다	45(9.1)	71(17.3)		85(12.2)	161(20.2)	
합계	492(100.0)	411(100.0)		698(100.0)	799(100.0)	

*$p<.05$, **$p<.01$

라. 공동체지향목표 유형 분석 결과

1) 유형 분류

유형에 대한 응답결과를 바탕으로 각 개인의 공동체지향목표를 네 개 유형으로 구분하였다. 네 개 유형은 Moran(2009)이 제시한 4가지 공동체지향목표 유형을 근거로 하였으며 각각 무목적형(nonpurpose), 자기지향목표형(self-oriented life goal), 공동체관심지향형(beyond the self dream), 목적지향형(purpose)으로 명명하였다. 유형 분류는 각 문항별로 개인이 택한 유형 점수를 합산한 후 이를 표준화한 점수를 바탕으로 이루어졌다. 각 개인별로 표준화한 점수가 가장 높은 유형을 해당 개인의 유형으로 판단하되, 표준화한 점수가 0 이하인 경우나 표준화 점수가 가장 높은 유형과 두 번째 높은 유형 사이의 점수 차이가 Cohen의 효과크기로 .20을 넘지 않는 경우에는 '유형 없음(미분류)'으로 처리하였다.

전체 2482명 중 339명(전체 13.7%)은 '유형 없음(미분류)'에 해당하였다. '유형 없음(미분류)'을 제외한 전체 공동체지향목표 분류 결과는 〈표 IV-59〉와 같다. 전체적으로 사회적목적형이 30.5%로 가장 많은 유형을 차지하는 것으로 나타났으며, 다음으로 공동체관심지향형(28.3%), 자기지향형(24.1%), 무목적형(17.2%) 순으로 나타났다.

〈표 IV-59〉 청소년 공동체지향목표 유형 분포

	유형				전체
	무목적형	자기지향형	공동체관심형	사회적목적형	
빈도(%)	368(17.2)	516(24.1)	606(28.3)	653(30.5)	2,143(100)

(1) 학교급별 분석 결과

학교급별로 공동체지향목표 유형에 있어 차이가 나타나는지를 카이검증을 통해 검증하였다. 우선 학교급별 유형 분포를 살펴보면, 중학교의 경우 공동체관심지향형이 27.8%로 가장 높게 나타났고, 이어서 자기지향목표형(25.3%), 사회적목적형(24.6%), 무목적형(22.2%) 순으로 나타났다. 고등학교는 사회적목적형이 34.2%로 가장 높았고, 이어 공동체관심지향형(28.6%), 자기지향목표형(23.3%), 무목적형(13.9%) 순이었다. 전체적으로 볼 때 중학생에 비해 고등학생들이 사회적목적형, 공동체 관심지향형 비율이 높고, 자기지향목표형, 무목적형 비율은 낮았다. 학교급에 있어 빈도 차이는 통계적으로 유의했다(χ^2(3)= .36.86, $p<.001$).

〈표 IV-60〉 학교급에 따른 청소년 공동체지향목표 유형 분포

		유형				전체	χ^2(3)
		무목적형	자기지향 목표형	공동체 관심지향형	사회적 목적형		
중학교	빈도(%)	185(22.2)	212(25.3)	233(27.8)	206(24.6)	836(100)	36.86**
고등학교	빈도(%)	182(13.9)	304(23.3)	373(28.6)	447(34.2)	1,306(100)	

*$p<.05$, **$p<.01$

(2) 성별 분석 결과

성별에 따라 공동체지향목표 유형에 있어 차이가 있는지를 검증하였다. 남자의 경우 자기지향목표형이 가장 높았고(26.2%), 공동체관심지향형, 사회적목적형이 25.3%로 동일한 비율을 보였다. 무목적형은 23.2%로 가장 낮았다. 여자의 경우 사회적목적형이 35.8%로 가장 높게 나타났고, 공동체관심지향형(31.1%), 자기지향목표형(22.0%), 무

〈표 IV-61〉 성별에 따른 청소년 공동체지향목표 유형 분포

			유형				전체	χ^2 (3)
			무목적형	자기지향 목표형	공동체관심 지향형	사회적 목적형		
성별	남자	빈도	247	279	269	269	1064	74.75**
		(%)	(23.2)	(26.2)	(25.3)	(25.3)	(100)	
	여자	빈도	120	236	334	384	1074	
		(%)	(11.2)	(22.0)	(31.1)	(35.8)	(100)	

*p<.05, **p<.01

목적형(11.2%) 순으로 나타났다. 전체적으로 남자에 비해 여자에게서 사회적목적형, 공동체관심지향형이 더 높게 나타났고, 자기지향목표형, 무목적형은 낮게 나타났으며, 이 빈도 차이는 통계적으로 유의하였다(χ^2 (3)=.74.75, p<.001).

(3) 학교급별 성별 차이 분석 결과

이 성별 차이는 학교급에 관계없이 나타났다. 학교를 고정한 상태에서 성별에 따라 공동체지향목표 유형 차이가 나타나는지를 검증한 결과 중학교, 고등학교 모두에서 여자가 남자보다 더 공동체관심지향형, 목적지향형이 높았고, 자기지향목표형, 사회적목적형은 낮았다.

또한 이 차이는 두 학교급 모두 통계적으로 유의하였다(χ^2중학교 (3)=22.16, p<.001, χ^2고등학교 (3)=48.06, p<.001). 이는 성별 차이가 연령이 증가함에도 불구하고 지속적으로 나타남을 보여준다.

〈표 IV-62〉 학교급별 청소년 공동체지향목표 유형 남녀차이

				유형				전체	χ^2 (3)
				무목적형	자기지향 목표형	공동체관심 지향형	사회적 목적형		
학교급	중학교	남자	빈도	127	118	118	95	458	22.16**
			(%)	(27.7)	(25.8)	(25.8)	(20.7)	(100)	
		여자	빈도	58	93	114	111	376	
			(%)	(15.4)	(24.7)	(30.3)	(29.5)	(100)	
	고등학교	남자	빈도	120	161	151	174	606	48.06**
			(%)	(19.8)	(26.6)	(24.9)	(28.7)	(100)	
		여자	빈도	62	143	220	273	698	
			(%)	(8.9)	(20.5)	(31.5)	(39.1)	(100)	
계			빈도	367	515	603	653	2138	
			(%)	(17.2)	(24.1)	(28.2)	(30.5)	(100)	

*p<.05, **p<.01

2) 공동체지향목표 유형별 삶의 의미 추구 차이 분석

공동체지향목표 유형별로 삶의 의미를 추구하는 정도에 있어 차이가 나타나는지를 검증하였다. 삶의 의미를 추구하는 정도는 사회적목적형(5.70), 공동체관심지향형(5.43), 자기지향목표형(5.28), 무목적형(4.97) 순으로 높았다. 이 차이가 통계적으로 유의한지 검증한 결과,

〈표 IV-63〉 공동체지향목표 유형별 삶의 의미 차이

유형	N	평균	표준편차	F(df)	Scheffe사후검증
무목적형	366	4.97	1.22	47.39**(3)	4>2,3>1
자기지향형	515	5.28	1.02		
공동체관심형	603	5.43	.83		
사회적목적형	650	5.70	.92		
합계	2134	5.40	1.01		

*p<.05, **p<.01

전체 유형 간 점수 차이는 유의한 것으로 나타났다(F=47.39, p<.001). *Tukey* 사후검증결과 자기지향목표형과 공동체관심지향형 간 차이를 제외하고는(p=.062) 모두 유의한 것으로 나타났다. 즉, 사회적목적형을 추구할수록 삶의 의미를 추구하는 정도가 경향적으로 높았으며, 특히 무목적형인 경우에는 삶의 의미 추구가 유의하게 낮았고, 사회적목적형인 경우에는 유의하게 높았다.

3) 공동체지향목표 유형별 삶의 만족도 차이 분석

공동체지향목표 유형별로 삶의 만족도에 있어 차이가 있는지를 분석하였다. 삶의 만족도에 있어서 사회적목적형이 3.46으로 가장 높게 나타났고, 공동체관심지향형(3.31), 자기지향목표형(3.15), 무목적형(3.09) 순의 삶의 만족도를 보였다. 차이가 통계적으로 유의한지를 검증한 결과 전체적인 차이는 유의한 것으로 나타났다(F=22.74, p<.001). Tukey 사후분석 결과 무목적형과 자기지향목표형 간에 삶의 만족도의 차이는 유의하지 않았다(p=.683). 공동체관심지향형, 사회적목적형은 무목적형, 자기지향목표형보다 유의하게 더 높은 삶의 만족도를 보였으며, 특히 사회적목적형이 공동체관심지향형보다 더 높은 삶의 만족도를 보였다.

〈표 IV-64〉 공동체지향목표 유형별 삶의 만족도 차이

유형	N	평균	표준편차	F(df)	Scheffe사후검증
무목적형	364	3.09	.85		
자기지향형	514	3.15	.80		
공동체관심형	602	3.31	.76	22.74**(3)	4>3>2,1
사회적목적형	648	3.46	.81		
합계	2,128	3.28	.81		

*p<.05, **p<.01

마. 공동체지향목표 중요도 및 실천도 분석 결과

공동체지향목표에 대해 평소 느끼는 중요성에 대한 인식, 평소 실천의 정도가 학교급별, 성별에 따라 어떻게 다르게 나타나는지, 또 이 정도와 삶의 의미 추구, 삶의 만족도와 어떤 관련이 있는지를 분석하였다. 공동체지향목표의 중요도, 실천도 각각의 신뢰도 계수 (Cronbach's *α*)는 .93, .90으로 높게 나타났다.

1) 공동체지향목표의 중요도와 실천도 실태

공동체지향목표의 중요도와 실천도 각각에 있어 학교급 간에 차이가 나타나는지를 검증한 결과 학교급별로 공동체지향목표의 중요도와 실천도에 있어 차이는 없는 것으로 나타났다. 경향적으로 고등학교가 높게 나타났으나 차이는 소수점 둘째자리로 미미한 것으로 나타

〈표 IV-65〉 학교급별 공동체지향목표 중요도 및 실천도

구분	평균(표준편차)		*F(df)*
	중학교(N=918)	고등학교(N=1502)	
공동체지향목표 중요도	3.60(.64)	3.63(.56)	2.00(1)
공동체지향목표 실천도	3.28(.67)	3.29(.64)	.16(1)

$^{*}p<.05$, $^{**}p<.01$

〈표 IV-66〉 성별 공동체지향목표 중요도 및 실천도

구분	평균(표준편차)		*F(df)*
	남자(N=1152)	여자(N=1174)	
공동체지향목표 중요도	3.57(.62)	3.67(.53)	14.41(1)**
공동체지향목표 실천도	3.24(.67)	3.33(.63)	11.89(1)**

$^{*}p<.05$, $^{**}p<.01$

났다. 성별 차이를 분석한 결과 여자가 남자에 비해 공동체지향목표 중요도와 실천도 모두 더 높은 것으로 나타났으며, 이 차이는 통계적으로 유의하였다(F중요도=14.41, p<.001, F실천도=11.89, p=.001).

2) 공동체지향목표의 중요도와 실천도와 관련 변인 관계 분석

(1) 공동체지향목표 중요도, 실천도와 삶의 의미 추구 간의 관계 분석

공동체지향목표 중요도, 실천도와 삶의 의미 추구 간의 관계를 분석하였다. 분석결과 공동체지향목표를 중요하게 생각하는 것과 실제 실천하는 정도, 그리고 삶의 의미 추구 정도 간에 정적인 상관을 보였다. 공동체지향목표를 중요하게 생각하는 것과 삶의 의미 추구 정도 간에 상관은 .50(p<.001)으로 나타나 중간 수준 이상의 관련성을 보였고, 공동체지향목표를 실천하는 정도와 삶의 의미 추구 간에 상관은 .46(p<.001)으로 역시 중간 수준 이상의 관련성을 보였다. 즉 이 세 변인 간에는 밀접한 관련성이 있음을 확인할 수 있다.

〈표 IV-67〉 공동체지향목표 중요도 및 실천도와 삶의 의미

구분	공동체지향목표 중요도	공동체지향목표 실천도	삶의 의미 추구 정도
공동체지향목표 중요도	-		
공동체지향목표 실천도	.73**	-	
삶의 의미 추구 정도	.50**	.46**	-

*p<.05, **p<.01

(2) 공동체지향목표 중요도, 실천도와 삶의 만족도 간의 관계 분석

공동체지향목표 중요도, 실천도와 삶의 만족도 간의 관계 분석 결과, 공동체지향목표 중요도, 실천도, 삶의 만족도 간에 정적인 상관을 보이는 것으로 나타났다. 공동체지향목표를 중요하게 인식하는 정도와 삶의 만족도 간의 상관은 .47(p<.001)로 중간 수준 이상의 정적인 관련성을 보였고, 공동체지향목표를 실천하는 정도와 삶의 만족도 간의 상관도는 .44(p<.001)로 중간 수준 이상의 정적인 관계가 나타났다. 이 세 변인 사이에도 밀접한 관련성이 있음을 확인할 수 있다.

〈표 IV-68〉 공동체지향목표 중요도 및 실천도와 삶의 만족도

구분	공동체지향목표 중요도	공동체지향목표 실천도	삶의 만족도
공동체지향목표 중요도	-		
공동체지향목표 실천도	.73**	-	
삶의 만족도	.47**	.44**	-

*p<.05, **p<.01

V

공동체지향목표 개념적 모형 제안

V. 공동체지향목표 개념적 모형 제안

본 연구에서는 기존의 문헌검토의 결과와 실천 사례분석의 결과, 그리고 실태조사의 결과 등을 종합하여 한국 청소년 공동체지향목표의 개념과 구성, 그리고 실천에 대해 다음과 같이 조망해 보았다.

1. 공동체지향목표의 개념과 구성

공동체지향목표의 개념과 관련된 기존의 연구들은 Damon 등(2003)의 '자신에게 의미가 있으면서, 자신을 넘어선 사회 차원에서도 개인으로 하여금 생산적인 헌신을 이끌어내도록 하는 안정적이고 전반적인 의도'라는 정의를 공통적으로 수용하고 있다. Bronk(2012)는 Damon 등(2003)의 정의가 가지는 특성을 3가지 측면으로 검토하여 제시하고 있는데 공동체지향목표의 개념이 가지는 첫 번째 특성은 그것이 안정적이고 미래지향적인 목표로, 개인의 의미 있고 궁극적인 목적을 향해 진보하는 의도(Emmons, 1999)라는 점이다. 공동체지향목표는 개인 정체성(identity)의 핵심요소로(Erikson, 1968; Damon, 2008), 가장 적극적이고 강렬하게 개인 정체성에 대한 일관된(응집된) 감각의 구성과 관련되어 있는 개념(Cote & Levine, 2002; Erikson, 1968)이라고 볼 수 있다. 다시 말해 정체성(identity)이 '나는 누구인가'의 발달과 관련된 개념을 포함하는 것이라면 공동체지향목표(purpose)는 개인의 삶에서 '내가 성취하고자 하는 것'의 발달과 관련된 것이므로 공동체지향목표는 정체성에 비해서 보다 명확한 발달 프로세스를 나타내게 될 것이라고 볼 수 있다. 또한 공동체지향목표는 자발적으로 설정된 목표로 개인적인 삶의 의미 찾기이면서 동시에 외부적인 요소와 세계에 차이를 가져오고자 하는 열망(개인을 뛰어넘는 것에 헌신하자는 것)을 포함하는 개념적 특성을 가진다. 사람들은 이의 성취를 위해 시간, 에너지, 지식 등 자원을 소비하기 때문에 삶의 장면에서 공동체지향목표는 행동적 징후(behavioral manifestation)로 확인된다. 마지막으로 공동체지향목표는 일반적인 '삶의 의미(meaning)'와 비교할 때 개인이 진보시킬 수 있는 성취를 지향하고 있다는 점에서 차별성을 가진다고 볼 수 있다.

이와 더불어 본 연구에서 수행한 공동체지향목표 실천가들에 대한 문헌분석 및 인터뷰 사례 분석의 결과는 공동체지향목표의 개념적 특성과 관련한 몇 가지 시사점을 제공한다. 우선, 사례분석에 포함된 실천가들은 공동체지향목표를 형성하고 내재화하고 실천해가는 과정에서 공통적으로 공동체를 위한 삶에 '의미와 가치'를 스스로 인식하고 부여하고 있었다. 이들은 성장하는 삶의 과정에서 자신을 공동체의 일원으로 인식하고 공동체 내에서 자신의 역할에 대해 고민하는 경험을 통해 공동체지향목표를 내재화하는 모습을 보여주었다. 그들이 설정한 공동체를 향한 목표는 스스로에 의해 선택된 것으로, 타인을 향하고 있지만 그 자체가 자신에게 매우 가치 있고 의미 있는 것에서 출발하고 있음을 확인할 수 있다. 또한 이들이 가지고 있는 공동체지향목표는 단순한 공동체 지향의 '가치'에 머무르지 않고, 이에 대한 적극적 행동 실천을 수반한다는 점에서 공통점을 가지고 있었다. 다만 개별 실천가들이 공동체에 대해 가지고 있는 '의미와 가치'의 정도나 이를 구체적으로 실천하기까지의 과정과 방법은 주변의 환경과 관련 인물들의 영향에 의해 차별성을 나타내고 있었다.

기존의 문헌들과 본 연구에서 수행된 사례분석을 통해 본 연구에서는 공동체지향목표의 개념과 그 특성을 다음과 같이 제안해보고자 한다. 우선 '공동체지향목표'는 스스로가 목표로 하는 삶의 의미와 정체성의 핵심이자, 이러한 삶을 추구하게 하는 삶의 과정 전반에서 지향하는 목표를 향하도록 스스로가 의미를 부여하고 동기화하고(self-motivated) 자기조절(self-regulated)해 가는 개념으로, 인지적인 의도(intention)의 질(quality) 그 자체인 동시에 이의 추구를 위한 '통합과정(whole process(system))' 자체를 통칭하는 개념이라고 판단된다. 이는 Shin 등(2014)이 '사회적 목적(social purpose)'을 '사회에 공헌하겠다는 사회적 책임과 기대, 그리고 사회의 향상을 위해 개인의 장점을 봉헌하고자 개인적 욕구를 희생할 수 있는 의지에 의해 영향 받는, 사회적 가치에 대한 깊이 있는 도덕적 감각에 의해 동기화된 삶의 목표'라고 정의한 것과 부합하는 것으로 보인다.

또한 공동체지향목표가 가지는 개념적 특성과 관련하여 문헌 및 사례분석의 결과, 공동체지향목표를 충족하기 위해서 3가지 요소가 필요하다는 점을 제안하고자 한다. 여러 공동체지향목표의 실천가들의 모습에서 확인될 수 있듯이 공동체지향목표는 우선 '자신에게 가치 있는 것(self-valued)'이어야 한다. 즉, 공동체지향목표는 그 자체로서 우선 자신에게 의미 있어야 한다는 것이다. 근본적으로 목표는 자신에게 의미가 있으며 이를 통해 자신의 삶을 가치 있고 행복하게 할 수 있어야 하는 것이기 때문이다.

다음으로 공동체지향목표는 '나를 넘어서는 것(beyond the self)'의 조건을 충족할 수 있어야 한다. 이는 그 결과가 자기뿐 아니라 타인을 포함한 공동체에게 긍정적이고 생산적으로 기능한다는 것을 의미하는 것으로, 이러한 특성은 사회적 동기나, 사회적 목표와의 개념적 차별성이 구축되는 지점이라고 볼 수 있다.

마지막으로 공동체지향목표는 '행동적 실현(behavioral actualization)'을 통해 구체화될 수 있어야 한다. 행동적으로 실천되는 개념이라는 점은 공동체지향목표가 '사회적 가치'나 '공동체 의식'들과 구별되는 지점인데, 이는 공동체지향목표가 개념적으로만 단순히 존재하는 정적인 개념이 아니며, 현실에서 실현되고 구체적으로 기능하는 개념이라는 특성을 보여주는 지점이다. 앞의 두 요소(자신에게 가치 있는 것, 나를 넘어서는 것)가 기존의 정의(Damon, 2008; Damon et al., 2003)가 가지는 특성과 공통되는 데 반해, 본 연구에서 제안하고자 하는 공동체지향목표의 차별적 특성은 '행동적 실천성'이며 이것이 유사한 다른 개념과 본 개념을 차별화시키는 가장 중요한 요소라고 판단된다.

개념적 모호성으로 인해 공동체지향목표의 구성요소에 대한 다양한 연구 결과가 여전히 혼재되어 있기는 하나, 공통적으로 그 구성요소와 관련하여 Damon 등(2003)이 제안한 '의도(intention), 참여(engagement), 친사회적 추론(prosocial reasoning)'을 지지하고 있음을 확인할 수 있었고, 더불어 많은 문헌들에서 공통적으로 '소속감'과 '책임감' 요소를 중요 구성요소로 제안하고 있었다. 실제로 본 연구에서 수행한 실천가들의 사례분석 결과에서도 유사한 공통요소들이 발견되었는데, 실천가들은 청소년기와 청년기에 걸쳐 목표를 설정하는 과정에서 공동체에 대한 '소속감'을 경험하였고 공동체의 일원으로서 공동체에 공헌해야 한다는 '사회적 책임감'을 경험하며 기꺼이 자신의 삶의 방향과 실천에 대한 '주도성'을 가지고 '공동체 가치에 대한 인식'과 이의 '실천'을 위한 지속적인 헌신을 보여주었다. 이들이 보이는 주도성은 기존 문헌에서 제안하고 있는 '의도(intention)'와 유사하며, 공동체 가치에 대한 인식은 '친사회적 추론' 요소로 이해될 수 있는 것이라고 볼 수 있다. 이에 본 연구에서는 기존 문헌의 검토와 본 연구에서 진행한 사례분석의 결과들을 종합하여 공동체지향목표의 구성요소로 Damon(2003)이 제안한 '의도(intention), 참여(engagement), 친사회적 추론(prosocial reasoning)'과 더불어 '소속감(beloningness)'과 '사회적 책

〈표 V-1〉 공동체지향목표 유형과 속성 비교

Moran(2009)			신종호(2014)	
유형명	속성		유형명	속성
nonpurpose	의도(low) 친사회적 추론(low) 참여(low)	→	무목적형	의도(low) 친사회적 추론(low) 소속감(low) 사회적 책임감(low) 참여(low)
self-oriented life goal	의도(high) 친사회적 추론(low) 참여(high)	→	자기지향형	의도(high) 친사회적 추론(low) 소속감(low) 사회적 책임감(low) 참여(high)
beyond the self dream	의도(high) 친사회적 추론(high) 참여(low)	→	공동체지향형	의도(high) 친사회적 추론(high) 소속감(high) 사회적 책임감(high) 참여(low)
purpose	의도(high) 친사회적 추론(high) 참여(high)	→	사회적 목적형	의도(high) 친사회적 추론(high) 소속감(high) 사회적 책임감(high) 참여(high)

임감(social responsibility)'을 함께 고려할 것을 제안하고자 한다.

우선 공동체지향목표는 '사회적 목적(social purpose)'으로 자발적으로 설정되는 삶의 목표로서 자신에게 의미 있으며, 동시에 타인을 지향하고 있는 삶의 목표로 실천성을 가진다는 점에서 다른 개념들과 차별성을 가지는 개념으로 정의할 수 있다.

또한 이러한 공동체지향목표를 구성하는 주요 요소로는 '의도(intention), 친사회적 추론(prosocial reasoning), 참여(engagement), 소속감(beloningness), 사회적 책임감(social responsibility)'이 있는데 이러한 요소들의 획득과 실천 정도에 따라서 공동체지향목표의 하위 유형이 검토될 수 있다. 기존의 문헌 및 본 연구에서 실시한 조사연구를 통해 본 연구에서는 Moran(2009)의 공동체지향목표의 4가지 하위유형을 지지하는 바이며, 하위유형과 요소와의 관계는 〈표 V-1〉과 같다.

2. 공동체지향목표의 실천과 성장(변화)

공동체지향목표가 개인에게서 내재화되고 실천되어 가는 과정에 대한 조망을 통해 공동체지향목표가 발현 이후 고정되거나 정체되는 개념이 아닌, 다양한 삶의 국면과 환경 맥락에서의 상호작용을 통해 변화하며 실천되는 개념이라는 점을 확인할 수 있다.

일찍이 Erikson(1968)은 심리 사회학적 발달 관점에서 청소년기에 '목적(purpose)'이 삶에 있어서 일종의 탄성(resiliency)과 같은 형태로 발현되며 개인은 이를 통해 삶에서 찾아오는 위험이나 스트레스, 위기를 극복하며 성장할 수 있는데, 이는 발달단계에 따라서 상이한 모습을 보인다(Bernard, 1991)고 언급하였다. 유사하게 개인은 연령이 증가함에 따라 점차 높은 수준의 도덕적 가치와 헌신을 보이게 되며(Colby & Damon, 1992), 공공선을 추구하는 성향을 가진 개인은 자기 자신을 향한 목표를 넘어서서 그것을 초월한 타인을 향한 목표를 설정하고 추구하는 경향성을 나타내게 되는데, 개인은 이러한 과정을 통하여 스스로 변화하고 자기성장을 이뤄낼 수 있다(Daloz et al., 1996)고 하였다.

정체되지 않고 변화하고 성장하는 개념으로서의 공동체지향목표의 특성은 공동체지향목표의 유형화 연구를 통해서도 확인해볼 수 있다. Moran(2009)은 4가지 공동체지향목표의 하위유형을 제안하며, 4가지 유형은 의도가 낮으며 참여와 친사회적 추론이 모두 낮은 '무목적형'이 전체의 40%, 참여는 높으나 친사회적 추론이 낮은 '자기지향형'은 25%, 친사회적 추론은 높으나 참여가 낮은 '공동체관심형'은 10%, 참여와 친사회적 추론이 모두 높은 '사회적 목적형'은 25%의 비율로 나타나고 있음을 확인하였는데, 흥미롭게도 학년급에 따라(6학년, 9학년, 12학년, 대학생) 공동체지향목표의 유형이 다르게 분포하다가 학년급이 높아짐에 따라 공동체관심형이나 사회적 목적형의 비율은 높아지고, 반대로 무목적형이나 자기지향형의 비율은 낮아지는 것을 확인할 수 있었다.

이러한 실천유형 변화의 경향성은 Bronk(2012)의 연구를 통해서도 확인되었는데, 다양한 연령대와 영역에 종사하는 사람들을 대상으로 공동체지향목표의 발달 양상 및 그에 따른 구성요소를 함께 분석한 결과 공동체지향목표의 실천과 성장에 있어서 '헌신' 요소가 매우 중요하게 기능하고 있음을 밝히며 이러한 '헌신'의 실천 수준에 따라 Initiating commitment, Sustaining commitment, Escalating commitment, Evolving Commitment의 단계가 나타난다고 설명하였다.

본 연구에서 실시한 공동체지향목표의 유형에 대한 조사연구 결과에서도 이러한 경향성이 동일하게 발견되었는데, Moran(2009)의 분류체계를 근거하여 한국 중고교 청소년을 대상으로 조사연구를 수행한 결과, 중학생에 비해 고등학생이나 대학생의 경우에 '공동체관심형'이나 '사회적 목적형'이 더 높은 비율로, 그리고 무목적형이나 자기지향형은 더 낮은 비율로 분포하고 있음을 확인할 수 있었다. 또한 삶의 목표에 있어서 공동체지향적인 내용을 포함하는 수준이나 공동체지향방법에 대한 구체성 역시도 학교급이 높아짐에 따라서 상승하는 것으로 나타나고 있는 점도 공동체지향목표의 실천의 성장과 변화 가능성을 지지해주는 결과라고 판단된다.

공동체지향목표가 실천에 이르는 과정에서 변화하고 성장하는 개념이라는 점은 동시에 이 과정에서의 사회·환경적 맥락에서의 영향을 미치는 요인들에 대한 검토의 필요성을 제기하는데, 많은 문헌들은 공통적으로 개인의 공동체지향목표의 변화와 실천과정에서 개인의 인지수준이나 신체발달 수준과 같은 개인 내적인 요인뿐 아니라 개인 외적인 요인들도 공동체지향목표의 실천을 촉진시키거나 억제할 수 있음을 보여주고 있다. 주요 요인들로서 개인의 사회경제적 지위, 문화적 영향, 종교, 부모 요인, 교사, 학교의 특성, 해당 사회의 시대성 등(De Vogler & Ebersole, 1985; Moran, 2009)이 제안된다.

본 연구에서 살펴본 다양한 실천가들의 사례분석 결과에서도 개인의 공동체지향목표가 내재화되고 실천되고, 그것이 확장되는 과정에 있어서 분명한 계기나 영향을 주는 사건과 사람들이 있었으며 이는 사회적 맥락과 유기적인 관계를 맺고 있다는 것을 확인할 수 있었다.

즉 이들이 가지고 있는 공동체에 대한 소속감과 사회적 책임감이 실천의 단계에 이르게 하는 데는 개인적인 수준의 요인뿐 아니라 사회적이고 환경적인 맥락의 영향이 분명했다는 것이다. 특히 이들은 공동체지향 목표의 실천을 시도하거나 확장시키는 단계에서 어려움과 고난을 경험할 때 이들이 좌절하지 않을 수 있었던 중요한 요인으로서 개인의 내적 의지뿐 아니라 '자신과 동일한 가치'를 지향하는 사람들의 믿음과 지원, 그리고 이를 통한 상호협력을 공통적으로 제시하고 있는데, 이것은 공동체지향목표의 실천을 지원하는 데 있어서의 주변인을 포함한 사회 환경 맥락의 중요성을 지지하고 있는 결과라고 볼 수 있겠다.

또한 실태조사 결과 역시 공동체지향목표에 있어서 '환경요인'의 영향력에 대해 시사하고 있는데, 학생들이 보여주고 있는 응답결과를 살펴볼 때 '삶의 목표'의 내용적인 측면에서는 청소년들이 대부분 '개인의 성취'를 우선하는 응답을 하고 있기는 했지만 이들은 공동체지향적인 삶에 대해 매우 긍정적인 인식을 가지고 있는 것으로 나타났다. 다만, 이러한 공동체지향의 삶을 자신의 삶을 통해 실천으로 이어가고자 하는 측면의 응답 수준은 낮은 편으로 나타났는데, 많은 청소년들이 공동체지향의 삶은 자신이 '실천할 수 없는 수준의 것'으로 인식하고 있기 때문인 것으로 추측된다. 학교급에 따른 차이를 확인할 때 중학생보다 고등학생이나 대학생인 경우에 보다 공동체지향적인 목표를 선택하고 있는 비율이 높고, 보다 구체적인 실천방안을 제시하고 있다. 이는 개인의 발달과정에서 변화가능한 공동체지향목표의 성장에 있어서 긍정적인 지원 및 환경 변인으로서의 '교육적인 개입'의 가능성과 중요성을 시사하고 있는 것이라고 판단된다.

| 참고문헌 |

강구귀 (2013). 독도 레이서 故김도건씨, 서울대 명예졸업장 받는다. 이투데이, Jan 22.

권기균 (2012). 세상을 바꾼 과학 이야기. 서울: 에르디아.

김영빈 (2008). 독도라이더가 간다. 서울: 샘터.

김지홍 (2005). 성산 장기려 박사 10주기 - 되돌아본 삶과 신앙, 기독교신문. Dec 15.

라이너스 폴링 (1995). 평생을 통한 평화의 추구. 서울: 신영미디어.

무하마드 유누스 (2002). 가난한 사람들을 위한 은행가. 서울: 세상 사람들의 책.

미캔두출판 (2012). 닥터휴 Dr.HUE 12월호. 서울: 미캔두출판.

박재숙 (2010). 학교 청소년의 수련활동과 자원봉사활동 자아존중감 공동체의식의관계. 청소년학연구, 17(4), 157-182.

서형욱 (2009). 매거진S 1주년 특집 커버스토리 - 디디에 드로그바 독점 인터뷰. 매거진S. Dec 25.

손병욱. (2010). 한국의 미래비전 실현을 위한 인성교육적 방안 탐구. 윤리교육연구, 21, 135-152.

스티븐 데이비스(2007), 밥말리: 노래로 태어나 신으로 죽다. 서울: 여름언덕.

윤해윤 (2012). 왕가리 마타이. 서울: 나무처럼.

이경상, 김기헌, 임희진. (2007). 한국 청소년 패널조사(KYPS) V. 한국청소년정책연구원 연구보고서, 1-209.

이진섭 (2012). '밥 말리'라 쓰고 '전설'이라 읽는다, 엠넷 뮤직스토리. May 16.

인권오름 (2007). 쿠바, 자본주의 의료에 연대로 저항하다. 주간인권신문 인권오름.

쟈크 랑 (2007), 넬슨 만델라 평전. 서울: 실천문학사.
테드고어츨, 벤고어츨 (2011). 라이너스 폴링 평전. 서울: 실천문학사.
Hello, 포스코 (2012). 내 청춘은 지금도 달린다, 독도레이서 '한상엽 사원'.

Anderman, L. H., & Anderman, E. M. (1999). Social predictors of changes in students' achievement goal orientations. *Contemporary Educational Psychology*, 24(1), 21-37.
Astin, A. W., & Sax, L. J. (1998). How undergraduates are affected by service participation. *Journal of College Student Development*, 39, 251-263.
Baumeister, R. F. (1991). *Meanings of life*. Guilford Press.
Benard, B. (1991). Fostering resiliency in kids: Protective factors in the family, school, and community. Northwest Regional Educational Laboratory Portland, OR.
Bronk, K. C. (2008). Early Adolescents Conceptions of the Good Life and the Good Person. *Adolescence*, 43, 713-732.
Bronk, K. C. (2012). A grounded theory of the development of noble youth purpose. *Journal of Adolescent Research*, 27(1), 78-109.
Bronk, K. C., & Finch, W. H. (2010). Adolescent characteristics by type of long-term aim in life. *Applied Developmental Science*, 14(1), 35-44.
Bundick, M, Andrews, M, Jones, A, Mariano, J. M., Bronk, K. C., & Damon, W. (2006). *Revised youth purpose survey*. Unpublished instrument, Stanford Center on Adolescence, Stanford, CA.
Chulef, A. S, Read, S. J., & Walsh, D. A. (2001). A hierarchical taxonomy of human goals. *Motivation and Emotion*, 25(3), 191-232.
Colby, A., & Damon, W. (1992). *Some do care: Contemporary lives of moral commitment*. New York: Free Press.
Conrad, D., & Hedin, D. (1991). School-based community service: What we know from research and theory. *Phi Delta Kappan*, 72(10), 743-749.
Côé J. E., & Levine, C. G. (2002). *Identity, formation, agency, and culture: A social psychological synthesis*. Psychology Press.
Crumbaugh, J. C., & Maholick, L. T. (1964). An experimental study in

existentialism: The psychometric approach to Frankl's concept of noogenic neurosis. *Journal of clinical psychology*, 20(2), 200-207.

Daloz, L, Keene, C, Keene, J, & Parks, S. (1996). *Common fie: Lives of commitment in a complex world*. Boston: Beacon Press.

Damon, W. (1983). *Social and personality development: Infancy through adolescence*. WW Norton New York.

Damon, W. (2008). *The path to purpose: Helping our children find their calling in life*. Simon and Schuster.

Damon, W., & Hart, D. (1992). Self-understanding and its role in social and moral development. In M. H. Bornstein & M. E. Lamb (Eds.), *Developmental psychology: An advanced textbook* (pp. 421-464). Hillsdale, NJ, US: Lawrence Erlbaum Associates, Inc

Damon, W., Menon, J., & Bronk, C. K. (2003). The development of purpose during adolescence. *Applied developmental science*, 7(3), 119-128.

De Vogler-Ebersole, K., & Ebersole, P. (1985). Depth of meaning in life: Explicit rating criteria. *Psychological Reports*, 56(1), 303-310.

Debats, D. L. (1998). Measurement of personal meaning: The psychometric properties of the life regard index. In P. T. P. Wong & P. S. Fry (Eds.), *The human quest for meaning: A handbook of psychological research and clinical applications* (pp. 237-259). Mahwah, NJ, US: Lawrence Erlbaum Associates Publishers.

Diener, E. D., Emmons, R. A., Larsen, R. J., & Griffin, S. (1985). The satisfaction with life scale. *Journal of personality assessment*, 49(1), 71-75.

Dowson, M., & McInerney, D. M. (2003). What do students say about their motivational goals?: Towards a more complex and dynamic perspective on student motivation. *Contemporary Educational Psychology*, 28(1), 91-113.

Eigner, S. (2001). The relationship between "protecting the environment" as a dominant life goal and subjective well-being. In P. Schmuck & K. M. Sheldon (Eds.), *Life goals and well-being: Towards a positive psychology of human striving* (pp. 182-201). Ashland, OH, US: Hogrefe & Huber Publishers.

Emmons, R. A. (1999). Religion in the psychology of personality: An introduction. *Journal of Personality*, 67(6), 874-888.

Erikson, E. H. (1968). *Identity: youth and crisis*. New York: Norton.

Erikson, E. H. (1980). *Identity and the life cycle (Vol. 1)*. WW Norton & Company.

Ford, M. E., & Nichols, C. W. (1991). Using goal assessments to identify motivational patterns and facilitate behavioral regulation and achievement. *Advances in motivation and achievement*, 7, 51-84.

Ford, M. E, & Smith, P. R. (2007). Thriving with social purpose: An integrative approach to the development of optimal human functioning. *Educational Psychologist*, 42(3), 153-171.

Frankl, V. E. (1963). *Man's Search for Meaning: An Introduction to Logetheraphy*. Beacon Press.

Furrow, J. L., King, P. E., & White, K. (2004). Religion and positive youth development: Identity, meaning, and prosocial concerns. *Applied Developmental Science*, 8(1), 17-26.

Gardner, H. (1993). *Multiple intelligences: the theory in practice*. Basic books.

Gardner, H. (1999). *Intelligence reframed: Multiple intelligences for the twenty-first century*. Basic Books.

Glaser, B. G., & Strauss, A. L. (2009). *The discovery of grounded theory: Strategies for qualitative research*. Transaction Publishers.

Hill, P. L., Sumner, R., & Burrow, A. L. (2014). Understanding the pathways to purpose: Examining personality and well-being correlates across adulthood. *The Journal of Positive Psychology*, 9(3), 227-234.

Katz, J. (1988) *Seductions of Crime: Moral and Sensual Attractions of Doing Evil*. New York: Basic Books

Keyes, C. L., Shmotkin, D., & Ryff, C. D. (2002). Optimizing well-being: the empirical encounter of two traditions. *Journal of personality and social psychology*, 82(6), 1007.

Kish, G. B., & Moody, D. R. (1989). Psychopathology and life purpose. Paper presented at the *International Forum for Logotherapy*.

McAdams, D. P. (2001). Generativity in midlife. In M. E. Lachman (Ed.), *Wiley series on adulthood and aging. Handbook of midlife development* (pp. 395-443). Hoboken, NJ, US: John Wiley & Sons Inc.

McCollum, D. L. (2009). What are the social values of college students?: A social goals approach. *Journal of College and Character*, 6(6), 1-20.

McShane, J. (2008). *Didier Drogba-Portrait of a Hero*. Kings Road Publishing

Marcia, J. E. (1980). *Identity in adolescence*. Handbook of adolescent psychology, 9, 159-187.

Melé D. (2009). Integrating personalism into virtue-based business ethics: The personalist and the common good principles. *Journal of Business Ethics*, 88(1), 227-244.

Moran, S. (2009). Purpose: Giftedness in intrapersonal intelligence. *High ability studies*, 20(2), 143-159.

Murray, H. A. (1938). *Explorations in personality*. New York: Oxford University Press.

Nevill, D. D., & Kruse, S. J. (1996). Career assessment and the Values Scale. *Journal of Career Assessment*, 4(4), 383-397.

Newmann, F., and Rutter, R. (1983). *The effects of high school community service programs on students' social development: Final report*. University of Wisconsin Center for Educational Research, Madison, WI.

Nisbet, R. A. (1969). *Social change and history: Aspects of the western theory of development (Vol. 313)*. New York: Oxford University Press.

Nurmi, J. E. (1992). Age differences in adult life goals, concerns, and their temporal extension: A life course approach to future-oriented motivation. *International Journal of Behavioral Development*, 15(4), 487-508.

Rhoads, R. A. (1998). In the service of citizenship: A study of student involvement in community service. *Journal of Higher Education*, 277-297.

Ryff, C. D. (1989). Happiness is everything, or is it? Explorations on the meaning of psychological well-being. *Journal of personality and social psychology*, 57(6), 1069.

Seligman, M. E. (2002). *Authentic happiness: Using the new positive psychology to realize your potential for lasting fulfillment*. Simon and Schuster.

Seligman, M. E., & Csikszentmihalyi, M. (2000). Positive psychology:

an introduction. *American psychologist*, 55(1), 5.

Shek, D. T. (1993). The Chinese Purpose-in-Life Test and psychological well-being in Chinese college students. Paper presented at *the International Forum for Logotherapy*.

Shin, J., Hwang, H., Cho, E., & McCarthy-Donovan, A. (2014). Current trends in Korean adolescents' social purpose. *Journal of Youth Development*, 9(2), 16-33.

Steger, M. F., Frazier, P., Oishi, S., & Kaler, M. (2006). The meaning in life questionnaire: Assessing the presence of and search for meaning in life. *Journal of counseling psychology*, 53(1), 80.

Van Apeldoorn, B., & Hager, S. B. (2010). The social purpose of new governance: Lisbon and the limits to legitimacy. *Journal of International Relations and Development*, 13(3), 209-238.

Wentzel, K. R. (1994). Relations of social goal pursuit to social acceptance, classroom behavior, and perceived social support. *Journal of Educational Psychology*, 86(2), 173.

Wood, C., & Leighton, D. (2010). Measuring social value: the gap between policy and practice. *Undercurrent*(2), 7.

부록 1. 사례인터뷰 질문지

안녕하세요.

저희는 '공동체지향의 삶의 목표'에 대해서 연구 중인 서울대학교 교육학과 신종호 교수 연구팀입니다.

우선 바쁘신 가운데에도 불구하고, 연구를 위한 인터뷰를 수락해 주신 점 진심으로 감사드립니다.

본 연구는 삶에서 공동체지향의 목표를 가지는 것이 개인과 사회에 미치는 긍정적인 영향과 효과를 검토함으로써, 자신뿐 아니라 타인과 더불어 사는 생의 목표를 가지는 것이 중요하다는 것을 우리의 미래를 만들어 갈 청소년과 청년층에게 전달하고자 기획되었습니다.

선생님의 귀중한 말씀은 연구를 위한 기초자료로 사용될 것이며, 향후 연구보고서에 인터뷰 사례로 정리되어 제공될 예정입니다.
(수록될 인터뷰 내용은 선생님께 확인을 받고 확인해주신 내용으로 진행될 것입니다.)

그럼 다음의 질문들에 대해 편안한 마음으로 응답해 주시기 바랍니다.

기타 인터뷰 내용이나 진행과 관련되어 문의사항이 있으시면 아래의 연락처로 연락주시기 바랍니다.
감사합니다.

인지학습연구회 Seoul National University
서울대학교 교육학과 '공동체지향목표' 연구팀
신종호, 정명진, 장대환

1. 본 인터뷰를 제의 받으셨을 때 어떤 생각이 드셨는지요(어떠셨는지요)?

2. 본인이 삶에서 중요한 가치는 무엇이며 왜 중요하다고 생각하시는지요?

3. 선생님의 삶에서 ○○○ 활동은 어떤 의미를 가지는 것이라 보십니까?

4. 선생님의 삶의 방향을 설정하고 활동을 결심하는 데 가장 큰 계기가 된 사건은 어떤 것이었나요?
   혹은 가장 크게 영향을 준 인물이 있으셨다면 누구신지요?

5. 살아오면서 가장 행복하셨던 순간은 언제이셨는지요?
   그 순간을 가장 행복하게 기억하시게 된 이유는 무엇이실까요?

6. 공동체 관련 활동을 하면서 가장 만족스러웠던 순간은 언제이신지요?
   어떤 점이 만족스럽게 해주었을까요?

7. 선생님이 중요하게 생각해 오시는 삶의 가치를 실천해 오시는 데 있어서 가장 어려운 점은 무엇이었는지요? 어떤 면에서 어려우셨는지요?

8. 다른 사람들과 더불어 사는 ○○○ 활동을 포기하고 싶으신 때는 없으셨는지? 있다면 언제이셨고 왜 포기하고 싶다고 생각하셨는지요?

9. 선생님 스스로가 바라보셨을 때 선생님의 삶은 어떠하다고 생각하시는지요? (외람된 질문이오나, 만약 본인의 삶을 스스로가 평가하신다면 10점 만점에 몇 점으로 평가하실 수 있을 것 같으신지요? 왜 그러한 점수를 주셨습니까?)

10. 지금의 선생님이 계시기까지 가장 영향을 많이 준 사건이나 인물은?

11. 현재 삶에서 가장 중요하게 생각하고 계신 일이나 문제는 무엇이신가요?

12. 5년 혹은 10년 후 오늘, 지금 이 시각에 선생님은 어떤 일을 하고 계실까요? ○○○ 활동과 관련한 것을 비롯해서 향후 계획에 대해서 말씀주시기 바랍니다.

13. 살아오면서 가장 후회되는 일은 어떤 것인지?

14. 공동체지향의 삶에 대한 연구를 하고 있는 본 연구에 당부하고 싶은 말씀이 있으시다면?

15. 자신의 삶을 계획하고 있는 청소년들에게 전하고 싶은 말씀이 있으시다면?

※ 다음은 인적사항 문항들을 확인하시고 응답 부탁드립니다.
　연락처의 경우 인터뷰내용에 대한 추가 질문이 필요할 경우를 고려하여 요청 드리는 것으로 선택사항입니다.

▣ 성명 : ____________ ▣ 연락처 : ____________

▣ 성별 : 남 ○ 여 ○ ▣ 연령 : ________세

▣ 국적 : ____________ ▣ 현 거주지역 : ____________

▣ 소속: ________________________ (활동 기간: ___년)

▣ 기타 (특이사항) ____

부록 2. 1차년도 조사 설문지_중고생용

안녕하세요.

저희는 '공동체지향의 삶의 목표'에 대해서 연구 중인 서울대학교 교육학과 신종호 교수 연구팀입니다.

본 설문은 공동체를 지향하는 삶과 관련하여 사람들이 가진 의견을 수렴하고자 기획되었습니다. 여러분의 귀중한 응답은 통계법 제33조에 따라 비밀이 보장되며 연구를 위한 기초자료로 사용될 것임을 약속드립니다.

기타 설문 내용에 대한 문의사항이 있으시면 연락처로 연락주시기 바랍니다. 감사합니다.

인지학습연구회 Seoul National University 서울대학교 교육학과 '공동체지향목표' 연구팀
신종호, 정명진, 장대환

▣ 다음의 제시되는 각 문항의 내용을 잘 읽고, 자신의 생각이나 행동과 일치하는 보기를 선택해 주시기 바랍니다.

1. 어느 날 밤에 좋은 꿈을 꾼 당신은 갑작스럽게 복권에 당첨되어 어마어마한 액수의 돈을 받게 되었다.
평생 동안 부귀영화를 누릴 수 있을 정도의 엄청난 액수의 당첨금이 생긴 나는 다음 중에 어느 선택을 할 것인가?

① 내가 하고 싶었던 일들을 확인하고 이를 하나씩 한다.

② 나와 주변 가족들이 행복을 누리는 것에 우선순위를 둔다.
③ 내가 속한 사회 및 공동체의 행복을 위해서 할 수 있는 일을 생각해본다.

2. 학기를 마치고, 곧 여름방학이 시작되는 때에 나의 눈에 재능기부와 유사하게 다양한 형태로 진행되는 봉사활동에 참여할 자원봉사자를 모집한다는 홍보물이 눈에 띄었다. 이 활동에 참여하면 막연히 생각 중이던 나의 방학 계획을 실행하지 못할 수도 있지만, 어쩌면 큰 의미가 있는 활동이 될 수도 있다는 생각이 든다. 이러한 상황에서 나는 이 활동에 ________________ .

① 그다지 관심 없고, 하고 싶지 않다.
② 참여하는 것보다 나의 계획을 우선시하고 싶다.
③ 흥미를 가지고 한번 살펴보고 싶다.
④ 관심을 가지고 직접 참여해보고 싶다.

3. 한 TV프로그램에서 불치병에 걸렸으나 돈이 없어 치료하지 못하는 환자들을 위해 공연을 하고 모금을 하는 것을 보게 되었다. 프로그램의 진행자는 눈물을 흘리며 '비록 내가 아니더라도 우리 주변의 사람들이 아프지 않고 건강히 행복하게 사는 것이 중요하다.'라며 도움을 구한다는 말을 전하고 있다.
이 말에 어떤 생각이 드는가?

① 진행자의 말에 전적으로 동감하며 내가 할 수 있는 도움을 제공하고 싶다.
② 진행자의 말에 심정적으로 이해가 되지만 내 문제는 아니라는 생각이 든다.
③ 자신의 일은 자신이 책임지는 것이 필요하며, 이러한 생각이 더 의미가 있다.
④ 별 관심이 없다.

4. 방학에 늦잠을 자고 일어났는데, 아침 방송에서 독도가 우리 땅임을 홍보하고 세계에 널리 알리는 활동을 하는 학생들의 이야기가 나온다. 평소에 큰 관심이 있거나 그런 활동에 흥미를 가지고 있지는 않아 채널을 돌리려는데 인터뷰를 하고 있는 청(소)년들 사이로 내 친구의 얼굴이 보이고, 자막으로 단체관련 연락처가 나온다. 당신은?

① 별 관심 없다. 그러려니 하고 채널을 돌린다.
② 어떤 활동인지 궁금해진다. 호기심이 생긴다.
③ 친구의 활동이 자랑스러워보였다. 나도 활동에 동참하고 싶다.
④ 친구활동에 감명 받았다. 동참하고 싶어 전화를 걸어본다.

5. 나만이 아닌 다른 사람들과 더불어 사는 삶을 사는 것이 나만을 위해 사는 것보다 나에게 ________________.

① 손해다 ② 관심 없다 ③ 이익이다 ④ 중요한 생활의 일부다.

6. 우리나라를 대표하여 뛰고 있는 국가대표 선수들의 경기를 보며 다 같이 기뻐하고 슬퍼하는 것을 보면 대한민국이라는 공동체가 실제로 존재하는 것처럼 느껴지다가도 평소엔 이와 같은 특별한 의식이 별로 느껴지지 않기도 하는데, 평상시 당신은 얼마나 국가나 사회와 같은 공동체와 스스로가 관련이 있다고 느끼는가?

① 공동체에 소속되어 있다는 것을 그다지 느끼지 못한다.
② 공동체에 소속되어 있지만 내 평소 생활과는 관련이 없다.
③ 공동체에 소속되어 있으며 내 평소 생활에도 이를 실천하고 싶다는 생각을 가지고 있다.
④ 공동체에 소속되어 있으며 내 평소 생활에도 이를 실천하고 있다.

7. 몇몇 인물, 예컨대 간디의 자서전을 살펴보면 자신이 추구하는 생각이나 가치가 당시의 사회 상황과 매우 큰 관련이 있으며, 이를 실현함으로써 사회에 큰 영향을 미쳐 올바른 목표를 실현하는 데에 크게 기여할 것으로 보았다. 그렇다면 당신의 경우는 어떠한가? 당신의 생각에 따르면 당신이 추구하는 생각과 가치는 ______________ .

① 사회와 관련이 없고 영향을 미치지도 못할 것이다.
② 사회와 관련은 있지만 영향을 미치지는 못할 것이다.
③ 사회와 관련이 있고 어느 정도 영향을 미칠 수 있을 것이다.
④ 사회와 관련이 있고 큰 영향력을 미칠 수 있을 것이다.

8. 귀가하던 길에 지난여름 엄청난 위력의 태풍으로 인해 수해를 입은 수재민들을 돕기 위한 봉사활동 참여자를 모집하고 모금활동을 벌이고 있는 모습을 보았다. 내가 살고 있는 지역에서는 태풍으로 인해 그리 큰 피해를 보지 않았기에 이를 보면서 여러 가지 생각이 들었다. 당신은 어떤 생각을 하겠는가?

① 관심 없다.
② 그들의 삶과 나의 삶은 별개의 것이기 때문에 신경이 쓰이진 않는다.
③ 수해로 인해 피해로 힘들겠다는 생각이 들고 사람들이 도와주어야겠다는 생각이 든다.
④ 수해로 인해 입었을 피해가 걱정이 되며, 모금이나 봉사활동에 참여해야겠다는 생각이 든다.

9. 귀하가 가지고 있는 개인적인 삶의 목표에는 어떤 것들이 있으십니까?

(자유롭게 기술해 주시기 바랍니다.)

10. 귀하는 장차 본인이 어떤 방식으로 본인이 속한 공동체의 발전을 위해 참여할 수 있을 것이라고 생각하십니까?

(자유롭게 기술해 주시기 바랍니다.)

11. 주변에서 볼 수 있는, 타인과 사회를 위해 헌신하는 사람에는 누가 있을까요? 그러한 사람의 삶에 대한 개인적 생각은?

(자유롭게 기술해 주시기 바랍니다.)

☆ 지금까지 설문에 응답해 주셔서 감사합니다.

다음의 문항은 연구자료의 분석을 위해서만 활용될 자료입니다. 잘 읽고 응답해주시기 바랍니다.

▣ ________ 학교 ___ 학년 ___ 반 ▣ 성별 (남 / 여)

▣ 귀하는 현재 살고계신 지역은?

① 대도시 ② 중소도시 ③ 군/읍/면

▣ 귀하는 현재 학교생활에 어느 정도 만족하십니까?

① 매우 불만족 ② 불만족 ③ 만족 ④ 매우 만족

▣ 전반적으로 당신의 학업성적은 어느 정도라고 생각하십니까?

① 매우 낮음 ② 약간 낮음 ③ 중간 ③ 약간 높음 ⑤ 매우 높음

▣ 귀하가 생각하는 본인의 생활수준에 대해 응답하여 주십시오.

① 하 ② 중하 ③ 중 ④ 중상 ⑤ 상

▣ 다음 중 귀하와 함께 살고 있는 가족 구성원에 모두 ∨ 표시해주시기 바랍니다.

□ 부 □ 모 □ 조부모

□ 형제자매 □ 기타 ( )

▣ 지금까지 살면서 자발적인 봉사활동을 해 본 적이 있습니까?

① 없다 ② 1~3번 ③ 4~6번 ④ 7번 이상

▣ 지금까지 학급에서 학생들을 대표하는 임원 자리를 몇 번이나 맡아보았습니까?

① 없다 ② 1~3번 ③ 4~6번 ④ 7번 이상

지금까지 설문에 응답해주셔서 감사합니다.

부록 3. 1차년도 실태조사 설문지_대학생용

안녕하세요.

저희는 '공동체지향의 삶의 목표'에 대해서 연구 중인 서울대학교 교육학과 신종호 교수 연구팀입니다.

본 설문은 공동체를 지향하는 삶과 관련하여 사람들이 가진 의견을 수렴하고자 기획되었습니다. 여러분의 귀중한 응답은 통계법 제33조에 따라 비밀이 보장되며 연구를 위한 기초자료로 사용될 것임을 약속드립니다.

기타 설문 내용에 대한 문의사항이 있으시면 연락처로 연락주시기 바랍니다. 감사합니다.

인지학습연구회 Seoul National University 서울대학교 교육학과 '공동체지향목표' 연구팀
신종호, 정명진, 장대환

■ 다음의 제시되는 각 문항의 내용을 잘 읽고, 자신의 생각이나 행동과 일치하는 보기를 선택해 주시기 바랍니다.

1. 어느 날 밤에 좋은 꿈을 꾼 당신은 갑작스럽게 복권에 당첨되어 어마어마한 액수의 돈을 받게 되었다.
평생 동안 부귀영화를 누릴 수 있을 정도의 엄청난 액수의 당첨금이 생긴 나는 다음 중에 어느 선택을 할 것인가?

① 내가 하고 싶었던 일들을 확인하고 이를 하나씩 한다.

② 나와 주변 가족들이 행복을 누리는 것에 우선순위를 둔다.
③ 내가 속한 사회 및 공동체의 행복을 위해서 할 수 있는 일을 생각해본다.

2. 학기를 마치고, 곧 여름방학이 시작되는 때에 나의 눈에 재능기부와 유사하게 다양한 형태로 진행되는 봉사활동에 참여할 자원봉사자를 모집한다는 홍보물이 눈에 띄었다. 이 활동에 참여하면 막연히 생각 중이던 나의 방학 계획을 실행하지 못할 수도 있지만, 어쩌면 큰 의미가 있는 활동이 될 수도 있다는 생각이 든다. 이러한 상황에서 나는 이 활동에 ______________.

① 그다지 관심 없고, 하고 싶지 않다.
② 참여하는 것보다 나의 계획을 우선시하고 싶다.
③ 흥미를 가지고 한번 살펴보고 싶다.
④ 관심을 가지고 직접 참여해보고 싶다.

3. 한 TV프로그램에서 불치병에 걸렸으나 돈이 없어 치료하지 못하는 환자들을 위해 공연을 하고 모금을 하는 것을 보게 되었다. 프로그램의 진행자는 눈물을 흘리며 '비록 내가 아니더라도 우리 주변의 사람들이 아프지 않고 건강히 행복하게 사는 것이 중요하다.'라며 도움을 구한다는 말을 전하고 있다.
이 말에 어떤 생각이 드는가?

① 진행자의 말에 전적으로 동감하며 내가 할 수 있는 도움을 제공하고 싶다.
② 진행자의 말에 심정적으로 이해가 되지만 내 문제는 아니라는 생각이 든다.
③ 자신의 일은 자신이 책임지는 것이 필요하며, 이러한 생각이 더 의미가 있다.
④ 별 관심이 없다.

4. 방학에 늦잠을 자고 일어났는데, 아침 방송에서 독도가 우리 땅임을 홍보하고 세계에 널리 알리는 활동을 하는 학생들의 이야기가 나온다. 평소에 큰 관심이 있거나 그런 활동에 흥미를 가지고 있지는 않아 채널을 돌리려는데 인터뷰를 하고 있는 청(소)년들 사이로 내 친구의 얼굴이 보이고, 자막으로 단체관련 연락처가 나온다. 당신은?

① 별 관심 없다. 그러려니 하고 채널을 돌린다.
② 어떤 활동인지 궁금해진다. 호기심이 생긴다.
③ 친구의 활동이 자랑스러워보였다. 나도 활동에 동참하고 싶다.
④ 친구활동에 감명 받았다. 동참하고 싶어 전화를 걸어본다.

5. 나만이 아닌 다른 사람들과 더불어 사는 삶을 사는 것이 나만을 위해 사는 것보다 나에게 ______________.

① 손해다 ② 관심 없다 ③ 이익이다 ④ 중요한 생활의 일부다

6. 우리나라를 대표하여 뛰고 있는 국가대표 선수들의 경기를 보며 다 같이 기뻐하고 슬퍼하는 것을 보면 대한민국이라는 공동체가 실제로 존재하는 것처럼 느껴지다가도 평소엔 이와 같은 특별한 의식이 별로 느껴지지 않기도 하는데, 평상시 당신은 얼마나 국가나 사회와 같은 공동체와 스스로가 관련이 있다고 느끼는가?

① 공동체에 소속되어 있다는 것을 그다지 느끼지 못한다.
② 공동체에 소속되어 있지만 내 평소 생활과는 관련이 없다.
③ 공동체에 소속되어 있으며 내 평소 생활에도 이를 실천하고 싶다는 생각을 가지고 있다.
④ 공동체에 소속되어 있으며 내 평소 생활에도 이를 실천하고 있다.

7. 몇몇 인물, 예컨대 간디의 자서전을 살펴보면 자신이 추구하는 생각이나 가치가 당시의 사회 상황과 매우 큰 관련이 있으며, 이를 실현함으로써 사회에 큰 영향을 미쳐 올바른 목표를 실현하는 데에 크게 기여할 것으로 보았다. 그렇다면 당신의 경우는 어떠한가? 당신의 생각에 따르면 당신이 추구하는 생각과 가치는 ________________ .

① 사회와 관련이 없고 영향을 미치지도 못할 것이다.
② 사회와 관련은 있지만 영향을 미치지는 못할 것이다.
③ 사회와 관련이 있고 어느 정도 영향을 미칠 수 있을 것이다.
④ 사회와 관련이 있고 큰 영향력을 미칠 수 있을 것이다.

8. 귀가하던 길에 지난여름 엄청난 위력의 태풍으로 인해 수해를 입은 수재민들을 돕기 위한 봉사활동 참여자를 모집하고 모금활동을 벌이고 있는 모습을 보았다. 내가 살고 있는 지역에서는 태풍으로 인해 그리 큰 피해를 보지 않았기에 이를 보면서 여러 가지 생각이 들었다. 당신은 어떤 생각을 하겠는가?

① 관심 없다.
② 그들의 삶과 나의 삶은 별개의 것이기 때문에 신경이 쓰이진 않는다.
③ 수해로 인해 피해로 힘들겠다는 생각이 들고 사람들이 도와주어야겠다는 생각이 든다.
④ 수해로 인해 입었을 피해가 걱정이 되며, 모금이나 봉사활동에 참여해야겠다는 생각이 든다.

9. 귀하가 가지고 있는 개인적인 삶의 목표에는 어떤 것들이 있으십니까?

(자유롭게 기술해 주시기 바랍니다.)

10. 귀하는 장차 본인이 어떤 방식으로 본인이 속한 공동체의 발전을 위해 참여할 수 있을 것이라고 생각하십니까?

(자유롭게 기술해 주시기 바랍니다.)

11. 주변에서 볼 수 있는, 타인과 사회를 위해 헌신하는 사람에는 누가 있을까요? 그러한 사람의 삶에 대한 개인적 생각은?

(자유롭게 기술해 주시기 바랍니다.)

☆ 지금까지 설문에 응답해 주셔서 감사합니다.

다음의 문항은 연구자료의 분석을 위해서만 활용될 자료입니다. 잘 읽고 응답해주시기 바랍니다.

▣ __________ 대학교 __________ 과 ▣ 성별 (남 / 여)

▣ 귀하는 현재 살고계신 지역은?

① 대도시 ② 중소도시 ③ 군/읍/면

▣ 귀하는 현재 학교생활에 어느 정도 만족하십니까?

① 매우 불만족 ② 불만족 ③ 만족 ④ 매우 만족

▣ 전반적으로 당신의 학업성적은 어느 정도라고 생각하십니까?

① 매우 낮음 ② 약간 낮음 ③ 중간 ③ 약간 높음 ⑤ 매우 높음

▣ 귀하가 생각하는 본인의 생활수준에 대해 응답하여 주십시오.

① 하 ② 중하 ③ 중 ④ 중상 ⑤ 상

▣ 다음 중 귀하와 함께 살고 있는 가족 구성원에 모두 표시해주시기 바랍니다.

□ 부 □ 모 □ 조부모

□ 형제자매 □ 기타 ( )

▣ 지금까지 살면서 자발적인 봉사활동을 해 본 적이 있습니까?

① 없다 ② 1~3번 ③ 4~6번 ④ 7번 이상

▣ 지금까지 살면서 학생들을 대표하는 임원 자리를 몇 번이나 맡아보았습니까?

① 없다 ② 1~3번 ③ 4~6번 ④ 7번 이상

부록 4. 2차년도 실태조사 설문지

ID					

우리나라 청소년 공동체지향 삶의 목표 연구

안녕하세요.

서울대 교육연구소와 한겨레, 전교조는 '우리나라 청소년의 공동체지향의 삶의 목표'에 대한 공동연구를 수행하고 있습니다(연구책임: 서울대학교 신종호).

본 설문은 공동체를 지향하는 삶과 관련하여 사람들이 가진 의견을 수렴하고자 기획되었습니다.

공동체지향 목표와 관련된 여러분의 생각을 솔직하게 응답해주시기 바랍니다.

여러분의 귀중한 응답은 통계법 제33조에 따라 비밀이 보장되며 연구를 위한 기초자료로만 사용될 것임을 약속드립니다.

응답결과에는 좋고 나쁜 것이 없으므로 모든 문항을 잘 읽고 평상 시 생각하시는 바를 편안하게 작성해주시기 바랍니다.

기타 설문 내용에 대한 문의사항이 있으시면 아래의 연락처로 연락주시기 바랍니다.

감사합니다.

주관: 서울대학교 교육연구소, 한겨레 신문사, 전국교직원노동조합

문의: 신종호, 정명진, 장대환

인적사항

응답일	2013년 _____월 ____일
성별	□ 남 □ 여
나이	만 ( ) 세
학교구분	□ 중학교 □ 일반계고 □ 전문계고 □ 특목고 · 자율형 사립고
학교/학년/	________ 학교 ______ 학년 _____ 반

1부

다음은 여러분이 가지고 있는 삶의 목표에 대한 다양한 생각을 알아보기 위한 문항들입니다. 제시된 각 문항의 내용을 잘 읽고, 자신의 생각이나 행동과 일치하는 보기를 선택해주시기 바랍니다.

다음 문항들은 옳거나 틀린 대답이 없습니다. 너무 오래 생각하지 마시고 떠오르는 대로 응답하시면 됩니다. 한 문항도 빠짐없이 응답해 주십시오.

1. 어느 날 밤에 좋은 꿈을 꾼 당신은 갑작스럽게 복권에 당첨되어 어마어마한 액수의 돈을 받게 되었다. 평생 동안 부귀영화를 누릴 수 있을 정도의 엄청난 액수의 당첨금이 생긴 나는 다음 중에 어느 선택을 할 것인가?

① 내가 하고 싶었던 일들을 확인하고 이를 하나씩 한다.
② 나와 주변 가족들이 행복을 누리는 것에 우선순위를 둔다.
③ 내가 속한 사회 및 공동체의 행복을 위해서 할 수 있는 일을 생각해본다.

2. 학기를 마치고, 곧 여름방학이 시작되는 때에 나의 눈에 재능기부와 유사하게 다양한 형태로 진행되는 봉사활동에 참여할 자원봉사자를 모집한다는 홍보물이 눈에 띄었다. 이 활동에 참여하면 막연히 생각 중이던 나의 방학계획을 실행하지 못할 수도 있지만, 어쩌면 큰 의미

가 있는 활동이 될 수도 있다는 생각이 든다. 이러한 상황에서 나는 이 활동에 ______________.

① 그다지 관심 없고, 하고 싶지 않다.
② 참여하는 것보다 나의 계획을 우선시하고 싶다.
③ 흥미를 가지고 한번 살펴보고 싶다.
④ 관심을 가지고 직접 참여해보고 싶다.

3. 한 TV프로그램에서 불치병에 걸렸으나 돈이 없어 치료하지 못하는 환자들을 위해 공연을 하고 모금을 하는 것을 보게 되었다. 프로그램의 진행자는 눈물을 흘리며 '비록 내가 아니더라도 우리 주변의 사람들이 아프지 않고 건강히 행복하게 사는 것이 중요하다.'라며 도움을 구한다는 말을 전하고 있다.
이 말에 어떤 생각이 드는가?

① 진행자의 말에 전적으로 동감하며 내가 할 수 있는 도움을 제공하고 싶다.
② 진행자의 말에 심정적으로 이해가 되지만 내 문제는 아니라는 생각이 든다.
③ 자신의 일은 자신이 책임지는 것이 필요하며, 이러한 생각이 더 의미가 있다.
④ 별 관심이 없다.

4. 방학에 늦잠을 자고 일어났는데, 아침 방송에서 독도가 우리 땅임을 홍보하고 세계에 널리 알리는 활동을 하는 학생들의 이야기가 나온다. 평소에 큰 관심이 있거나 그런 활동에 흥미를 가지고 있지는 않아 채널을 돌리려는데 인터뷰를 하고 있는 청(소)년들 사이로 내 친구의 얼굴이 보이고, 자막으로 단체관련 연락처가 나온다. 당신은?

① 별 관심 없다. 그러려니 하고 채널을 돌린다.
② 어떤 활동인지 궁금해진다. 호기심이 생긴다.

③ 친구의 활동이 자랑스러워보였다. 나도 활동에 동참하고 싶다.
④ 친구활동에 감명 받았다. 동참하고 싶어 전화를 걸어본다.

5. 귀가하던 길에 지난여름 엄청난 위력의 태풍으로 인해 수해를 입은 수재민들을 돕기 위한 봉사활동 참여자를 모집하고 모금활동을 벌이고 있는 모습을 보았다. 내가 살고 있는 지역에서는 태풍으로 인해 그리 큰 피해를 보지 않았기에 이를 보면서 여러 가지 생각이 들었다. 당신은 어떤 생각을 하겠는가?

① 관심 없다.
② 그들의 삶과 나의 삶은 별개의 것이기 때문에 신경이 쓰이진 않는다.
③ 수해로 인해 피해로 힘들겠다는 생각이 들고 사람들이 도와주어야겠다는 생각이 든다.
④ 수해로 인해 입었을 피해가 걱정이 되며, 모금이나 봉사활동에 참여해야겠다는 생각이 든다.

6. 새로운 학기가 시작되자 내가 취미삼아 활동하고 있던 동아리에서 신학기 임원을 모집한다는 공고가 게재되었다. 이 활동은 공식적인 학생회 활동이 아니라서 대입에 반영되진 않지만 동아리를 위한 의미 있는 활동이 될 수도 있을 것 같다. 이러한 상황에서 나는 이 활동에 ________________ .

① 그다지 관심 없고, 하고 싶지 않다.
② 이보다 나를 위한 다른 활동을 하고 싶다.
③ 흥미를 가지고 한번 살펴보고 싶다.
④ 관심을 가지고 직접 참여해보고 싶다.

7. 며칠 후에 있을 체육대회를 앞두고 각 반은 담당구역을 정리하는데, 나의 반이 맡은 구역을 검사하는 선생님이 개인적인 사정으로 일찍 가시게 되었다. 그러자 친구들은 하나둘씩 눈치를 보기 시작한다. 그

런데 이 작업은 내일 아침까지 반드시 완료가 되어있어야 한다.
나는 이러한 상황에서 ______________ .

① 나와는 관계가 없는 일이므로 집에 간다.
② 그 시간에 차라리 개인적인 일을 하기 위해 집에 간다.
③ 남아야 될 것 같다고 생각하지만 머뭇거린다.
④ 우리 반의 일을 위해 남아서 일을 한다.

8. 학교에서 2박3일 동안 수련회를 가게 되었다. 수련회가 진행되는 야영장에는 식사를 준비하는 조리사만 있고 배식 담당이 없어서 학생들이 돌아가며 배식을 담당해야 한다. 그런데 모든 학생의 순서가 돌아간 후에도 몇 번의 식사가 더 남아서 극소수의 학생이 추가로 배식 당번을 해야 한다.
이런 상황에서 나는 ______________.

① 절대로 배식당번을 하지 않는다.
② 차라리 그 시간에 나에게 유익한 활동을 한다.
③ 배식당번에 자원해야겠다는 생각이 들지만 머뭇거린다.
④ 적극적으로 배식당번을 맡겠다고 나선다.

9. 나는 이번 학기에 학급의 반장을 맡고 있다. 각 학급의 반장은 방과 후에 학생들의 청소가 끝나면 청소 상태를 점검하는 역할을 맡는다. 어느 날 청소상태 점검을 마치고 가방을 싸다보니 교실 구석에 청소가 덜되어 있는 곳이 눈에 띄었다. 해당 구역 맡은 학생들은 이미 하교한 상태인데, 이러한 상황에서 나는 ______________ .

① 내 구역이 아니므로 그냥 무시하고 집에 간다.
② 그곳을 청소하다보면 나의 개인시간을 뺏기므로 그냥 무시한다.
③ 그곳을 청소해야 한다고 생각하지만 내가 하진 않고 담당 학생들 이름을 적는다.
④ 내가 조금만 고생하면 우리반에게 좋은 일이므로 조용히 정리하고

하교한다.

10. 우리 학교가 유명방송 퀴즈 프로그램에 출연하게 되었다. 반별로 1명씩 대표 학생을 선발하는데, 어쩌다 운이 좋게 내가 대표가 되었다. 그런데 간발의 차이로 대표 학생이 되지 못한 친구가 대표로 나갈 경우에 학교 차원에서 더욱 좋은 성적을 거두게 될 것이라는 생각이 강하게 들었다. 이런 상황에서 나는 ______________ .

① 별다른 고민을 하지 않고 내가 대표로 나간다.
② 프로그램에 출연하는 것이 나에게 도움이 되므로 내가 나간다.
③ 그 친구에게 기회를 넘겨주는 것이 옳다고 생각하지만 선뜻 말하진 못한다.
④ 그 친구가 출연하는 것이 우리 학교를 위해 더 좋은 일이므로 기회를 넘긴다.

11. 나만이 아닌 다른 사람들과 더불어 사는 삶을 사는 것이 나만을 위해 사는 것보다 나에게 __________ .

① 손해다 ② 관심 없다 ③ 이익이다 ④ 중요한 생활의 일부다.

12. 우리나라를 대표하여 뛰고 있는 국가대표 선수들의 경기를 보며 다 같이 기뻐하고 슬퍼하는 것을 보면 대한민국이라는 공동체가 실제로 존재하는 것처럼 느껴지다가도 평소엔 이와 같은 특별한 의식이 별로 느껴지지 않기도 하는데, 평상시 당신은 얼마나 국가나 사회와 같은 공동체와 스스로가 관련이 있다고 느끼는가?

① 공동체에 소속되어 있다는 것을 그다지 느끼지 못한다.
② 공동체에 소속되어 있지만 내 평소 생활과는 관련이 없다.
③ 공동체에 소속되어 있으며 내 평소 생활에도 이를 실천하고 싶다는 생각을 가지고 있다.

④ 공동체에 소속되어 있으며 내 평소 생활에도 이를 실천하고 있다.

13. 몇몇 인물, 예컨대 간디의 자서전을 살펴보면 자신이 추구하는 생각이나 가치가 당시의 사회 상황과 매우 큰 관련이 있으며, 이를 실현함으로써 사회에 큰 영향을 미쳐 올바른 목표를 실현하는 데에 크게 기여할 것으로 보았다. 그렇다면 당신의 경우는 어떠한가? 당신의 생각에 따르면 당신이 추구하는 생각과 가치는 ________________ .

① 사회와 관련이 없고 영향을 미치지도 못할 것이다.
② 사회와 관련은 있지만 영향을 미치지는 못할 것이다.
③ 사회와 관련이 있고 어느 정도 영향을 미칠 수 있을 것이다.
④ 사회와 관련이 있고 큰 영향력을 미칠 수 있을 것이다.

14. 다음의 보기는 다양한 삶의 목표들을 나열해 놓은 것입니다. 제시된 내용 중 당신에게 가장 중요한 삶의 목표를 한 가지만 선택하세요.

☐	없음	☐	원하는 대학가기/직업 갖기	☐	어려운 이웃 도우며 살기(기부하기)
☐	아직 정하지 못함	☐	돈 많이 벌기	☐	나의 재능으로 타인/사회에 기여
☐	평범하게 살기	☐	나와 가족의 행복	☐	국가에 기여
☐	독립하기	☐	남에게 피해주지 말기	☐	사람들과 행복하게 살기

15. 다음의 보기에 제시된 내용 중 장차 본인이 어떤 방식으로 본인이 속한 공동체의 발전을 위해 참여할 수 있을 것이라고 생각하는 지 한 가지만 선택해 주시기 바랍니다.

☐	관심 없음	☐	내 할 일 열심히 하기	☐	기부하기
☐	참여하고 싶지 않음	☐	나의 능력을 키우기	☐	어려운 사람 도와주기
☐	능력이 안돼서 못함	☐	나의 성공 후에 재능 기부	☐	국민으로써의 의무를 다하기
☐	참여할 여력이 없음	☐	내가 잘 살기	☐	리더가 되어 공동체 발전에 앞장서기

16-1. 다음의 보기 중 주변에서 볼 수 있는, 타인과 사회를 위해 헌신하는 사람이라고 생각되는 사람을 고르세요.(보기는 한 개만 고를 수 있습니다.)

- [ ] 부모님
- [ ] 선생님
- [ ] 남을 돕는 직업인 (소방관, 경찰, 군인, 등)
- [ ] 사회복지 활동가
- [ ] 사회봉사단체 단원 (자원봉사자 포함)
- [ ] 종교인(목사님, 스님, 신부님 등)
- [ ] 자신의 재능으로 기여하는 사람들
- [ ] (재산) 기부하는 사람들
- [ ] 기타 (특정인물인 경우 이름을 써주세요) ______

16-2. 주변에서 타인이나 사회를 돕는 사람들을 보면서 그들의 삶에 대해 어떤 생각을 하시나요? 보기 중 한 가지를 고르세요.

- [ ] 별 관심이 없다
- [ ] 왜 하는지 이해가 안 된다
- [ ] 나는 못할 것 같다
- [ ] 열심히 사는 것 같다
- [ ] 감동적이다/존경한다
- [ ] 멋있어 보이지만 내가 하고 싶진 않다
- [ ] 나도 마음은 있지만 실천할 수는 없다
- [ ] 나도 같이 해보고 싶다

2부

다음은 공동체지향목표에 대한 여러분의 생각과 행동실천 정도에 대한 문항들입니다. 제시된 문항을 읽고 보기와 같이 응답해주시기 바랍니다.

다음 문항들은 옳거나 틀린 대답은 없습니다. 너무 오래 생각하지 마시고 떠오르는 대로 응답하시면 됩니다. 한 문항도 빠짐없이 응답해 주십시오.

■ **문항에 제시된 삶의 내용을 잘 읽고, 해당 삶의 내용이 자신에게 얼마나 중요한지의 정도를 표시(○) 하세요.**

예컨대, '다른 사람을 도와준다'라는 문항을 읽고, 해당 삶의 내용이 자신에게,	전혀 중요하지 않음	중요하지 않음	그저 그런 편	중요함	매우 중요함
'전혀 중요하지 않다'고 생각되면	①	2	3	4	5
'중요하지 않다'고 생각되면	1	②	3	4	5
'그저 그렇다'고 생각되면	1	2	③	4	5
'중요하다'고 생각되면	1	2	3	④	5
'매우 중요하다'고 생각되면	1	2	3	4	⑤

문 항	전혀 중요하지 않음	중요하지 않음	그저 그런 편	중요함	매우 중요함
1. 나의 가족들과 긴밀히 연결되어 있다는 느낌을 유지한다.	1	2	3	4	5
2. 같은 반에 속해 있는 친구들과 친밀감을 느끼며 같은 공동체에 소속되어 있음을 느낀다.	1	2	3	4	5
3. 내가 속한 지역공동체의 일원이라는 의식을 가진다.	1	2	3	4	5
4. 나는 내가 속한 사회와 운명공동체로써 연결되어 있다고 느낀다.	1	2	3	4	5
5. 가정의 화목을 위해 개인적인 사정을 잠시 뒤로 할 수 있다.	1	2	3	4	5
6. 우리 반을 위한 일에 책임감을 가지고 열심히 참여한다.	1	2	3	4	5
7. 우리 지역에 속한 일원으로서 나에게 주어진 역할과 책임을 다한다.	1	2	3	4	5
8. 사회구성원으로서 내가 받은 혜택을 사회에 환원해야 한다.	1	2	3	4	5
9. 부모님이 바라고 원하시는 것들을 성취하는 삶을 살아간다.	1	2	3	4	5
10. 어려운 상황에 처해 있는 친구를 적극적으로 도와준다.	1	2	3	4	5
11. 내가 속한 지역 공동체에서 중시하는 가치를 실현하기 위해 노력한다.	1	2	3	4	5
12. 사회구성원으로서 사회에서 일어나는 일에 관심을 가지고 참여해야 한다.	1	2	3	4	5
13. 가족과의 관계 속에서 내가 살아가는 참된 가치를 느낀다.	1	2	3	4	5

14. 주변의 친구들과 긍정적인 영향을 주고받으면서 학생으로서 올바른 행동을 실천해간다.	1	2	3	4	5
15. 지역 공동체의 일원으로서 다른 구성원들과 함께 공공의 목표 성취를 위해 노력한다.	1	2	3	4	5
16. 내가 속한 공동체의 긍정적인 발전을 위해 다른 공동체 구성원들과 함께 노력한다.	1	2	3	4	5
17. 행복한 가정을 이루는 것을 최우선의 목표인 삶을 살아간다.	1	2	3	4	5
18. 필요하다면 나만을 위한 성취보다 우리 학급을 위한 일을 우선할 수 있다.	1	2	3	4	5
19. 지역 공동체의 발전을 위해 나의 재능을 활용하고 헌신한다.	1	2	3	4	5
20. 사회의 소외된 사람들의 행복을 위해 나를 바쳐 헌신할 수 있다.	1	2	3	4	5

■ 문항에 제시된 삶의 내용을 잘 읽고, 해당 행동을 평상시 자신이 얼마나 실천하는지의 정도를 표시(○) 하세요.

예컨대, '나는 다른 사람들을 돕는다'라는 문항을 읽고,	전혀 그렇지 않다	그렇지 않다	보통 이다	그렇다	매우 그렇다
'전혀 그렇지 않다'라고 생각되면	①	2	3	4	5
'그렇지 않다'라고 생각되면	1	②	3	4	5
'보통이다'라고 생각되면	1	2	③	4	5
'그렇다'라고 생각되면	1	2	3	④	5
'매우 그렇다'라고 생각되면	1	2	3	4	⑤

문 항	전혀 그렇지 않음	그렇지 않다	보통 이다	그렇다	매우 그렇다
1. 내가 옳다고 생각하는 신념을 부모님에게 납득시키기 위해 노력했던 적이 자주 있다.	1	2	3	4	5
2. 학급이나 학교대표로 운동경기에 참여하게 될 때, 자부심을 갖고 평소보다 더욱 열심히 임한다.	1	2	3	4	5
3. 나를 위한 일이 아님에도 불구하고 내가 속한 지역공동체를 위한 일이기에 책임감을 가지고 참여해본 활동이 있다.	1	2	3	4	5
4. 우리나라 선수들이 뛰어난 모습을 보이면 같은 사회의 구성원이라는 생각과 함께 더욱 열심히 응원한다.	1	2	3	4	5
5. 우리 집의 누군가는 반드시 해야 할 궂은 일이 생기면 눈치를 보기보다 먼저 나서서 그 일을 한다.	1	2	3	4	5

6. 반에서 다른 친구들보다 더 힘든 역할을 맡게 되어도 불평하지 않고 일에 적극적으로 참여한다.	1	2	3	4	5
7. 평소 주변에 어려운 상황에 처한 사람을 보면 좀처럼 지나치지 못하고 먼저 도와준다.	1	2	3	4	5
8. TV 등에서 사랑을 실천하는 인물을 보고 감명을 받아 사회를 위한 공익활동에 참여하고자 할 때가 있다.	1	2	3	4	5
9. 봉사활동과 같은 좋은 일을 할 때에 가족에게 함께 활동할 것을 자주 권유하는 편이다.	1	2	3	4	5
10. 동아리나 학교의 일원으로서 자발적인 봉사활동이나 공동체를 위한 활동을 자주 하는 편이다.	1	2	3	4	5
11. 지역공동체의 일원으로서 사회를 위해 기여할 수 있는 봉사활동이나 공익활동을 자주 탐색해본다.	1	2	3	4	5
12. 우리 사회를 위한 공익 활동이나 봉사활동에 자발적으로 참여해본 경험이 있다.	1	2	3	4	5
13. 가족의 일원으로서 반드시 참여해야 하는 행사가 있으면 책임감을 가지고 적극적으로 참여한다.	1	2	3	4	5
14. 집단을 위해 나를 희생해야 하는 학생회, 학급임원 등의 활동을 자주 하는 편이다.	1	2	3	4	5
15. 지역 사회의 수재민이나 결식아동 등을 위한 모금에 거리낌 없이 참여하는 편이다.	1	2	3	4	5
16. 개인적으로 손해를 보면서까지 사회적인 규칙이나 옳다고 생각하는 것을 지키기 위해 노력한 적이 종종 있다.	1	2	3	4	5

3부

다음은 일상생활 속에서 개인이 가지고 있는 생각이나 태도, 행동 등에 관한 다양한 내용으로 구성되어 있습니다.

지시문을 잘 읽고 안내에 따라 평소 본인의 생각을 솔직하게 응답해주시기 바랍니다.

다음 문항들은 옳거나 틀린 대답은 없습니다. 한 문항도 빠짐없이 응답해 주십시오.

■ **어떤 일들이 귀하의 인생을 중요하게 느끼게끔 하는지 생각해 주십시오. 귀하께서 하시는 일들 중 귀하의 인생을 보다 의미 있게 느껴지게끔 하는 일이 있습니까? 귀하께서는 귀하의 인생이 의미 있고 중요하다고 느끼십니까?**
무엇이 귀하의 인생에 의미를 부여한다고 생각하십니까?
문항을 잘 읽고, 해당 내용이 인생에 의미를 부여한다고 생각하는지를 응답해주시기 바랍니다.

예컨대, '나는 인생의 목표를 찾으려 한다'라는 문항을 읽고, 그것이 인생을 의미 있게 한다는 것에	전혀 동의하지 않는다	대체로 동의하지 않는다	어느 정도 동의하지 않는다	어느 쪽도 아니다	어느 정도 동의한다	대체로 동의한다	전적으로 동의한다
'전혀 동의하지 않는다'라고 생각되면	①	2	3	4	5	6	7
'대체로 동의하지 않는다'라고 생각되면	1	②	3	4	5	6	7
'어느 정도 동의하지 않는다'라고 생각되면	1	2	③	4	5	6	7
'어느 쪽도 아니다'라고 생각되면	1	2	3	④	5	6	7
'어느 정도 동의한다'라고 생각되면	1	2	3	4	⑤	6	7
'대체로 동의한다'라고 생각되면	1	2	3	4	5	⑥	7
'전적으로 동의한다'라고 생각되면	1	2	3	4	5	6	⑦

문 항	전혀 동의하지 않는다	대체로 동의하지 않는다	어느 정도 동의하지 않는다	어느 쪽도 아니다	어느 정도 동의한다	대체로 동의한다	전적으로 동의한다
1. 나는 항상 나의 인생에서의 목표를 찾으려 한다.	1	2	3	4	5	6	7
2. 나는 인생에서의 의미에 대한 답을 찾고자 한다.	1	2	3	4	5	6	7
3. 나는 무엇이 나의 인생을 의미 있게 할 수 있을지 잘 모르겠다.	1	2	3	4	5	6	7
4. 나는 나의 인생에서의 의미를 이해하고 있다.	1	2	3	4	5	6	7
5. 나는 나의 인생을 중요하게 느끼게 해 줄 수 있는 무엇인가를 항상 추구한다.	1	2	3	4	5	6	7
6. 나의 인생은 명확한 목표가 있다.	1	2	3	4	5	6	7
7. 나는 나의 인생의 목표 혹은 사명을 추구한다.	1	2	3	4	5	6	7
8. 나는 나의 인생의 의미를 찾고자 한다.	1	2	3	4	5	6	7
9. 나는 무엇이 나의 인생을 의미 있게 만들어 줄 수 있을지에 대해 잘 알고 있다.	1	2	3	4	5	6	7
10. 나의 인생은 뚜렷한 목표가 없다.	1	2	3	4	5	6	7
11. 나는 내가 여기 이 세상에 존재하는 이유를 이해하고자 노력한다.	1	2	3	4	5	6	7
12. 전반적으로 나의 인생은 의미가 있다.	1	2	3	4	5	6	7
13. 나는 만족할 만한 인생의 목표를 발견하였다.	1	2	3	4	5	6	7
14. 나는 나의 인생을 보다 의미 있게 느끼게 해 줄 수 있는 무엇인가를 항상 추구한다.	1	2	3	4	5	6	7

■ 문항을 잘 읽고, 자신의 평소 모습을 잘 표현한다고 생각되는 보기에 표시 (○) 하세요.

예컨대, '나는 다른 사람들을 돕는다'라는 문항을 읽고,	전혀 해당되지 않는다	별로 해당되지 않는다	어느 쪽도 아니다	조금 해당된다	매우 많이 해당된다
'전혀 해당되지 않는다'라고 생각되면	①	2	3	4	5
'별로 해당되지 않는다'라고 생각되면	1	②	3	4	5
'어느 쪽도 아니다'라고 생각되면	1	2	③	4	5
'조금 해당된다'라고 생각되면	1	2	3	④	5
'매우 많이 해당된다'라고 생각되면	1	2	3	4	⑤

문 항	전혀 해당되지 않는다	별로 해당되지 않는다	어느 쪽도 아니다	조금 해당된다	매우 많이 해당된다
1. 나는 내가 내 인생에서 무엇을 해야 할지 확실히 알고 있다.	1	2	3	4	5
2. 나의 잠재력이 발휘될 수 있도록 노력한다.	1	2	3	4	5
3. 나는 어떤 일을 결정할 때 스스로 결정하고 행동하는 편이다.	1	2	3	4	5
4. 나는 어떤 것이 도덕적이고 옳고 그른지를 잘 알고 행동할 수 있다.	1	2	3	4	5
5. 나의 일에 열의를 갖고 임한다.	1	2	3	4	5
6. 나는 모든 일에 적극적인 편이다.	1	2	3	4	5
7. 나는 내가 어떤 사람인지 잘 알고 있다고 생각한다.	1	2	3	4	5
8. 한번 목표로 한 일은 끈질기게 달성하려 노력한다.	1	2	3	4	5
9. 나는 내가 원하는 일을 하기 위해서는 위험을 감수할 수 있다.	1	2	3	4	5
10. 나는 내 모습 이대로를 자랑스럽게 생각한다.	1	2	3	4	5
11. 미래의 목표를 달성하기 위해 지금의 어려움을 견딜 수 있다.	1	2	3	4	5
12. 성공적인 (학업)수행을 위해서 스스로 계획을 세우고 실천할 수 있다.	1	2	3	4	5
13. 나의 삶으로부터 얻고자 하는 것에 대한 생각이 자주 바뀌는 편이다.	1	2	3	4	5
14. 나는 계획한 것은 끝까지 실천해내는 편이다.	1	2	3	4	5
15. 나는 다른 사람의 의견에 휩쓸리기보다는 나의 생각대로 일을 추진하는 편이다.	1	2	3	4	5
16. 내가 어떤 사람인지에 대한 대부분의 사람들의 의견은 비슷하다.	1	2	3	4	5
17. 나의 미래의 꿈을 성취하기 위해 계획을 세우고 실천한다.	1	2	3	4	5
18. 나는 스스로 생각하기보다는 남들의 좋은 생각을 기다리는 편이다.	1	2	3	4	5

■ 문항을 잘 읽고, 자신이 평소의 모습을 잘 표현한다고 생각되는 보기에 표시(○)하세요.

예컨대, '나는 다른 사람들을 돕는다'라는 문항을 읽고,	매우 아니다	아니다	보통이다	그렇다	매우 그렇다
'매우 아니다'라고 생각되면	①	2	3	4	5
'아니다'라고 생각되면	1	②	3	4	5
'보통이다'라고 생각되면	1	2	③	4	5
'그렇다'라고 생각되면	1	2	3	④	5
'매우 그렇다'라고 생각되면	1	2	3	4	⑤

문 항	매우 아니다	아니다	보통이다	그렇다	매우 그렇다
1. 내가 살아가는 일상은 전반적으로 내가 이상적으로 생각하는 모습에 가깝다.	1	2	3	4	5
2. 내가 살아가는 여건은 아주 좋은 편이다.	1	2	3	4	5
3. 나는 나의 삶에 만족을 느끼며 살아가고 있다.	1	2	3	4	5
4. 나는 내 일상 속에서 내가 원하는 것들을 이루며 살아가고 있다.	1	2	3	4	5
5. 다시 태어난다 해도, 나는 지금처럼 살아갈 것이다.	1	2	3	4	5
6. 나는 활기찬 인생을 살고 있다고 생각한다.	1	2	3	4	5
7. 나의 주변에 믿음을 가질 수 있는 사람이 많은 편이다.	1	2	3	4	5
8. 나는 내가 누리고 있는 인간관계에 만족하는 편이다.	1	2	3	4	5
9. 나 자신을 되돌아보고, 앞으로의 생활을 계획하는 것을 좋아한다.	1	2	3	4	5
10. 나의 건강상태나 기분, 컨디션을 정확히 파악할 수 있다.	1	2	3	4	5
11. 내 생각이나 감정을 상황에 맞게 잘 통제하고 조절한다.	1	2	3	4	5
12. 평소에 내 능력이나 재능을 계발하기 위해 노력하고 있다.	1	2	3	4	5
13. 내 일정을 다이어리에 정리하는 등, 규칙적인 생활을 위해 노력한다.	1	2	3	4	5
14. 어떤 일에 실패했을 때 그 원인을 철저히 분석해서 다음에는 그런 일이 생기지 않도록 한다.	1	2	3	4	5
15. 앞으로 어떻게 성공해야 할지에 대해 뚜렷한 신념을 가지고 있다.	1	2	3	4	5

☆ 지금까지 설문에 응답해 주셔서 감사합니다.
다음의 문항은 연구자료의 분석을 위해서만 활용될 자료입니다.
잘 읽고 응답해주시기 바랍니다.

■ 귀하는 현재 학교생활에 어느 정도 만족하십니까?
① 매우 불만족 ② 불만족 ③ 만족 ④ 매우 만족

■ 전반적으로 당신의 학업성적은 어느 정도라고 생각하십니까?
① 매우 낮음 ② 약간 낮음 ③ 중간
④ 약간 높음 ⑤ 매우 높음

■ 귀하가 생각하는 본인의 생활수준에 대해 응답하여 주십시오.
① 하 ② 중하 ③ 중 ④ 중상 ⑤ 상

■ 다음 중 귀하와 함께 살고 있는 가족 구성원에 모두 ∨ 표시해주시기 바랍니다.

□ 부 □ 모 □ 조부모
□ 형제자매 □ 기타 ( )

■ 지금까지 살면서 자발적인 봉사활동을 해 본 적이 있습니까?
① 없다 ② 1~3번 ③ 4~6번 ④ 7번 이상

■ 지금까지 참여해 본 봉사활동 중 가장 자주 참여해본 것은 무엇입니까?
① 공공기관 봉사 ② 복지기관 봉사 ③ 환경 봉사 ④ 공익활동 ⑤ 기타

■ 지금까지 학급에서 학생들을 대표하는 임원 자리를 몇 번이나 맡아보았습니까?
① 없다 ② 1~3번 ③ 4~6번 ④ 7번 이상

■ 종교를 가지고 계십니까? 그렇다면 한 달에 몇 번 정도 종교 활동에 참여하십니까?
① 없다 ② 1~2번 ③ 3~4번 ④ 5번 이상

■ 평소에 가깝게 지내며 이야기를 나누는 친구가 몇 명 정도 있습니까?
① 없다 ② 1~2명 ③ 3~5명 ④ 6명 이상

아산재단연구총서

001 전환기의 중국경제
김윤환 외 | 단국대 경제학과

002 폴란드 경제의 변천 개혁과 그 전망
김광수 | 숭실대 경제학과

003 재소한인
이광규 외 | 서울대 인류학과

004 소련산림과 임업
홍성천 외 | 경북대 임학과

005 아세안의 정치경제
김국진 외 | 외교안보연구원

006 태국의 사회변동과 경제발전
최석만 외 | 전남대 사회학과

007 중국의 사회경제 통계분석
신한풍 외 | 고려대 통계학과

008 중국의 정치와 경제
박두복 외 | 외교안보연구원

009 동유럽의 개혁과 시장경제의 도입
허만 외 | 부산대 사범대학

010 동유럽의 개혁운동
박영신 | 연세대 사회학과

011 현대 러시아 연구
기연수 외 | 한국외대 노어과

012 전략적 선택과 기업의 국제경쟁력
이장호 | 서강대 경영대학

013 협동사회의 정착과 정부의 역할
이종범 외 | 고려대 행정학과

014 한국 제조기업 생산성의 동적 분석
노부호 외 | 중앙대 경영대학

015 분배의 정의
변형윤 외 | 서울대 경제학과

016 도덕적 행동의 강화
이훈구 외 | 연세대 심리학과

017 관료부패와 통제
김해동 외 | 서울대 행정대학원

018 한국경제의 내실 있는 성장
정창영 외 | 연세대 경제학과

019 한국국민정신운동의 역사와 발전방향
박수명 외 | 부산대 사범대학

020 한국대학생의 가치성향과 상담효과
이영희 외 | 숙명여대 교육학과

021 가출청소년과 학교관리체제
안창규 외 | 부산대 교육학과

022 동북아 정세변화와 한 · 일관계
한승조 외 | 고려대 정치외교학과

023 언론과 부정부패
정대철 외 | 한양대 신문방송학과

024 한국의 고등학교 교육
이원호 외 | 부산대 교육학과

025 가족과 방송
김학수 외 | 서강대 신문방송학과

026 재정개혁의 전망과 재산세제의 개편과제
오연천 | 서울대 행정대학원

027 청소년을 위한 전자게임 프로그램의 규제 및 평가체계 개발
박혜원 외 | 울산대 가정관리학과

028 정신장애자 가족의 사회심리적 특성
이근후 외 | 이화여대 의과대학

029 가족의 관계역동성과 문제인식
이광규 외 | 서울대 인류학과

030 현대인과 한국전통음식
승정자 | 숙명여대 식품영양학과

031 기업의 초고속정보통신망활용
안중호 | 서울대 경영학과

032 지역발전을 위한 교육자치제의 개선방안
김남순 | 조선대 사범대학

033 전환기의 공무원 가치관
조경호 | 울산대 행정학과

034 지방자치와 사회복지의 과제
김영모 | 중앙대 사회복지학과

035 WTO체제하의 지방중소기업 지원정책
최명주 외 | 계명대 통상학부

036 현대한국의 시민운동
이효선 | 중앙대 사회학과

037 기업 세계화의 단계 및 정도의 측정
허영도 외 | 울산대 경영학과

038 가족복지를 위한 가족주치의 시범사업의 효과
이혜리 외 | 연세대 가정의학교실

039 한국대학생의 삶의 만족도
김재은 외 | 이화여대 교육심리학과

040 지역경제와 지역산업구조의 개편방향
정기화 외 | 전남대 경제학부

041 중국기업의 소유형태별 경영특성
노철화 외 | 부산대 무역학과

042 남북한의 인성 · 사상교육
한승조 외 | 고려대 정치외교학과

043 연계적 뇌기능 조언을 위한 의료용 멀티미디어 시스템의 설계
유선국 | 연세대 의용공학교실

044 다민족국가의 민족문제와 한인사회
최협 외 | 전남대 인류학과

045 저소득층지역 청소년 여가문화와 소집단 활성화
박문수 외 | 서강대 사회학과

046 삶의 질의 국제비교와 지역간 비교분석
이재기 외 | 울산대 경제학과

047 21세기 지역주민의 삶의 질
양종회 외 | 성균관대 사회학과

048 삶의 질에 대한 국가간 비교
조명한 외 | 서울대 심리학과

049 외국인 노동자의 노사관계와 사회적 적응
석현호 외 | 성균관대 사회학과

050 한국의 사법제도와 발전 모델
정종섭 | 건국대 법학과

051 고령화사회와 중상층 노인의 사회활동
조성남 외 | 이화여대 사회학과

052 한국의 서비스 시장 개방정책
한홍렬 | 한양대 경제학부

053 한국과 AFTA간의 교역증진 및 경제 협력방안
손일태 외 | 경희대 경제통상학부

054 물류비 절감을 위한 무역업체의 정보화전략
이영수 외 | 경북대 경제통상학부

055 사회주의 체제전환과 사회정책
오정수 외 | 충남대 사회복지학과

056 남북통일 이후 농업생산체계 개편
홍성규 외 | 건국대 농업경제학과

057 국제화와 세계화
하영선 외 | 서울대 외교학과

058 IMF 개혁정책의 평가와 한국경제의 신(新) 패러다임
조동근 | 명지대 경제학과

059 구조개혁과 실업대책
박동운 | 단국대 경제무역학부

060 21세기 신노사관계
심윤종 외 | 성균관대 사회학과

061 학교에서의 집단 따돌림
이춘재 외 | 가톨릭대 심리학과

062 한국노인의 정신건강실태와 건강증진
조맹제 외 | 서울대 의과대학

063 혁명과 개혁 속의 중국 농민
김광억 | 서울대 인류학과

064 중국의 경제환경과 한국기업의 진출 전략
지용희 외 | 서강대 경영학과

065 김대중 대통령의 시스템 사고
김동환 | 중앙대 공공정책학부

066 실업과 가족해체
최일섭 외 | 서울대 사회복지학과

067 합리적 부채비율 조정방안
오상근 | 동아대 경제학과

068 한국 중산층의 생활문화
문숙재 외 | 이화여대 소비자 · 인간발달학과

069 계층간 갈등상태에서 최적소득세
김진욱 | 건국대 경상학부

070 글로벌 경쟁력 제고를 위한 기업전략과 조직구축
이만우 외 | 고려대 경영학과

071 의료보험과 국민연금의 관리효율화를 위한 통합방안
사공진 외 | 한양대 경제학부

072 정부개혁의 과제와 전략
박우서 외 | 연세대 행정학과

073 책임운영기관 제도에 관한 비교분석
김근세 | 가톨릭대 행정학과

074 새로운 패러다임하에서의 한국기업의 바람직한 지배구조
최운열 외 | 서강대 경영학과

075 현대 한국사회의 계층구조
양춘 외 | 고려대 사회학과

076 한국의 산업정책과 산업구조조정
강인수 | 숙명여대 경제학부

077 기업구조조정
김석진 | 경북대 경영학부

078 지식경영을 위한 인적자원 개발 및 관리체계
장영철 | 경희대 경영학부

079 뉴 비즈니스 모델
전성현 | 국민대 정보관리학부

080 중산층의 정체성과 소비문화
함인희 외 | 이화여대 사회학과

081 외국관광객 유치를 위한 마케팅 전략
박상규 | 강원대 경영학과

082 한국인의 세대별 문학의식
이동순 | 영남대 국문과

083 공공부문의 효율성 평가와 측정
김재홍 외 | 울산대 사회과학부

084 한국 청소년의 정치의식과 형성요인
김광웅 외 | 숙명여대 아동복지학과

085 한국 대학생의 정치의식
배한동 | 경북대 윤리교육과

086 산업의 정보화와 산업발전
이기동 | 계명대 통상학부

087 한국 제조업의 고용조정 분석
이종원 외 | 성균관대 경제학부

088 지식자산에 대한 경영전략적 평가모형 개발
배재학 외 | 울산대 컴퓨터 · 정보통신공학부

089 관광사업을 위한 한국적 이미지의 휴식복 개발
채금석 | 숙명여대 의류학과

090 한국 정치제도의 개혁
신정현 | 경희대 사회과학부

091 e비즈니스와 아웃소싱 전략
정승화 외 | 연세대 경영학과

092 집단 따돌림의 진단 및 치료방안
홍준표 | 중앙대 인간생활환경학과

093 16대 총선과 낙선운동
조기숙 | 이화여대 국제대학원

094 부동층 유권자 행태 분석
진영재 | 연세대 정치외교학과

095 사이버 공동체의 성공요인
이재관 | 숭실대 경영학부

096 온라인 소비자 행동의 이론과 실증
윤성준 | 경기대 경영학부

097 글로벌 시대 정약용 세계관의 가능성과 한계
차성환 | 한일장신대 역사사회학과

098 러시아의 체제전환 과정에서 나타난 국가의 역할과 그 전망
이상민 외 | 부산대 정치외교학과

099 남북한의 경제발전 수준과 산업구조 비교, 그리고 경제교류 협력방향
주성환 | 건국대 경제학과

100 집단따돌림과 교육해체
한준상 | 연세대 교육학과

101 공적연금제도의 효율성과 개선방안
유금록 | 군산대 행정복지학부

102 벤처기업-대기업의 성공적인 협력 모델
나중덕 | 경산대 경영학과

103 북한의 재외동포정책
조정남 외 | 고려대 정치외교학과

104 사이버 공동체 형성의 역동적 모형
장용호 | 서강대 신문방송학과

105 기업이론과 기업의 소유지배구조
김일태 외 | 전남대 경제학부

106 가축분뇨 자원화를 위한 공동이용 조직에 대한 농가선호도 분석
유덕기 | 동국대 생명자원경제학과

107 개혁정책과 전문가 집단
이경원 외 | 제주대 행정학과

108 현대 한국사회의 이중가치체계
신수진 외 | 이화여대 가정관리학과

109 한국의 산업구조 변화와 기업집단 다각화 전략
김용학 외 | 연세대 사회학과

110 지식정보사회의 경제적 모형 설정 및 사례 연구
김범환 | 배제대 경영정보학부

111 변호사징계제도
오종근 | 한림대 법학부

112 인터넷 특허법
김순석 | 광주대 법학과

113 e-비즈니스 시대의 금융 및 재정정책의 새로운 패러다임
이종욱 | 서울여대 경제학과

114 청소년의 하위문화와 정체성
조성남 | 이화여대 사회학과

115 디지털금융시대의 금융구조변화와 정부규제 및 정책
이충열 | 고려대 경제학부

116 지식경영을 위한 기업의 조직설계방안
김경수 외 | 전남대 경영학과

117 전자금융의 발달과 경제정책의 새로운 패러다임
이명훈 | 명지대 경제학과

118 동아시아의 안보와 유엔체제
강성학 편저 | 고려대 정치외교학과

119 유료 치매노인 그룹홈의 개발과 관련 정책
최정신 외 | 가톨릭대 소비자 · 주거학과

120 소비자 지향적 문화산업 정책
홍영준 | 호남대 광고홍보학과

121 국제 · 국가 · 지방 환경규제의 연계
정준금 외 | 울산대 행정학과

122 현행 회사 합병 · 분할제도의 평가와 개선방안
옥무석 외 | 이화여대 법학과

123 배려지향적 도덕성과 정의지향적 도덕성
정옥분 외 | 고려대 사범대학

124 기업구조조정에 대한 채권금융기관 및 금융감독기관의 역할과 책임
이중기 | 한림대 법학과

125 실업대책으로서 한국의 법정기준근로 시간 단축
박영범 | 한성대 경제학과

126 프랑스어의 비분리성 소유개념 표현
노윤채 | 연세대 언어정보연구원

127 지방채의 효율적 관리방안
강태구 | 호원대 법행정학부

128 21세기 산업구조 변화와 과학기술정책
임채성 외 | 그리스도신학대 경영정보학부

129 인터넷 쇼핑몰 이용자의 불평행동
예종석 | 한양대 경영학부

130 한국기업의 성과급제도 현황, 효과 및 개선방안
김성수 | 서울대 경영학과

131 전자상거래와 소비자보호
서민교 외 | 경일대 인터넷국제통상학과

132 평생학습 사회에서의 인적자원개발을 위한 사회적 파트너십 구축
김영화 | 홍익대 교육학과

133 한국 공교육의 새로운 구상과 전략
권대봉 외 | 고려대 교육학과

134 한국의 정부개혁
김태룡 | 상지대 행정학과

135 지방정부 생산성 측정의 이론과 실제
이은국 외 | 연세대 행정학과

136 불가 시문학론
배규범 | 경희대 학술연구 교수

137 남북경제교류의 법적 문제
제성호 | 중앙대 법학과

138 경제위기와 청소년 발달
구인회 | 서울대 사회복지학과

139 생명과학기술의 응용과 기본권보호적 한계
정상기 외 | 한남대 법학과

140 경제발전과 정치환경의 한 · 일 비교분석
정갑영 외 | 연세대 동서문제연구원

141 한국 공교육의 진단
윤정일 외 | 서울대 교육학과

142 우리나라 지방자치 발전을 위한 자치단체장의 역할
정성호 외 | 경기대 사회과학부

143 의료보험제도의 개혁방안
권순원 | 덕성여대 경제학과

144 중등 도덕교육의 현실과 문제
손동현 외 | 성균관대 철학과

145 사이버공동체 발전론
이명식 | 상명대 경영학과

146 남북경협 확대에 대비한 북한 담보제도의 정비방안
박훤일 | 경희대 법과대학

147 한국 공무원 인사제도 개혁
김판석 | 연세대 행정학과

148 교사화법 교육
임칠성 외 | 전남대 국어교육과

149 세계화의 문화정치학
임혁백 외 | 고려대 정치외교학과

150 효과적인 e-SCM을 위한 의사결정조정 시스템 모형
이원준 | 성균관대 경영학부

151 환경거버넌스
김종순 외 | 건국대 행정학과

152 자동차산업의 인적자원관리
이덕로 | 서원대 경영학부

153 한국과 영국 간 지식기반산업 비교
이명호 | 한국외대 경영학과

154 한국 벤처기업의 기술네트워킹 및 기술마케팅 전략
장영일 | 인제대 경영학부

155 회사변호사의 윤리
오승종 | 성균관대 법과대학

156 미디어교육론
이정춘 | 중앙대 신문방송학과

157 조선시대 서원과 양반
윤희면 | 전남대 역사교육과

158 환경문제와 철학
박찬국 | 서울대 철학과

159 노인보건복지 이론과 실제
김명 외 | 이화여대 보건교육학과

160 북한의 법체계
권재열 외 | 숭실대 법학과

161 생명공학기술의 안전성 확보에 관한 법적 고찰
이재협 | 경희대 법학부

162 청소년복지학
김성이 외 | 이화여대 사회복지학과

163 변화하는 세계, 변화하는 복지국가
조영훈 | 동의대 사회복지학과

164 의리의 윤리와 한국의 유교문화
김낙진 | 진주교대 도덕교육과

165 미국의 통상정책과 통상법
윤충원 | 전북대 무역학과

166 사회복지 프로그램 평가
김학주 | 경상대 사회복지학과

167 환경주의와 지속가능한 발전
정대연 | 제주대 사회학과

168 무역과 환경
김기홍 외 | 경기대 경제학부

169 산업계 유해폐기물의 위험과 관리
김금수 | 호서대 경상학부

170 백범 김구의 지적 계발과정 탐색
문용린 | 서울대 교육학과

171 태평양전쟁 발발 이후 일제의 인적 지배와 그리스도교계의 대응
윤선자 | 전남대 사학과

172 거버넌스 상황에서 갈등관리를 위한 대체적 분쟁해결제도
서순복 | 광주대 법정학부

173 시장경제의 유형과 민주주의
최배근 | 건국대 경상학부

174 일본고전소설 총론
김현정 | 국립한국전통문화학교

175 국어 교육을 위한 국어 문법론
이관규 | 홍익대 국어교육과

176 율곡의 군주론
전세영 | 부산교대 윤리교육과

177 동북아시아 환경협력
정서용 | 명지대 법학과

178 기후변화협약과 기후정책
신의순 외 | 연세대 경제학과

179 인터넷과 국제 학술정보 네트워크-하이퍼링크 분석
박한우 | 영남대 언론정보학과

180 국내 기업복지의 활성화 방안
최수찬 | 연세대 사회복지대학원

181 세계화와 인간안보
김우상 외 | 연세대 정치외교학과

182 세계문화유산 종묘 이야기
지두환 | 국민대 국사학과

183 한국 평생교육의 사회철학적 과제
곽삼근 | 이화여대 교육학과

184 강점모델
정순둘 | 이화여대 사회복지학과

185 글로벌시대의 계약법
박영복 | 한국외대 법과대학

186 배심제와 시민의 사법참여
안경환 | 서울대 법학과

187 동북아공동체
김재한 | 한림대 정치외교학과

188 정치 참여와 탈물질주의
김욱 | 배재대 정치외교학과

189 퍼지전문가회로망을 이용한 금융기관의 사이버 기업여신결정 지원시스템의 개발
권혁대 | 목원대 경영학과

190 환경정책과 환경법
송인성 | 전남대 지역개발학과

191 포스트모던 시대의 평생교육학
한숭희 | 서울대 교육학과

192 현대 한국인의 세대경험과 문화
박길성 외 | 고려대 사회학과

193 서구의 근로연계복지
김종일 | 건국대 사회복지학과

194 사회복지운동론
현외성 | 경남대 사회복지학과

195 외국의 역모기지 사례
유선종 | 건국대 부동산학과

196 옛이야기와 어린이문학
이지호 | 진주교대 국어교육학과

197 노인사회복지관광의 정책과제와 방안
김창수 | 경기대 관광학부

198 복지서비스의 민간위탁 시스템 분석
김순양 | 영남대 행정학부

199 새로운 빈곤층의 대두와 정부의 정책과제
김진욱 | 건국대 경제학과

200 문화행정론
김정수 | 한양대 행정학과

201 스칸디나비아 노인용 코하우징의 계획과 적용
최정신 외 | 가톨릭대 생활과학부

202 북한의 자연생태계
공우석 | 경희대 지리학과

203 통계로 이해하는 러시아
전홍찬 | 부산대 정치외교학과

204 사회복지법인의 경영과 회계
이동규 | 충남대 회계학과

205 의약분업 정책과정
차흥봉 | 한림대 사회복지학과

206 지역공동체와 평생교육
오혁진 | 동의대 평생교육학부

207 아동보호서비스의 실제
한미현 | 백석대 사회복지학부

208 그린마케팅
박재기 | 충남대 경영학부

209 아동권리와 아동복지
이혜원 | 성공회대 사회복지학과

210 국제 이주와 인도인 디아스포라
김경학 | 전남대 인류학과

211 질병과 의료의 사회학
조병희 | 서울대 보건대학원

212 북한이탈주민의 사회통합을 위한 지역복지실천의 모색
이기영 | 부산대 사회복지학과

213 치매노인케어론
조유향 | 초당대 간호학과

214 노인상담입문
서혜경 외 | 한림대 대학원 사회복지학과

215 '통일 이후 통일과정'으로서의 독일 통일영화
이준서 | 이화여대 독어독문학과

216 중국의 사회보장
오정수 | 충남대 사회복지학과

217 환경자원의 경제적 가치와 환경오염의 사회적 비용
김재홍 | 울산대 사회과학부

218 사회복지프로그램의 경제적 평가방법
박창제 외 | 상주대 사회복지학과

219 자유의지와 결정론
안건훈 | 강원대 철학과

220 심리학자들이 쓴 행복한 결혼의 심리학
채규만 외 | 성신여대 심리학과

221 현대 해석학 강의
양해림 | 충남대 철학과

222 한국인의 주거 빈곤과 공공주택
하성규 | 중앙대 도시및지역계획학과

223 IMF 경제위기와 한국 출산력의 변화
김두섭 | 한양대 사회학과

224 동아시아의 영토분쟁과 국제법
이석우 | 인하대 법학부

225 독일 복지국가와 사회복지서비스
정재훈 | 서울여대 사회사업학과

226 사회복지사를 위한 실용 비모수통계
엄명용 | 성균관대 사회복지학과

227 피해자학 연구
이윤호 | 동국대 경찰행정학과

228 광고언어창작론
박영준 외 | 부경대 국어국문학과

229 환경규제 패러다임의 전환
한철 | 한남대 법학과

230 고령사회의 노동환경변화와 고용 시스템의 문제점 및 법적 대응
고준기 | 국립군산대 법학과

231 세계화와 소득불평등
이성균 외 | 울산대 사회과학부

232 유비쿼터스 사회의 이해
안중호 외 | 서울대 경영학과

233 국제환경책임법론
박병도 | 건국대 법학과

234 한국의 선거와 민주주의
윤종빈 | 명지대 정치외교학과

235 한국 시민운동의 구조와 동학
조대엽 외 | 고려대 사회학과

236 또래관계
송영혜 | 대구대 재활심리학과

237 해외 한국기업과 현지인 노동자
석현호 외 | 에스코이아학술문화재단

238 독일 국가복지에서 민간복지단체의 역할과 의미
차성환 외 | 한일장신대 사회복지학부

239 청정공학
조정호 | 동양대 생명화학공학과

240 한국전통연희론
심상교 | 부산교육대 국어교육학과

241 정신장애와 가족
서미경 | 경상대 사회복지학부

242 빈곤통계의 작성과 활용
김주환 | 동국대 정보통계학과

243 인터넷과 한국정치
강원택 | 숭실대 정치외교학과

244 북한의 시장경제이행
정영화 외 | 서경대 법학과

245 시스템사고로 본 지속가능한 도시
문태훈 | 중앙대 도시및지역계획학과

246 실버산업과 유비쿼터스 컴퓨팅
고일상 | 전남대 경영학부

247 재활상담과 사례관리
나운환 | 대구대 직업재활학과

248 영유아교육기관에서의 장애 이해 교육
유수옥 | 우석대 유아특수교육과

249 장애의 사회적 의미와 사회통합
박수경 | 대진대 사회복지학과

250 경제분석의 수리적 기초
조인성 | 공주대 경제통상학부

251 비영리부문의 비교연구
김승현 | 서울산업대 행정학과

252 고등교육경제학
반상진 | 전북대 교육학과

253 과학윤리교육의 이론과 방법
조희형 | 강원대 과학교육학부

254 결혼이민자가족의 이해
김오남 | 대불대 사회복지학과

255 동아시아 국가의 공공부조
신동면 | 경희대 사회과학부

256 특수아동 진단 및 평가
이나미 | 대불대 특수교육과

257 계약형 사회복지와 권리옹호시스템
이명현 | 경북대 상주캠퍼스 사회복지학과

258 실내공기질 및 위해성 관리
양원호 | 대구가톨릭대 산업보건학과

259 충남 방언 문법
한영목 | 충남대 국어국문학과

260 교육권론
노기호 | 군산대 법학과

261 도시경관계획론
임승빈 | 서울대 조경 · 지역시스템공학부

262 교통의 새로운 패러다임
김형철 | 경원대 도시계획 · 조경학부

263 노인의 삶의 질 향상을 위한 주거환경 디자인
천진희 | 상명대 디자인대학 실내디자인전공

264 사회복지와 문화
박병현 | 부산대 사회복지학과

265 장애인복지의 이론과 실제
이선우 | 인제대 사회복지학과

266 창의성 개발을 위한 디자인교육 콘텐츠
김선영 | 인천가톨릭대 조형예술대학 환경디자인학과

267 구성주의 사회복지 실천 기술론
고미영 | 서울신학대 사회복지학과

268 장애아교육학
김기흥 | 부산교육대 유아교육과

269 지역사회복지와 자원부문
한상진 외 | 울산대 사회학과

270 환경관리회계
육근효 | 부산외국어대 회계학부

271 인권 관점에서 보는 장애인복지
유동철 | 동의대 사회복지학과

272 정신증상
송지영 | 경희대 의과대학병원 신경정신과

273 사이버공간의 사회심리학
이성식 외 | 숭실대 정보사회학과

274 노인에 대한 사회적 돌봄과 돌봄서비스의 질 보장
최희경 | 신라대 가족노인복지학과

275 아동 심리치료의 실제
신현균 | 전남대 심리학과

276 사회복지와 위험관리
노충래 | 이화여대 사회복지전문대학원

277 국제 탄소시장의 이해
양승룡 | 고려대 식품자원경제학과

278 타자의 초상
신문수 | 서울대 영어교육과

279 한국정치와 환경정치
나정원 | 강원대 정치외교학과

280 북한이주민
윤인진 | 고려대 사회학과

281 음주의 사회경제적 비용
정우진 외 | 연세대 보건대학원

282 지방정치와 동북아 도시거버넌스
박재욱 | 신라대 행정학과

283 노숙인 복지론
남기철 | 동덕여대 사회복지학과

284 유럽통합과정과 지역협력
이규영 | 서강대 국제대학원

285 사회복지재정 연구
지은구 | 계명대 사회과학대학 사회복지학과

286 지역사회 교육개혁을 위한 시민사회 조직의 참여
김영화 | 홍익대 교육학과

287 복지사회를 대비한 국민연금의 구조개혁
박영석 외 | 서강대 경영학부

288 한미 FTA 지재권 협상에 따른 의약품 분야 사회후생 변화
오근엽 | 충남대 무역학과

289 산업입지, 환경 그리고 지역경제
이기동 외 | 계명대 국제통상학과

338 노인의 삶의 질 향상을 위한 온라인 소셜 네트워크 구축 방안
김진우 | 연세대 경영학과

339 청소년 생활역량
윤명희 외 | 동의대 평생교육학과

340 외국인 배우자의 다양성과 국제결혼의 안정성
김두섭 | 한양대 사회학과

341 정보인권의 규범구체화
이민영 | 가톨릭대 법학과

342 한국 사회복지실천의 고유성
최성재 외 | 서울대 사회복지학과

343 스웨덴의 환경책임 실천모형
최희경 | 경북대 행정학부

344 자율운동과 주거공동체
윤수종 | 전남대 사회학과

345 한국인의 공공봉사동기
김상묵 | 서울과학기술대 행정학과

346 한국 이혼가정 아동의 성장
김혜숙 | 경인교육대 교육학과

347 동양 사상과 노인 복지
홍승표 외 | 계명대 사회학과

348 노동과 사회보장의 연계
오문완 | 울산대 법학과

349 학습장애 위험군 아동의 조기선별을 위한 읽기검사 표준화 연구
김애화 외 | 단국대 특수교육학과

350 신 · 재생에너지에 기초한 녹색성장과 사회통합
김인호 | 이화여대 법학전문대학원

351 문화교류역량과 다문화 경영이 기업 경영성과에 미치는 영향
임병학 외 | 부산외대 경영학부

352 빈곤영유아의 발달과 적응
정익중 외 | 이화여대 사회복지학과

353 민사법질서와 인권
양천수 | 영남대 법학전문대학원

354 성년후견제도와 사회복지제도의 연계
신권철 | 서울시립대 법학전문대학원

355 한국 다문화사회의 이방인
김순양 | 영남대 행정학과

356 현대 시민사회와 소비자계약법
이병준 | 한국외대 법학전문대학원

357 개인의 사회적 정보보호를 위한 공공 정보서비스 개선 연구
장항배 | 상명대 경영학과

358 여성교육투자에 대한 교육경제학적 탐색
백일우 외 | 연세대 교육학부

359 사회적 기업과 지속가능한 지역발전
임업 외 | 연세대 도시공학과

360 다문화가정 구성원에 대한 투트랙 한국어 교육방안 연구
박시균 | 군산대 국어국문학과

361 아시아의 빈곤과 한국기업의 역할
한인수 | 충남대 경영학부

362 유치원 · 초등학교 연계 환경교육
박희숙 | 공주대 유아교육학과

363 비정규 고용과 사회정책
구인회 외 | 서울대 사회복지학과

364 사생활의 자유에 관한 비교법적 연구
이창현 | 서강대 법학전문대학원

365 다중융합 환경 기반의 미디어스킨을 활용한 문화콘텐츠 디자인 적용방안에 관한 연구
오문석 외 | 광운대 미디어영상학부

366 북한이탈주민 여성의 성인식 관련 기초조사
한인영 외 | 이화여대 사회복지학과

367 노인주택 파노라마
유선종 | 건국대 부동산학과

368 시설보호 청년의 적응
정선욱 | 덕성여대 사회복지학과

369 다수 집단과 소수 집단의 심리
김혜숙 | 아주대 심리학과

370 바이오 휴머니티
권택영 | 경희대 영어학부

371 프랑스 다문화교육의 이해
이경수 | 상명대 불어교육과

372 한 · 중 서비스산업의 비교분석과 교역 확대 방안
김상호 | 리츠메이칸 아시아태평양대 국제경영학부

373 현대의학에 있어서 생명의 시간과 인간의 존엄
김학태 | 한국외대 법학전문대학원

374 0~3세 영유아의 영상물 과몰입 실태조사 및 정신건강증진 프로그램 개발과 적용
이경숙 | 한신대 재활학과

375 복지국가의 조세와 정치
양재진 외 | 연세대 행정학과

376 청소년기 자살행위 실태와 관련 요인
박선희 | 경희대 간호과학대학

377 기술혁신에 따른 지역 간 정보격차
최정혜 외 | 연세대 경영대학

378 한국 사회의 이중구조와 생애주기적 불평등
안상훈 편 | 서울대 사회복지학과

379 소비자의 친환경행동에 영향을 미치는 사회적 · 경제적 가치에 대한 고찰
송재기 | 텍사스테크대 경영학과

380 어머니 양육행동 관련 변인들과 유아 사회정서행동 간의 구조모형 분석
심숙영 | 숙명여대 원격대학원

381 조선족 여성, 동남아시아 여성 그리고 새터민의 적응 유형 분석 및 삶의 질 향상 방안 모색
정태연 | 중앙대 심리학과

382 세계의 연금, 한국의 연금
허만형 | 중앙대 공공인재학부

383 노인요양원과 문화 변화
최재성 | 연세대 사회복지학과

384 시민사회와 국제개발협력
손혁상 | 경희대 공공대학원

385 복지국가의 변화와 빈곤정책
김윤태 | 고려대 사회학과

386 다문화가정의 미디어 이용과 사회적 자본의 관계
진창현 | 경기대 경영학과

387 사회진출 대졸 초년생의 탄력성 변화 양상
이상민 | 고려대 교육학과

388 사회자본과 경제발전 그리고 정부의 질
도수관 | 대구가톨릭대 행정학과

389 망명과 귀환이주
서장원 | 고려대 독일문화학과

390 근거기반실천과 사회복지
김유진 | 경북대 사회복지학부

391 인터넷상 정보 유통에 대한 새로운 저작권 규율 방향 모색
박준석 | 서울대 법학전문대학원

392 한국 사회의 인종차별적 담화구조
이창수 | 한국외대 통역번역대학원

393 사회복지사의 사회복지 가치 지향
김용석 | 가톨릭대 사회복지학과

394 개인정보의 국제적 유통에 따른 법적 문제와 대책
박훤일 | 경희대 법학전문대학원

395 정신장애인의 인권
서미경 | 경상대 사회복지학과

396 취약계층 비만청소년들의 체중관리를 위한 건강증진 프로그램의 효과
김영호 | 서울과학기술대 스포츠과학과

397 한국 전통의 돈의 문학사, 나눔의 문화사
서신혜 | 한양대 창의 · 융합교육원

398 와이파이 공간과 모바일 정보 격차
이건학 | 서울대 사회과학대학

399 도시정비사업의 법적 쟁점과 해설
성중탁 | 경북대 법학전문대학원

400 사회서비스 제공기관의 조직요인과 성과
신창환 | 경북대 사회복지학부

401 도시 사운드스케이프 디자인
전진용 외 | 한양대 건축공학부

402 지방의회 의원윤리연구
김택 | 중원대 경찰행정학과

403 발달장애인 자립생활 증진을 위한 역량탐색 및 주거로서의 해결과제
김라경 | 광주교육대 교육학과

404 외국인고용제도개선과 인권
김상호 외 | 경상대 법과대학

405 사회복지연구에서 질적방법과 분석
김인숙 | 가톨릭대 사회복지학과

406 현대미술에서의 예술적 성장과 창의적 인재양성
백경미 | 울산과학기술원 기초과정부

407 현대인의 삶과 문화예술교육
곽삼근 | 이화여대 교육학과

408 문화적 배경과 체화된 인지
민동원 | 단국대 경영학부

409 아동 섭식행동평가 척도 표준화 및 섭식문제 현황 조사
정경미 | 연세대 심리학과

410 잊혀질 권리: 이상과 실현
문재완 | 한국외대 법학전문대학원

411 인권의 지역화: 일상생활의 인권 증진을 위하여
김중섭 | 경상대 사회학과

412 다문화 시대 이주민의 한국어 의사소통
민병곤 외 | 서울대 국어교육과

413 다문화 시대의 문화교육 커리큘럼
윤여탁 외 | 서울대 국어교육과

414 다문화 시대의 통일교육
박성춘 외 | 서울대 윤리교육과

415 다문화 시대 사회 통합을 위한 시민 교육
이진석 외 | 부산대 일반사회교육과

416 다문화 관련 법률 및 제도
박성혁 외 | 서울대 사회교육과

417 생태복원의 인문학적 상상력
김성도 외 | 고려대 언어학과

418 다국내 출생 다문화가정 청소년의 아픔과 분투: 사회적 차별로부터의 회복과 성장
서영석 | 연세대 교육학과

419 종교심리학의 이해: 죽음인식의 논의를 중심으로
김재영 | 서강대 종교학과

420 글로벌 시대의 사회통합: 세계적 추세와 한국의 위상
장용석 외 | 연세대 행정학과

421 소규모 사회적기업과 소셜미디어 마케팅
박철 | 고려대 글로벌비즈니스대학

422 동아시아 가면극의 역사와 전승양상
전경욱 | 고려대 국어교육과

423 무엇이 우리를 행복하게 하는가?
구교준 외 | 고려대 행정학과

424 디지털 중독의 이해와 대응 방안
오원석 외 | KAIST 경영대학

425 지속가능발전목표(SDG) 시대 한국의 복지와 행복지표 측정
한준 외 | 연세대 사회학과

426 지방정부 간 사회복지 불균형과 시민 행복
장용석 외 | 연세대 행정학과

427 일 · 여가의 변화와 행복 복지
유홍준 외 | 성균관대 사회학과

428 가족시간과 삶의 질
이윤석 외 | 서울시립대 도시사회학과

429 사회복지사의 유데모니아: 사회복지의 가치와 보람, 그리고 행복
송인한 외 | 연세대 사회복지대학원

430 행복을 위한 움직임
안문경 | 국민대 교양대학

431 읽기 장애 조기 선별검사의 측정학적 적합성 연구
여승수 | 부산교육대 유아교육학과

432 문화적 다양성과 창의성: 심리학적 관점
장재윤 | 서강대 심리학과

433 내일의 종언(終焉)? 가족자유주의와 사회 재생산 위기
장경섭 | 서울대 사회학과

434 산림공유자원관리로서 금송계 연구
배수호 외 | 성균관대 행정학과

435 한국 경제발전의 문화적 기원: 추격성장, 발전국가 그리고 문화적 혼종성
김명수 | 한양대 정보사회학과

436 4차 산업혁명의 일자리 진화
이민화 | KAIST 미래전략대학원

437 금융 분야에 있어서 4차 산업혁명 시대와 일자리 대책
고동원 | 성균관대 법학전문대학원

438 노동의 디지털화와 산업노동의 미래: 독일 산업 4.0을 중심으로
임운택 | 계명대 사회학과

439 4차 산업혁명과 고등교육 개혁
김민희 외 | 대구대 교직부

440 4차 산업혁명과 일자리 정책의 미래
권혁 외 | 부산대 법학전문대학원

441 복지공급론: 보건복지의 수단과 체계
강창현 | 단국대 공공관리학과

442 생각 중심 교육
박주용 | 서울대 심리학과

443 청소년 독자의 정체성과 문식 활동
이순영 | 고려대 국어교육과

444 인간의 심리를 조작하는 사회공학기술
김석수 | 한남대 멀티미디어학부

445 한국사회 이타적 행동에 대한 이해
강철희 외 | 연세대 사회복지대학원

446 이주민의 사회적 배제: 세대 간 전이와 민족 계급화를 중심으로
최혜지 | 서울여대 사회복지학과

447 사회복지, 업의 변화와 마케팅
이원준 | 청주대 경영학과

448 충남 민속의 이해
이필영 | 한남대 역사교육과

449 한국 청소년들의 공동체지향목표
신종호 외 | 서울대 교육학과

아산재단연구보고서

001 한국인의 도덕성 연구
배해수 | 고려대 국문학과

002 산업화와 청소년 진로
이원호 | 울산대 교육학과

003 공동체의식과 시민운동
김영섭 | 한양대 행정학과

004 한국청년의 삶의 의미 충족도와 만족적 태도
안정수 | 경희대 철학과

005 중국조선족의 사회발전과 한 · 중관계의 위상
손장권 | 고려대 사회학과

006 해송림 "솔껍질깍지벌레"의 천적 및 주요 종의 생태
김규진 | 전남대 농생물학과

007 사회정의와 실천윤리
박종대 | 서강대 철학과

008 동구개혁의 영향
김달중 | 연세대 정치외교학과

009 한국청소년의 의식세계
김문조 | 고려대 사회학과

010 고강도 철근 콘크리트 구조의 실용화
정헌수 | 중앙대 건축학과

011 신기술의 연관형태 및 출현예측의 구조모형
권철신 | 성균관대 산업공학과

012 민간기업의 연구개발을 위한 조세정책
권영훈 | 한양대 경제학부

013 기술개발 활성화방안
송승구 | 울산대 화학공학부

014 부패의 현상과 진단
이문조 | 영남대 정치외교학부

015 연구투자의 지역적 편중화와 부산지역의 기초과학연구 활성화방안
윤웅찬 | 부산대 화학과

016 GATT의 신구 덤핑방지협정과 그 대응 방안
전창원 | 동국대 무역학과

017 한국사회의 도덕성 제고를 위한 진단과 처방
황경식 | 서울대 철학과

018 새로운 노사관계 방향
이진규 외 | 고려대 경영학과

019 21세기 동북아 정세예측과 한국의 전략적 대응방안
최평길 외 | 연세대 행정학과

020 소련의 한국에 대한 정책목표분석
신승권 | 한양대 정치외교학과

021 메모리 커패시터용 $Pb(Zr_xTi_{1-x})O_3$ 강유전체 박막의 제작과 특성
장지근 외 | 단국대 전자공학과

022 러시아 국제법학의 전통
김용구 | 서울대 외교학과

023 유럽연합의 현황과 전망
김동현 외 | 성균관대 행정학과

024 중국의 정치동원
송영우 외 | 건국대 정치외교학과

025 산업적 활용을 위한 이동로보트 시스템의 개발
박민용 외 | 연세대 전자공학과

026 중국조선족의 정치사회화과정과 동화적 국민통합의 방향
전인영 외 | 이화여대 사회생활학과

027 공적부조의 이론과 실제
최일섭 외 | 서울대 사회복지학과

028 대외통상환경의 변화와 법제개편
서헌제 | 중앙대 법학과

029 기업금융의 국제화
최생림 | 한양대 경영학부

030 자동차부품공업의 노사관계
김호진 외 | 고려대 행정학과

031 산업화 과정에서의 한국가족의 실태와 전망
정창수 외 | 성균관대 사회학과

032 공무원 가치관 실태와 정립방안
배병룡 외 | 경상대 행정학과

033 해외귀국청소년의 국내적응연구
이장영 | 국민대 사회학과

034 초고속정보통신망에서 LAN서비스 제공방안
이재용 | 연세대 전자공학과

035 WTO체제의 정책적 대응
김병진 외 | 경희대 행정학과

036 유럽의 통합정치
최수경 외 | 충남대 정치외교학과

037 유기질폐기물을 이용한 고단백사료원인 조류의 생산공정
최정우 외 | 서강대 화학공학과

038 초고속정보통신망의 수용성과 정책방향
박영상 외 | 한양대 신문방송학과

039 중국의 강남사회와 한중교섭
조영록 외 | 동국대 사학과

040 세계화시대의 사회 · 문화의식
신행철 외 | 제주대 사회학과

041 국내 외국인 노동자의 문제와 대책
성규탁 외 | 연세대 사회복지학과

042 노인인력 활용정책과 프로그램
김정후 외 | 강원대 법과대학

043 한일간 학술교류 현황과 활성화방안
정홍익 외 | 서울대 행정대학원

044 계량모형에 의한 한일 경제관계의 이해
김명직 외 | 한양대 경제학부

045 직장인의 음주행태와 삶의 질
진기남 외 | 연세대 보건행정학과

046 유통정보 시스템의 구조와 설계
정용길 | 충남대 경영학과

047 남북통일 이후 사회통합을 위한 교육의 역할
안기성 외 | 고려대 교육학과

048 대중음악에 심취한 청소년들의 심리적 특성
김인경 외 | 연세대 인간행동연구소

049 멀티미디어 시스템을 활용한 교육환경의 개선방안
김한일 | 제주대 컴퓨터교육학과

050 탈냉전기 한일관계의 쟁점
최상룡 | 고려대 정치외교학과

051 자치시대 새로운 '삶의 질' 지표의 모색
김형기 외 | 경북대 경제통상학부

052 유럽통합의 역내외 협력과 갈등
이호재 외 | 고려대 정치외교학과

053 21세기를 대비한 신노사관계
김재원 | 한양대 경제학부

054 대학의 시간제학생 등록제
안규철 외 | 전남대 교육학과

055 21세기에 대비한 방송통신정책
한진만 외 | 강원대 신문방송학과

056 주민참여를 통한 혐오시설 관리운영방안
박균성 외 | 경희대 법학부

057 여성의 정치적 권리인식과 정치참여
전경옥 외 | 숙명여대 정치외교학과

058 한국인 위장질환과 식생활 · 환경요인 및 *H. pylori* 감염과의 관계
이양자 외 | 연세대 식품영양학과

059 학생과 시민의 자원봉사활동
윤정일 외 | 서울대 교육학과

060 동북아 환경문제와 지역환경협력의 모색
신연재 외 | 울산대 정치외교학과

061 노인 자원봉사활동을 통한 사회통합 프로그램 개발
김동배 | 연세대 사회복지학과

062 물류정보 시스템
김태현 | 연세대 경영학과

063 전자식 문서교환을 이용한 항공화물 운송체계
민재형 | 서강대 경영학과

064 청소년과 성
이근후 | 이화여대 의과대학

065 민족통합과 무궁화호 위성의 남북한 공동활용방안
방정배 | 성균관대 신문방송학과

066 채식주의가 20대 여성의 영양상태와 에스트로겐 대사에 미치는 영향
성미경 | 숙명여대 식품영양학과

067 가상정보공간을 통한 지역개발 활성화 전략
유재천 외 | 한림대 언론정보학부

068 조산아 관리현황 및 정책수립 방안
박상기 외 | 조선대 의과대학

069 남북한관의 의식조사와 통일교육 개선 방안
김동규 외 | 고려대 북한학과

070 동양 전통 자연사상 탐구
장동순 | 충남대 환경공학과

071 초고속정보망의 시뮬레이터 구현
한기준 | 경북대 컴퓨터공학과

072 유통원가 시스템의 유효성
정다미 | 명지대 경영학과

073 국악과 문화관광의 만남
정익준 외 | 동아대 국제관광통상학부

074 기업의 지식경영 활용사례
김창은 | 명지대 산업공학과

075 선진국과 한국의 직업교육 · 훈련제도의 특성과 한계
정주연 | 고려대 경제학과

076 제주지역 성인 여성의 자원봉사활동
이상철 외 | 제주대 사회학과

077 M&A와 문화충돌 관리
박원우 | 서울대 경영학과

078 폐금속광산 인근 주민들의 중금속 오염실태
정종학 외 | 영남대 의학과

079 북한 농촌 · 농업실태와 인력자원개발 시스템을 통한 북한 농민의 구호방안
박성열 | 건국대 교육공학과

080 중소 소매점의 경쟁력과 소매성과
채명수 외 | 한국외대 무역학과

081 고령자를 위한 쾌적한 실내온도와 착의량의 설정
정운선 | 안동대 의류학과

082 지역문화 이벤트 PR
박종민 | 경희대 언론정보학부

083 인터넷 지역정보화의 실태와 전략
유평준 외 | 연세대 행정학과

084 여성 삶의 질 향상을 위한 사회교육 활성화 방안
김양희 | 중앙대 가족복지학과

085 벤처기업과 벤처금융
강대석 외 | 충남대 무역학과

086 구조조정기에 있어서 실업대책과 사회 안전망 구축
박천익 | 대구대 경제학과

087 한국 유아의 조기교육
이명조 외 | 한국외대 교육대학원

088 남북한 경제공동체 형성전략
이상만 | 중앙대 경제학과

089 지방자치회계의 투명성과 주민의 알 권리
권찬태 외 | 경북대 경영학부

090 정치지도자의 정책리더십
이해영 | 경일대 행정학과

091 경제위기와 한국인의 복지의식
신광영 외 | 중앙대 사회학과

092 북한의 노동
김강식 | 한국항공대 경영학과

093 우리나라 중소기업의 정보기술 활용 현황과 경쟁력 강화를 위한 제안
정승호 | 부산외대 정보시스템학과

094 인간배아복제의 법적 · 윤리적 문제점과 그 해결방안
최병규 | 한경대 법학부

095 가치변화에 따른 투표행태
조찬래 외 | 충남대 정치외교학과

096 인터넷 경매에서의 계약체결과 소비자 보호
이기수 외 | 고려대 법과대학

097 세계화시대 남북한 통합의 방향과 과제
윤민재 | 서울대 사회발전연구소

098 글로벌 시대 지방정부의 문화마케팅 전략
박흥식 | 중앙대 행정학과

099 대졸여성실업의 실태분석 및 대학-노동시장 간 효율적 연계방안
이은우 외 | 울산대 사회과학부

100 그린 투어리즘의 분석
이응진 | 대구대 관광학부

101 지방자치단체장의 부정부패
오일환 | 한양대 아태지역연구센터

102 산업화가 유교체제하 중국여성의 지위에 미친 영향
천성림 | 배재대 사회과학연구소

103 움직이는 말하기
유혜숙 외 | 나사렛대 교양학부

104 장애학생을 위한 특수교육공학의 활용
김용욱 | 대구대 중등특수교육과

105 지식기반사회의 평생교육 이해와 평생교육 프로그램 개발
박성열 | 건국대 교육공학과

106 N세대의 미술교육
김동철 | 대구교육대 미술교육학과

107 노후계획과 투자
권택호 | 여수대 국제통상학과

108 영화산업
양영철 | 경성대 연극영화학부

109 동유럽의 변혁과 언론의 역할
정대수 | 경남대 정치언론학부

110 환율, 임금, 물가가 국제경쟁력 및 수출입산업에 미치는 영향
하인봉 | 경북대 경제통상학부

111 일본기업의 기술혁신 전략
위정현 | 중앙대 상경학부

112 노후보장정책과 역저당연금제도
조덕호 외 | 대구대 행정학과

113 유비쿼터스 라이프와 미래 사회
김석수 | 한남대 멀티미디어공학과

114 죽음과 관련된 생명윤리적 문제들
구인회 | 가톨릭의과대 인문사회과학교실

115 경제적 세계화와 빈곤문제, 그리고 국가
김준현 | 한일장신대 인문사회과학부

116 한국의 세계불교유산
김종명 | 한국학중앙연구원 한국학대학원

117 복지레저서비스론
고태규 | 한림대 국제학부

118 자생적 철학체계로서 인간중심철학
선우현 | 청주교대 윤리교육과

119 전략적 통합과 한반도 평화체제
김승채 | 고려대 정책대학원

120 환경사법론
전경운 | 경희대 법학부

121 인터넷 자료를 통해 본 한국의 이혼문화와 사회복지
성정현 외 | 협성대 사회복지학과

122 유럽연합의 사회정책에 관한 연구
문진영 | 서강대 신학대학원 사회복지학과

123 여성건강의 통합적 관점
김혜원 | 관동대 간호학과

124 복잡계 네트워크 과학
강병남 | 서울대 물리천문학부

125 경제적인 3세대 전원주택 개발
박근준 | 호서대 건축공학과

126 사회복지와 인적자원개발
이상일 | 인제대 국제경상학부